汉语言文字学研究丛书

现代汉语词汇学导论

周国光　著

广东高等教育出版社
·广州·

图书在版编目（CIP）数据

现代汉语词汇学导论/周国光著．—2版．—广州：广东高等教育出版社，2015.10
（汉语言文字学研究丛书）
ISBN 978－7－5361－3070－8

Ⅰ．现…　Ⅱ．周…　Ⅲ．汉语－词汇学－现代　Ⅳ．H136

中国版本图书馆 CIP 数据核字（2004）第105511号

广东高等教育出版社出版发行
（地址：广州市天河区林和西横路）
邮政编码：510500　　电话：（020）87557232
珠海市鹏腾宇印务有限公司印刷
890毫米×1240毫米　32开　8.75印张　225千字
2015年10月第2版　　2015年10月第2次印刷
印数：3 000～4 000册
定价：25.00元

内容简介

本书以“现代汉语词汇体系”这一重大问题为主线，对现代汉语词汇学的有关理论问题进行了较为全面的论述，并且描述了现代汉语词汇体系的形式系统、结构系统、语义系统和功能系统。本书吸收了当代语言学、现代语义学和词汇学、心理语言学、认知语言学、自然语言逻辑等学科多方面的成果，具有较高的理论价值。

目 录

作者题记 ……………………………………………… (1)
前言 …………………………………………………… (1)
第一章 词汇的性质、地位及其构成 ……………… (1)
1.1 词汇的性质和地位 ………………………… (1)
1.2 词汇体系的构成 …………………………… (3)
1.2.1 词汇的形式系统 ………………………… (4)
1.2.2 词汇的意义系统 ………………………… (5)
1.2.3 词汇的结构系统 ………………………… (7)
1.2.4 词汇的功能系统 ………………………… (8)
1.3 需要讨论的问题 ………………………… (12)
1.3.1 关于“词类”的归属 ……………………… (12)
1.3.2 语言体系的结构和词汇的地位 ………… (14)
小结 ……………………………………………… (24)

第二章 词汇体系和概念体系 …………………… (25)
2.1 词汇体系和概念体系中的诸现象 ……… (25)
2.1.1 词语和概念 ……………………………… (25)
2.1.2 单纯概念和复合概念、词和词组 ……… (27)
2.1.3 概念的综合形式和分析形式、概念的标记和表述 ……………………………………… (27)
2.1.4 词语与概念间的“一对多”和“多对一”关系 ……………………………………… (28)

2.2 词汇和概念体系中的诸关系 …………………… (29)
2.2.1 概念体系中的诸关系 …………………… (29)
2.2.2 词汇的语义单位和语义关系 …………………… (30)
2.2.3 从词汇同概念体系的依存关系看词汇的体系性 …………………… (36)
2.3 展开的讨论 …………………… (36)
2.3.1 词汇体系的“类别—层级”结构的必然性 …………………… (38)
2.3.2 词汇体系和概念体系的差异 …………………… (41)
2.3.3 附加的讨论 …………………… (43)

第三章 语义的缠绕和词汇体系的必然性 …………………… (52)
3.1 理论、事实、矛盾 …………………… (52)
3.2 哥德尔的不完备性定理和语义的缠绕 …………………… (57)
3.3 词义的形成和确定 …………………… (59)
3.4 具体的分析 …………………… (66)
小结 …………………… (69)

第四章 词汇体系和耗散结构 …………………… (71)
4.1 耗散结构和问题的提出 …………………… (71)
4.2 耗散结构理论要点 …………………… (72)
4.3 有关问题的说明与澄清 …………………… (73)
4.4 事实真相 …………………… (75)

第五章 词汇的心理属性及其体系性 …………………… (77)
5.1 语言的认知活动 …………………… (77)
5.2 语言信息的加工 …………………… (78)
5.3 词语信息的提取 …………………… (81)
5.4 词语之间的联系和词库的网络结构 …………………… (83)

5.5 关于大脑词库网络结构的实验依据 ……………… (86)
小结 ………………………………………………… (97)

第六章 现代汉语词汇形式系统论 ………………… (100)
6.1 系统论的观点 ……………………………… (100)
6.1.1 词汇单位和词汇系统的层级 ………………… (101)
6.1.2 词汇单位的构成因素和词汇单位的聚合 …… (102)
6.2 现代汉语词汇的形式系统 ……………………… (104)
6.2.1 言语活动和言语活动分析器 ………………… (104)
6.2.2 言语的感知理解和词库的形式系统结构 …… (107)
6.2.3 词素语音形式系统矩阵 …………………… (111)
6.2.4 词语形式系统 ……………………………… (112)
6.2.5 定型语句的形式系统 ……………………… (116)
6.3 现代汉语词汇形式系统的微观系统 …………… (119)
6.3.1 现代汉语词汇的音素系统 ………………… (119)
6.3.2 现代汉语词汇的字素系统 ………………… (120)
小结 ………………………………………………… (122)

第七章 现代汉语词汇的结构系统 ………………… (123)
7.1 现代汉语词汇结构系统概貌 …………………… (123)
7.2 词汇结构单位种种 ……………………………… (124)
7.2.1 语素 ………………………………………… (124)
7.2.2 词素 ………………………………………… (126)
7.2.3 词 …………………………………………… (128)
7.2.4 字、词和语素之间的关系 ………………… (130)
7.3 词的构成 ……………………………………… (131)
7.3.1 词的结构要素——词根和词缀 ……………… (131)
7.3.2 词语的结构模型——单纯词和合成词 ……… (131)

第八章 现代汉语词汇语义论 …………………………… (143)
8.1 现代汉语词汇的语义系统概貌 ………………… (143)
8.2 词义的构成 ………………………………………… (143)
8.3 词义的特点 ………………………………………… (144)
8.4 词汇的语义单位 …………………………………… (146)
8.4.1 义素 ………………………………………………… (146)
8.4.2 义项 ………………………………………………… (146)
8.4.3 词项 ………………………………………………… (147)
8.5 词汇语义系统中的语义关系和语义场的类型 ……………………………………………… (148)
8.5.1 类义关系和同类语义场 ………………………… (149)
8.5.2 同体关系和同体语义场 ………………………… (150)
8.5.3 集合—元素语义关系和集合—元素语义场 ……………………………………………… (152)
8.5.4 层序语义场和层序语义关系 …………………… (153)
8.5.5 循环语义场和循环语义关系 …………………… (154)
8.5.6 同心语义场和同心语义关系 …………………… (155)
8.5.7 典型语义场和典型— 一般语义关系………… (157)
8.5.8 “家族”语义场和同族语义关系……………… (157)
8.5.9 重合语义场和重合语义关系 …………………… (158)
8.5.10 叠交语义场和叠交语义关系 ………………… (159)
8.5.11 对义语义场和对立语义关系 ………………… (159)
8.6 词汇系统中的语义组配关系 ……………………… (160)
8.6.1 事物—性状组配关系 …………………………… (161)
8.6.2 事物—变动组配关系 …………………………… (162)
8.6.3 其他的语义组配关系 …………………………… (163)
8.6.4 语义句法和语义组配关系 ……………………… (164)
8.7 成语、惯用语、歇后语的语义分析 ……………… (166)

8.8　义项联结、语义层级和义类之间的联结和词义的网络结构 …………………………… (168)
8.9　现代汉语词汇的事理语义系统 ………………… (170)
8.9.1　定型语句的语义特点 ………………………… (170)
8.9.2　定型语句之间的语义关系 …………………… (171)
8.9.3　事理语义系统的基本结构 …………………… (174)
8.10　词语的联想意义和词语的联想场 …………… (178)
小结 ……………………………………………………… (184)

第九章　词义的发展和演变 …………………………… (185)
9.1　原义和新义、引申义和比喻义 ………………… (185)
9.1.1　引申义 ……………………………………… (186)
9.1.2　比喻义 ……………………………………… (187)
9.2　词义发展演变的类型 ………………………… (187)
9.2.1　范畴内的词义发展变化 …………………… (188)
9.2.2　跨范畴的词义变化 ………………………… (196)

结束语　现代汉语词汇体系总述 …………………… (201)

附录一　词的内部形式 ……………………………… (204)
附录二　儿童词汇和语义发展的理论 ……………… (216)
主要参考文献 ………………………………………… (261)
后记 …………………………………………………… (263)

对于一种语言现象，你的认识有多广，你就会给出相对应的广度的描述；你的认识有多深，你就会给出相对应的深度的描述；你认为它是什么样的，你就会给出什么样的描述；你认为它是怎么样形成的，你就会给出怎么样的解释。因此，我们对语言现象的认识直接影响着我们对语言现象的研究。

词汇是语言体系中的语言符号实体的集合，本书实际上是一篇“语言符号实体论”。我们的主旨，就是意在确立语言符号实体的系统性，建立起语言符号实体的系统，探究语言符号实体系统的网络结构，为大脑词库早日再现在计算机中做出应有的贡献。

——作者题记

前　言

“词汇体系”这一术语在语言学的论著中可谓屡见不鲜，但“词汇是否具有体系性”这一问题至今仍在讨论之中。尽管不少语言学家确认词汇体系的存在，不过迄今为止，我们还没有看到在理论上对词汇的体系性作出的充分有力的论证，也无人在“词汇体系论”的指导下对现代汉语词汇体系进行系统的描述。于是“词汇体系”问题也就成了语言研究中一个长期悬而未决的难题。

作为语言体系的构成要素之一，词汇在语言体系中的重要地位和重要作用是显而易见的。词汇体系这一问题的研究，无论是在理论上还是在实践上，无论是对词汇学研究本身，还是对语法学、语义学、语用学，乃至于整个语言学的研究，都具有重大的意义。

20世纪60年代初期，黄景欣、刘叔新两位先生对“词汇体系”这一重大问题进行了有意义的探讨。① 尽管黄、刘两位先生的观点并不一致，但是他们的探讨无疑都有着重要的价值，对以后的研究也有很大的启发作用。后来，由于某些历史的原因，词汇体系这一问题的研究中断了。现在我们重提这一问题，并不是要对黄、刘二位先生的观点作一番评论，而是意在对这一问题作

① 参见黄景欣：《试论词汇学中的几个问题》，载《中国语文》，1963年8月号，18~22页。刘叔新：《论词汇体系问题》，载《中国语文》，1964年第3期，203~213页；又见刘叔新：《词汇学和词典学问题探讨》，69~92页，天津：天津人民出版社，1984。

进一步深入细致的探讨。如果大家确认词汇的体系性，那么就应该从理论上予以论证，并在词汇体系理论的指导下对汉语词汇进行体系性（或曰系统性）的研究，对词汇体系的状况给以较为清晰、细致的描述。这样做，无论是对汉语词汇学本身的研究，还是对相关的语言学科的研究，乃至对整个语言学的研究，都是很有意义、很有价值的。周祖谟先生指出："语言本身是一个体系，语音、词汇、语法都有其系统性。现代汉语的词汇极为丰富，而且不断有新词产生，词义也时有发展变化，我们应当把词汇作为一个整体来看待，进行全面系统的研究，探求语言在选词、用词方面的规律性，为建立汉语词汇学打下基础。"①

因此，在本书中我们要完成的任务之一，就是对现代汉语词汇的体系性从理论上给以论证；同时，在"词汇体系论"的指导下，对现代汉语词汇体系的状况给以简要的描述。

词汇体系是词汇研究中的重大问题，涉及词汇的方方面面。因此，我们对词汇体系这一问题的探讨，将从最基本的问题开始。这也是本书名为"导论"的主要原因。

作　者

2004 年元月于华南师范大学

① 周祖谟：《现代汉语词汇的研究》，载《语文研究》，1982 年第 2 期，1 ~5 页。

第一章　词汇的性质、地位及其构成

如何看待词汇的性质及其在语言体系中的地位，如何分析词汇的构成及其结构，这是词汇研究中的重要问题。这些问题的解决不仅关系到词汇体系本身的研究，而且关系到整个语言体系的研究。汉语词汇学的研究之所以较为薄弱，与对上述问题的认识不一致有很大的关系。本章试以现代汉语词汇为例，对词汇的性质、地位及其构成进行讨论，并对词汇的体系性给以论证。

1.1　词汇的性质和地位

按照当代语言学的观点，语言是一个能够传递信息的符号系统。既然如此，那么语言系统的存在和确立必须具备一个最基本的条件，即它要有自己的符号实体系统。那么，什么是语言的符号实体系统呢？

语法不是符号实体系统，这一点是显而易见的。按照传统语言学的观点，语法是组词造句的规则。“每个语言都有自己的一套词法和句法规则，这些规则的总和构成了这个语言的语法。”①按照当代语言学的观点，语法是语言的法则，包括语言系统中所有的规则，如语音规则、语义规则等。作为语言的规则系统，语法当然是语言系统中的重要组成部分。不过语法规则毕竟不是语言的符号实体，而且也代替不了语言符号实体，所以语法系统不

① 马学良主编：《语言学概论》，146 页，武汉，华中工学院出版社，1981。

是语言符号实体系统，这一点是没有疑问的。

语音系统和语义系统也不是语言符号实体系统。因为“语言符号包括形式和意义两个方面”，“音义结合的统一体构成符号”。[①] 语音没有自己的意义，因而它不是语言符号。“音位不是符号，因为没有和某种意义相结合，例如北京话的 b，就只是一个听觉可以感知的声音，并没有和某种意义结合起来，因而不能成为语言符号。”[②] 不仅音位不是符号，就连音位组合而成的音节，例如 bo 这个音节，由于没有同一定的意义相结合，也同样不能成为语言符号。

语义也不是语言符号，因为语义没有自己的形式，或者说没有同一定的形式相结合；而一旦语义有了形式，它就不再是孤立的语义而成为词语的内容。语音和语义必须相互结合起来才能成为词语，二者一旦分离开来，也就各自成了无意义的形式和无形式的意义，因而也就失去充当语言符号的最起码的条件。所以说，语音和语义只是构成语言符号的要素，语音系统和语义系统也只是构成语言符号的要素系统，它们本身不是语言符号实体系统，也代替不了语言符号实体系统。这一点也是没有什么疑问的。

“语言中最小的符号是语素”；“如果说语素是语言中最小的符号，那么词是语言中能够独立使用的符号”。[③]

例如，“火”这个词，它的形式是［huo214］，它的意义是“物体燃烧时发出的光和焰”，它指称一种事物，标记一个概念，它还可以同其他词语组合起来，构成更大的语言符号序列。“火”这个词就是一个语言符号，“语言中像‘火’这样的词都是符号，整个语言就是由这样的符号组成的一个系统。”[④]

---

① 叶蜚声、徐通锵：《语言学纲要》，31 页，北京，北京大学出版社，1981。

②③ 叶蜚声、徐通锵：《语言学纲要》，32 页，北京，北京大学出版社，1981。

④ 叶蜚声、徐通锵：《语言学纲要》，28～29 页，北京，北京大学出版社，1981。

此外，语言符号还包括熟语这样的相当于词的固定词组。因为熟语同词一样，具有意义的专有性、功能的整体性、形式和结构的定型性、使用的现成性和在言语中的复呈性。我们把语素、词、熟语合起来统称为词语。

词语既有自己的语音形式，又有自己的语义内容，还有自己的内部结构和外部功能，因此，词语才是惟一合格的语言符号。词语依据自身所具有的各种特点（形式的，意义的，功能的，结构的）相互联系起来，构成一个整体。这个整体就是词汇，亦即语言符号实体系统。一个个的词语就是构成这个整体的元素。因此，我们这样来定义词汇的性质：词汇是语言符号的集合。

如果说语言是一个符号系统，那么它的存在必须以词汇的存在为前提。语言事实告诉我们：所有的语言单位（语素、词、词组、句子）都是由词语来充当、构成的；语言的功能（思维功能、交际功能）也是以词语的功能为基础而实现的。儿童语言习得的事实也说明，人们语言能力的获得和大脑语言机构的建立，也是以词汇的习得为基础而逐步进行的。不仅如此，语法系统赖以建立的各种语法范畴，也都是以词语的聚合体、组合体为基础，从词语的组合及其变化中抽象出来的。因此，词汇既是语言体系存在的基础，也是语法系统存在的基础。

没有词汇，任何语言都是不可想象的。

1.2　词汇体系的构成

当我们对一个词语进行观察和分析时，我们就会看到一个简单明白的事实，即词语具有四个方面的因素——形式、意义、功能和结构。词语是形式、意义、功能和结构四位一体的语言符号。因此，词语既可以根据它们的形式特点和形式关系形成不同的聚合，如同音词、同韵词、同声词等等，也可以根据它们的意义特点和意义关系形成不同的聚合，如同义词、近义词、反义词、对义词、类义词等等，还可以根据其功能特点形成不同的聚合，如名词、动词、形容词等等，当然，词语还可以根据自己的结构特点形成不同的聚合，如单纯词、合成词、复合词、派生词等等。

既然每个词语都有自己的形式、意义、功能和结构，并且可以根据不同的因素、特点和相互间的关系形成不同的聚合系统，那么由词语聚集而成的词汇也理所当然地包括四个方面的系统，即形式系统、意义系统、功能系统和结构系统。

1.2.1 词汇的形式系统

所谓词汇的形式系统，就是词语根据其形式特点和相互间的形式关系而形成的系统。在现代汉语词汇的形式系统中，词语根据其形式特点及其相互间的形式关系形成各种类型的聚合，例如语音形式相同的同音聚合，开头音节相同的同首音节聚合，结尾音节相同的同尾音节聚合，开头声母相同的同声聚合，结尾韵母相同的同韵聚合，等等。这些聚合逐层、交叉排列起来，就形成了现代汉语词汇形式系统的矩阵结构。在这个矩阵结构中，不但存在着顺向的同首音节序列、同声同部序列、同声序列这样的聚合，而且还存在着逆向的同尾音节序列、同韵序列、同韵尾序列这样的聚合，当然也存在着同音聚合。正是因为现代汉语词汇的形式系统中存在着这样的序列、聚合，我们才能够在接收话语时依据这个形式矩阵系统进行语音定位、检索、预测，在话语生成时对词语的语音进行选择，尤其是在生成韵文时（诗歌、唱词、快书等）；特殊话语手段（如语音双关）的理解和语义的过渡更是需要在这个语音矩阵系统中进行。

1.2.2　词汇的意义系统

所谓词汇的意义系统，就是词语根据其意义特点和相互间的意义关系而形成的系统。在现代汉语词汇的意义系统中，词语根据其理性意义及其间的意义关系构成各种聚合。例如，根据意义相同关系构成的同义聚合，根据意义交叉关系构成的近义聚合，根据意义的相反关系构成的反义聚合，根据意义的对立关系构成的对义聚合，等等。这些类型的语义聚合再根据意义的同类关系形成更大的类义聚合。类义聚合根据意义概括的类别的不同、范围的大小而分类、逐层排列起来，就形成了现代汉语词汇意义系统纵向的类—层结构。

在词汇的意义系统中，除了上面所说的几种语义关系和语义聚合外，还存在着如下语义关系和词语的语义聚合。

上下义关系和上下义聚合。例如：

颜色——红、黄、蓝、绿……

红——桃红、粉红、大红、枣红……

整体—部分语义关系和整体—部分语义聚合。例如：

身体——头、上肢、下肢、躯干

头——眼、鼻、嘴、耳……

眼——眼球、眼皮、眼眶……

集合—元素语义关系和集合—元素语义聚合。例如：

词汇——词

党——党员

军队——士兵

书——书籍

词汇意义系统中的语义关系不仅存在于同一类词语之中，而且还存在于不同类别的词语之中，这就是词语之间的语义组配关系。词语间的语义组配关系如下。

事物——性状组配关系。例如：声音——响亮
庄稼——茂盛
事物——变动组配关系。例如：声音——消失
庄稼——收割
事物——数量组配关系。例如：机器——三台
衣服——两件
变动——性状组配关系。例如：行走——缓慢
比赛——激烈
变动——数量组配关系。例如：抄写——三遍
休息——半年
性状——程度组配关系。例如：漂亮——非常
伟大——极其
…………

词语间的语义组配关系是复杂多样的，也是有条件的，有选择的。这种有条件、有选择的语义组配关系，正是语义规则建立的基础。

纵向的类—层结构和横向的组配系列交叉排列，就形成了词汇意义系统的网状结构。

应当说明的是，上述语义关系和语义结构并不能全部包括词汇意义系统中词语之间的语义联系和语义结构。因为词语之间在语义上还存在着更为复杂的语义联想关系。这种联想关系已为心理学方面的有关实验所证明（请见本书 5.5 一节中的心理实验材料）。

因此，纵向的类—层结构和横向的系列结构，再加上纵横交错的词语联想结构，这一切共同构成了词汇意义系统的网络结构。

关于词汇意义系统的网络结构，我们在以后的章节中还要作更为细致的描述。

1.2.3　词汇的结构系统

词汇的结构系统是词语根据其结构特点形成的系统。在现代汉语词汇的结构系统中，词语根据其结构成分及其间的关系，也可以形成类—层结构和相应的聚合系列。

根据词语的构成成分的不同，现代汉语词汇中的词语可以分为合成词语和单纯词语两大类。

在合成词内部，根据构成成分间的结构关系，可以再分为派生词语和复合词语。

在派生词语内部，根据词根、词缀的结构关系，又可以分为前加式、后加式、中嵌式三类。这三类下面，根据词缀的性质的不同，可以再分为名缀派生词、形缀派生词、动缀派生词等类别。每一类别之中，还可以根据具体的词缀（如“—子”、“—儿”、“—头”等）再分为“—子”缀词、“—儿”缀词、“—头”缀词等。这些类别之中根据词根性质的不同可以再分为更小的类别，如“事物词根 + 子”、“性状词根 + 子”、“动作词根 + 子”等等。

在复合词语内部，根据语素之间的结构关系，可以分为联合结构词、偏正结构词、动宾结构词、述补结构词、主谓结构词等类别。这些类别下面，根据语素之间的语义结构关系，还可以分为更细的类别。例如联合结构词下面可以再分为同义联合结构词、反义联合结构词、对义联合结构词、类义联合结构词等类别；这些类别下面还可以根据名物义、性质义、变动义等分为更小的类别。其他类型的复合词语也可以根据语素之间的关系和语素的性质进行类似的分类。

在单纯词内部，根据词语形式的结构关系，可以分为双声词、叠韵词、叠音词等几个类别。这些类别下面可以根据词语的形式因素（例如声母的发音部位、韵母的韵部、韵尾等）作进一步的分类。

上述这些类别，可以统称为同构聚合，即它们都是根据词语的结构成分和结构关系的相同而形成的聚合。同构聚合的类—层结构是现代汉语词汇结构系统的体系性的一个方面。另一方面，在现代汉语词汇结构系统中，还存在着另一种类型的聚合——同素聚合，即词语根据共同的语素形成的聚合。这种聚合人们通常称之为词族。在现代汉语词汇系统中，这种同素聚合是大量的，特别是以常用词语（例如“红、人、天、土、大、素、机”等）为基点形成的同素聚合更为常见。

同构聚合逐层排列起来，再通过同素聚合相互联系起来，就形成了现代汉语词汇的结构系统。正是因为现代汉语词汇结构系统中存在着同构聚合和同素聚合，所以才为修辞上的对偶、对仗、仿拟、同尾等多种手法提供了选择的基础。

1.2.4 词汇的功能系统

所谓词汇的功能系统，就是词语根据其功能特点形成的系统。现代汉语词汇的功能系统的概况如下。

第一层：在短语层面，根据能否充当句法成分，首先把词分为实词和虚词两大类。

第二层：实词根据能否做中心语，分为核词和饰词两大类。二者的区别是：核词既可以做中心语成分，也可以做修饰语；饰词一般不能做中心语成分，只能做修饰语。

虚词根据其分布的状况分为三类：前置虚词、后置虚词、中置虚词。前置虚词附着在实词或实词性成分前面，其功能是把所附着的成分引入一定的句法结构。这类虚词我们称为介词。中置虚词分布在词与词、短语与短语、句子与句子之间，其功能是把词、短语、句子连接起来。这类虚词我们称为连词。后置虚词根据更具体的分布状况还可以再分为两类：附着在结构成分之后，辅助结构成分组合的叫作助词。助词又分三个小类：附着在定语、状语、述语之后，辅助成分组合的叫作结构助词；附着在谓语或述语之后，表示动态语法意义的叫作动态助词；附着在修饰性成分之后，表示状况、状态意义的叫作比况助词。后置虚词中附着在句子末尾，表示各种语气意义的叫做语气词。

第三层：核词和饰词的进一步划分。

在核词内部，根据如下功能可以再分为两类：

+一～九个_ ∧ -不/没_

能够受"1～九个"修饰并且不受"不/没"修饰的核词是体词，反之则是谓词。

体词中，分布在"一～九"后面的是量词；分布在"一～九个"后面的是名词；分布在"在/到"的宾语的位置上，用"何处"提问的是处所词，用"何时"提问的是时间词；分布在"往/向"的宾语的位置上和名词后面的是方位词。

谓词中，根据如下功能可以再分为三类：

+很_ ∨ +_ 宾语∨ +_ 数量宾语

能受"很"修饰的是形容词，能带宾语和数量宾语的是动词，不能受"很"的修饰也不能带宾语和数量宾语的是状态词。

在饰词内部，根据分布状况也可以分为两类：

+_ 体词∨ +_ 谓词

分布在体词之前的是一类，其中分布在量词前面的是数词，分布在名词前面的是区别词，能够代替"数词+量词"结构修饰名词的是数量词。分布在谓词之前的是副词。既可以分布在体词前面，也可以分布在谓词前面的是拟声词和叹词。拟声词仿拟自然界的声音，叹词仿拟人的声音。

具有替代功能和指代功能的词类是代词。代词分别对应语体词、谓词、饰词等词类。

现代汉语词汇的功能系统概貌如下：

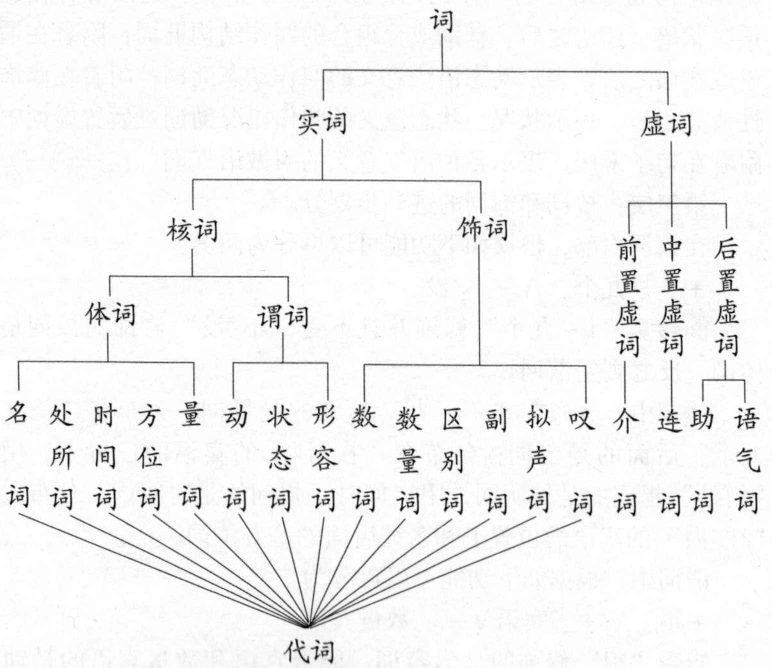

如果对词汇系统的四种分系统及其表现形式加以分析，我们就可以分别得出现代汉语词汇体系的构成要素系统和区别特征系统。

对现代汉语词汇的形式系统进行分析，我们可以得出现代汉语词汇的形式要素系统。所谓形式要素系统，就是词语的形式要素构成的系统。如现代汉语的音节系统、声母系统、韵母系统、音位系统、音位区别特征系统等就是现代汉语词汇的形式要素系统。这些形式要素系统逐级组合起来，共同构成了现代汉语词汇中所有词语的形式。

对词汇的意义系统进行分析，我们可以得出词汇的意义要素系统。所谓词汇的意义要素系统，就是词语的意义要素构成的系统。例如现代汉语词汇的义素系统、义项系统、义位系统等就是现代汉语词汇的意义要素系统。这些意义要素逐级组合起来，构成了现代汉语词汇中所有词语的意义。

对词汇的结构系统进行分析，我们可以得出词汇体系的结构区别特征系统。所谓词汇体系的结构区别特征系统，就是由词语在结构上的区别特征所形成的系统。例如现代汉语词汇体系结构系统的结构区别特征系统就包括如下区别特征：

±单纯	±合成
±单音	±复合
±复音	±派生
±双声	±联合
±叠韵	±偏正
±唇音	±前缀
±鼻韵尾	±后缀
…………	…………

依据这些结构区别特征，我们可以描写出现代汉语词汇体系中所有词语的结构。

对词汇的功能系统进行分析，我们可以得出词汇体系的功能区别特征。所谓词汇体系的功能区别特征，就是词语在功能上相互区别的特征构成的系统。例如现代汉语词汇体系功能系统的功能区别特征系统就包括如下区别特征：

±充当结构成分	±充当核心成分	±受数量成分修饰
±受“不”修饰	±带宾语	±带补语
±做主语	±做宾语	±做谓语
±做述语	±做补语	±做状语
±受“很”修饰	±重叠	±做“在”的宾语
±定位	±附着在 N 前	±附着在 VP 后
±前置	±中置	±后置

…………

根据这些功能区别特征，我们可以描写出现代汉语词汇中所有词语的功能。

综上所述，现代汉语词汇体系的构成可归纳如下：

现代汉语词汇体系共包括四个分系统，即形式系统、意义系统、结构系统、功能系统；这四个分系统的底层分别是各自的构成要素系统和区别特征系统，即形式要素系统和形式区别特征系统、意义要素系统和语义区别特征系统、结构要素系统和结构区别特征系统、功能要素系统和功能区别特征系统。

1.3 需要讨论的问题

1.3.1 关于“词类”的归属

对于形式系统、意义系统和结构系统，大家可能没有不同的意见，都认为它们属于词汇体系，是词汇体系的分系统。但是对于词汇的功能系统，有的同志可能会有不同的意见。因为按照传统语言学的观点，“词类”（亦即词语根据功能形成的系统）是词语的语法分类，属于语法系统，怎么可以认为“词类”属于词汇体系呢？

如前所述，词汇是语言符号的集合，语法是语言规则的集合。词汇和语法之间无疑有着密切的联系，但这并不意味着二者可以相互代替，混为一谈。语法既然是规则的集合，那么它不外乎是由一套规则构成。如果把“词类”也归属于语法系统，那无疑是把符号和规则混为一谈了。词语就其本身的性质而言，是具有形式、意义、结构和功能四个要素的语言符号，因而毫无疑问地应当属于语言符号的集合——词汇。“词类”本是词语根据自身的功能形成的系统，而且词语的功能并不是语法规则赋予的，相反，语法规则倒是根据词语的功能，从词语的组合中抽象归纳出来的。如果我们承认词汇是词语的集合，承认词语具有自己的功能，那么我们也就应该承认，词语根据自身的功能形成的系统——“词类”是词语的聚合，而不是语言规则的聚合，因而也就应该承认，“词类”应该属于词汇，而不属于语法。

我们觉得，徐通锵、叶蜚声两位先生对“词类”的看法是比较全面的。他们说：

> 一个连队的战士可以按照性别、年龄、籍贯、身高、体重、军事素质、会不会游泳、爱不爱看小说，甚至脚码尺寸、脑袋大小等等特征进行分类，形成各种聚合。这些聚合都是为一定的目的服务，比方最后两项对于供应他们鞋帽的军需后勤部门就非了解不可。同样，语言单位也可以按照不同的特征聚合成群。例如，词可以因为读音相同、意义相似或相反、词根相同、构成的类型相同、变化的规则相同……而形成聚合，这些聚合也是语言研究所要关心的，不过语言研究最关心组合位置中的替换，因而也就较多地从这一角度研究语言中的聚合关系。①

正是因为词语本身具有多种因素（形式、意义、结构、功能），所以我们才可以从不同的角度、根据不同的因素对它们进行分类，换言之，词语可以根据自身不同的不同的特点和相互间的关系形成不同的聚合。毫无疑问，这些聚合都是词语的聚合，而不是规则的聚合，因而这些聚合都应该属于词汇。同一类事物虽然可以根据不同的标准分为不同的类别，但是却改变不了该事物自身的性质。同样，词语也不会因为分类的标准是功能而成为规则。形式、意义、结构、功能都是词语本身所具有的因素，为

---

① 叶蜚声、徐通锵：《语言学纲要》，37 页，北京，北京大学出版社，1981。

什么词语根据其形式因素、意义因素、结构因素形成的聚合属于词汇体系，而词语根据其功能因素形成的聚合就属于语法了呢？词语根据其功能因素形成的聚合只能是词语的类别，而不是“语法的类别”，因而“词类”也应当、而且只能属于词汇。

1.3.2 语言体系的结构和词汇的地位

1.3.2.1 语音、词汇、语法之间的关系

词汇作为语言符号的集合，作为词语的形式系统、意义系统、结构系统、功能系统的综合体而成为语言体系确立的基础，这本来是显而易见的事实。然而长期以来，词汇在语言体系中的地位一直未能被正确看待。例如，刘叔新先生认为：“语言体系观念的确立，本是把语音体系和语法体系综合起来的结果。词汇是否构成体系，对于语言体系的存在实际上不起决定作用。只是词汇的全部构成单位在语法的支配下成为构造语句的现实材料，并且能够按照语法特征来分类；而语音体系的存在既使词汇和语法中的各个单位具有一定声音形式的物质区别标志，又使语法得以支配词汇，因此，正是由于语法体系和语音体系的作用，词汇能够和语法、语音等紧密结合起来而共同构成语言体系。”①

显然，刘叔新先生认为，在语言“三要素”（语音、词汇、语法）中，词汇对于语言体系的存在不起决定作用；词语在“语法的支配下”才成为构造语句的现实材料。那么事实究竟是怎样的呢？

索绪尔指出：“物质单位只有依靠意义，依靠它所具有的功能才能存在，这一原则对于认识较小的单位特别重要，因为人们往往会认为它们是凭借它们的纯物质性而存在的，例如认为

---

① 刘叔新：《论词汇体系问题》，见《词汇学和词典学问题研究》，70页，天津，天津人民出版社，1984。

语法、语音紧密结合起来而共[illegible]语言体系”这一说法也是不妥的。词汇和语法的紧密结[illegible]很容易理解的：一个是语言符号的集合，一个是语言规则[illegible]合，二者只有紧密结合起来，语言才能够构成体系，也才[illegible]运转。但是词汇同语音怎样紧密结合就比较费解了。我们[illegible]，只有意义才需要同语音紧密结合起来，而词汇无须同语音[illegible]紧密结合”，因为词汇自身就包含着语音部分。

诚然，语音、语义都是构成词语的要素，但它们都不能独立存在，不成为语言符号。因此，语音、语义同词汇、语法并不在一个平面上。如果借用 IC 分析法的术语来说，那就是：词汇和语法是语言体系的直接成分；语音、语义则是直接成分的直接成分。

1.3.2.2 词汇和语法之间的关系

上面我们论证了这一事实：语言是由词汇和语法构成的符号系统。接下来，我们将对词汇和语法之间的关系作进一步的讨论。

客观世界是由实体和关系构成的体系。实体是客观存在的一切事物（具体实体和抽象实体），关系是实体之间的各种联系。实体之间必然存在着各种关系（直接的，间接的），关系也必然存在于实体之间。换言之，没有不存在于关系之中的实体，也没有不存在于实体之间的关系。

作为一种现实存在的现象和事物，作为一种符号系统，语言也是由实体和关系两部分构成的。语言中的实体就是语言符号，语言中的关系就是语言符号实体间的各种联系。除了语言符号实体以外，语言体系中还存在着各种抽象实体，即从符号实体之间的关系抽象出来的各种范畴，如语法范畴、词汇范畴、语义范畴、语音范畴等等。这些范畴之间同样存在着各种联系。

语言符号实体间的关系可以分为两种，即组合关系和聚合关系。最早对这两种关系进行论述的是索绪尔。他在《普通语言语法、语音紧密结合起来而共同构成语言体系”这一说法也是不妥的。词汇和语法的紧密结合是很容易理解的：一个是语言符号的集合，一个是语言规则的集合，二者只有紧密结合起来，语言才能够构成体系，也才能够运转。但是词汇同语音怎样紧密结合就比较费解了。我们觉得，只有意义才需要同语音紧密结合起来，而词汇无须同语音“紧密结合”，因为词汇自身就包含着语音部分。

诚然，语音、语义都是构成词语的要素，但它们都不能独立存在，不成为语言符号。因此，语音、语义同词汇、语法并不在一个平面上。如果借用 IC 分析法的术语来说，那就是：词汇和语法是语言体系的直接成分；语音、语义则是直接成分的直接成分。

1.3.2.2 词汇和语法之间的关系

上面我们论证了这一事实：语言是由词汇和语法构成的符号系统。接下来，我们将对词汇和语法之间的关系作进一步的讨论。

客观世界是由实体和关系构成的体系。实体是客观存在的一切事物（具体实体和抽象实体），关系是实体之间的各种联系。实体之间必然存在着各种关系（直接的，间接的），关系也必然存在于实体之间。换言之，没有不存在于关系之中的实体，也没有不存在于实体之间的关系。

作为一种现实存在的现象和事物，作为一种符号系统，语言也是由实体和关系两部分构成的。语言中的实体就是语言符号，语言中的关系就是语言符号实体间的各种联系。除了语言符号实体以外，语言体系中还存在着各种抽象实体，即从符号实体之间的关系抽象出来的各种范畴，如语法范畴、词汇范畴、语义范畴、语音范畴等等。这些范畴之间同样存在着各种联系。

语言符号实体间的关系可以分为两种，即组合关系和聚合关系。最早对这两种关系进行论述的是索绪尔。他在《普通语言

aimer（爱）只依靠它赖以构成的声音而存在。反过来，——正如我们刚才所看到的，——意义和功能也只有在某种物质形式的支持下才能存在。”①

在前面的论述中，我们已经指出，每个词语都有自己的语音形式和语义内容，因而由词语聚合而成的词汇体系也理所当然地具有语音系统和语义系统。语音系统作为词汇的形式系统而存在，语义系统则作为词汇的意义系统而存在。所以，“就语言本身的结构来说，语言是由词汇和语法构成的系统。……词汇像是建筑材料，语法像是建筑规则。任何语言都是由这两样东西组成的一个完整的系统。”②

把语言看成是由词汇和语法构成的系统，并不是说语言体系没有语音系统，而是说语音系统理所当然地包含在词汇和语法之中了。语音系统中的音位系统、声母系统、韵母系统、音节系统等包含在词汇系统之中，而语音系统中的语音规则系统则包含在语法系统之中。

因此，“语言体系观念的确立，本是把语音体系和语法体系综合起来的结果”这一说法是不妥的。把语音同词汇、语法并列在一个平面上是否合理姑且不论，退一步来说，即使语音能够同词汇、语法平起平坐，“语音体系和语法体系综合的结果”也不会使“语言体系”这一观念确立起来。这是因为：这样综合的结果而形成的语言体系没有语言符号的系统！作为一个能够传递信息的符号系统的语言体系，居然可以不需要语言符号系统！这样的符号系统恐怕是确立不起来的，也是难以想象的。

其次，“正是由于语法体系和语音体系的作用，词汇能够和

① ［瑞士］德·索绪尔著：《普通语言学教程》，高名凯译，192～193页，北京，商务印书馆，1980。

② 高名凯、石安石：《语言学概论》，16页，北京，中华书局，1979。

学教程》中把这两种关系分别称为句段关系和联想关系（rapports syntagmatiques et associatifs）。他说道：

> 一方面，在话语中，由于它们是连接在一起的，彼此结成了以语言的线条特性为基础的关系，排除了同时发出两个要素的可能性。这些要素一个挨着一个排列在语言的链条上面，这些以长度为支柱的结合可以称为句段。
>
> 另一方面，在话语之外，各个有某种共同点的词会在人们的记忆里联合起来，构成具有各种关系的集合。
>
> 它们不是以长度为支柱的；它们的所在地是在人们的脑子里。它们是属于每个人的语言内部宝藏的一部分。我们管它们叫联想关系。
>
> 句段关系是在现场的（in praesentia）。它以两个或几个在现实的系列中出现的要素为基础。相反，联想关系却把不在现场的（in absentia）要素联合成潜在的记忆系列。①

在当代语言学中，语言学家们把这两种关系分别称为组合关系和聚合关系。人类思维对语言符号间的这两种关系加以概括抽象，就形成了语言规则——组合规则和聚合规则。由此可见，语言规则也就是语言符号之间本质的、有规律的联系的概括和抽象。

如何看待语言符号实体系统（词汇）和语言规则系统（语法）二者之间的关系，语言学家们的观点是不一致的。

索绪尔认为："在语言状态中，一切都是以关系为基础的。"②

---

① ［瑞士］德·索绪尔著：《普通语言学教程》，高名凯译，170～171页，北京，商务印书馆，1980。

② ［瑞士］德·索绪尔著：《普通语言学教程》，高名凯译，170页，北京，商务印书馆，1980。

其后的一部分语言学家又发展了这一思想。在当代西方一些语言学派的“语法”之中，语音、语义、句法、词库等等全部包括在内。应该说，这种把语言的各个组成因素综合起来作为一个系统进行研究的方法无疑有着重大的意义，但是这种把“语法”同“语言”等量齐观的观点，特别是忽视语言符号实体系统的观点，是我们难以苟同的。这种观点实际上抹杀了语言和语法的区别，混淆了语法和词汇的区别。从这种把规则看得重于实体的观点出发，他们或者把词汇包括在“语法”之中，或者把词汇排斥在语言体系之外，或者认为词汇是一个无序的集合，一切都要靠“语法”来支配。然而他们的观点同他们的做法是自相矛盾的。他们一方面认为，根据他们所说的“语法”可以生成一切合格的、正确的句子，而另一方面又不得不根据具体的语言符号的特点，为他们的“语法”一而再、再而三地添加各种“选择限制规则”。他们认为规则决定符号，而又不得不根据语言符号去修改规则。他们的做法应该是对他们的观点的最好的回答。我们还是来看看索绪尔自己是怎么说的吧：

> 词序无可争辩地是一种抽象客体，但同样确实的是，这个实体的存在端赖包含着它，并排列在单个向度的各个具体单位。认为在这些分布于空间的物质单位之外有什么无形的句法，将是一种错误。①

我们的观点是：在语言体系中，一切都是以语言符号实体为基础的。没有具体的语言符号实体，语言体系就不再存在；没有现实的语言符号，也就没有抽象的语法规则；不通过对语言符号间本质的、有规律的联系的概括和抽象而幻想有什么先于符号产生的语言规则，那是不可能的。

---

① ［瑞士］德·索绪尔著：《普通语言学教程》，高名凯译，192 页，北京，商务印书馆，1980。

语言，作为一个能够传递信息的符号系统，它之所以具有系统性，首先应该是因为构成这个系统的语言符号具有系统性。由于语言符号能够依照自身的特点聚合成系统，并且其间又存在着有机的联系，我们才能在此基础上概括、抽象出组合规则和聚合规则。语法规则的系统性是以语言符号的系统性为基础的。因此，在语言体系中，第一性的是语言符号实体。词汇作为语言符号实体的集合，它不但是语言体系存在的基础，也是语法系统存在的基础。语法既不能从天而降，也不会无中生有，它只能从语言符号间有规律的联系和聚合中抽象、概括出来。没有词汇，无论是语言体系，还是语法系统，都无法再存在了。

> 实际上在语言结构中我们看到的不是“纯关系”，而是现实的语言成素的关系，其中每一成素都依据各自的特点而具有完全现实的性质。这些现实的性质就是关系的基础，构成形式与实体相互依存的结合体。
>
> 日尔蒙斯基异常坚决地指出：“现实中事实（包括语言事实）的相似与区别决定其相互间的关系，并成为体系的基础，而不是体系及关系创造了它们由以构成的事实及成素。”①

实际上，唯物辩证法关于实体和关系之间的关系早已作了精辟的论述，基本原理对于语言体系同样适用。词汇作为语言符号实体的集合，它的存在无可争辩地是语言体系确立的最必要的基础。无视这一事实，而从语音的标志和语法的支配方面去解释语言体系的确立，是不会得出令人信服的结论的。

1.3.2.3 语言符号对语言规则的制约

词语，作为能够独立使用的语言符号，不仅具有形式、意义

① ［苏］兹维金采夫著：《普通语言学纲要》，伍铁平等译，90页，北京，商务印书馆，1981。

和一定的结构，而且还具有一定的功能。功能是语言符号本身固有的要素之一，而不是什么外在的东西，更不是语法恩赐给词语的。离开词语本身，并不存在什么抽象的功能。

语言符号的功能是多方面的。一般认为，语言符号的功能包括如下几个方面：

信息功能　即能够负载并且传递信息。这是语言符号最基本的功能。

交际功能　即能够用于人们之间的交际，传递思想和感情等。

思维功能　即能够用于人们的思维，充当思维工具。

概括功能　能够概括一定的对象。

表达功能　能够表达一定的思想或感情。表达功能包括语言符号的指称功能、陈述功能和修饰功能等。

组合功能　能够根据自身的特点及相互间的关系组合成更大的符号序列。

聚合功能　能够根据自身的特点及相互间的关系聚合为一定的类别。

语言符号的重要功能之一就是组合功能。语言符号能够相互组合起来，构成更复杂的组合体，表达更复杂的内容，传输更复杂的信息。这是语言符号同其他符号的重要区别之一。

现在要问的问题是：当词语进行组合时，是语法规则决定词语的组合呢，还是词语本身的要素决定它们的组合？对这个问题的不同的回答，可以分别称为“规则决定论”和“实体制约论”。

刘叔新先生认为：“词汇是否构成体系，对于语言体系的存在实际上不起决定作用，只是词汇的全部构成单位在语法的支配下称为构造语句的现实材料，并且能够按语法特征来分类。”①

---

① 刘叔新：《论词汇体系问题》，见《词汇学和词典学问题研究》，70 页，天津，天津人民出版社，1984。

“毫无疑问，词是受语法支配的”①。

一个词，当它参与构造语句时，它当然是语言的建筑材料。但是，当它不参与构造语句时，也就是说，当它静态地储存着的时候，它还是不是语言的建筑材料呢？毫无疑问，它也同样是语言的建筑材料。正如一块砖头一样，无论是砌在建筑物中还是放在仓库里，它都是建筑材料。词汇是语言符号实体的集合，是语言的建筑材料。词汇的这一本质属性并不是要靠语法的支配才获得的，它本来就是客观地存在着的语言建筑材料；而当词汇单位参与构造语句时，词汇作为语言的建筑材料这一本质属性有了更为现实的意义。

词语在组合时要不要受语法规则的支配？回答是肯定的。但是，我们所说的支配并不像有些人所说的那种绝对的支配，而是一种相对的支配。换句话说，语法对词汇的支配是相对的，有条件的。词语在进行组合时，除了要受语法规则的制约以外，更重要的是要根据词语自身的特点（形式的、意义的、功能的）进行组合。词语的组合能否成立，归根结底要看词语自身的特点才能确定。当代一些语法系统中的种种“选择限制规则”，正是词语本身的要素、特点对词语组合的制约的具体体现。

语法，作为语言规则的集合，它本是语言符号间本质的、有规律的联系的概括和抽象。语法具有高度的概括性，例如，“形容词可以修饰名词，构成偏正结构”这一条规则，它规定着现代汉语中所有的形容词都可以修饰名词，构成偏正结构。但是具体的某一个形容词可以修饰哪些名词，则要看这一个形容词本身的特点（形式的，意义的，结构的，功能的）和与之组合的名词的本身的特点（形式的，意义的，结构的，功能的）。例如：

---

① 刘叔新：《词汇学和词典学问题研究》，124 页，天津，天津人民出版社，1984。

"漂亮"和"好看"是一对同义词，我们可以说"漂亮的衣服"，也可以说"好看的衣服"；但是我们只能说"漂亮的言词"，却不能说"好看的言词"。在现代汉语中，像"漂亮"、"好看"这样词性相同、语义相同、但在组合上有别的词语是大量的。为什么会有这种情况？这从语法规则上是难以找到答案的。换句话说，词性相同、词义相同而组合有别这种情况并不是语法支配的结果，而是词语自身的各种特点对组合制约的结果。如果以为仅仅依靠语法的支配就可以把词语组合为语句，那么其结果必然像西方某些语法系统那样，构造（或生成）出"绿色的念头狂怒地睡觉""沉睡的桌子嫁给了跳跃的湖"这样的东西。"显而易见，当词联结成句子的时候，词与词联系的本身就是在词的内容的基础上实现的。如果我们撇开词的词汇意义，随心所欲，就不可能获得任何容易理解的真正的言语。"①

现在，我们提出这样一个问题，作为对"规则支配论"的一种回答：

请给出支配"穿"和"戴"构成述宾结构的语法规则。例如，为什么我们只能说"穿袜子、戴手套"，而不说"穿手套、戴袜子"？

我们相信，这个问题会让"规则支配论"者清醒一些。

词语自身的特点不但对语法规则具有制约作用，而且，由于词语是形式、意义、结构、功能四位一体的语言符号，因此，在一定的条件下，词语还表现出相对的独立性。例如，当我们用词语来标志事物时就是这种情况。常见的例子有："男"、"女"（浴室、厕所的标志），"鸣"（路标），"合肥"、"武汉"（站牌），等等。这是因为词语不但具有组合功能，而且还有指称功

---

① ［苏］兹维金采夫著：《普通语言学纲要》，伍铁平等译，412页，北京，商务印书馆，1981。

能和其他功能。“十分明显，当我们心里思考和觉得仿佛理解了我们的思想所指的那些对象和现象的时候，我们还不是始终都要求助于所有的语法形式，而常常只是借助词，撇开词的完全的语法形式。人们生活的共同实在环境保证人们能够理解通常使言语省去某些语法形式的电文。”①

为什么最终是词语自身的特点决定词语的组合？这是因为词语本身的功能要受词语的形式和意义的制约。词语只有在具备了它的形式和意义，它才具有自己的功能。词语的功能是以它的形式和意义为基础的。特别是词语的意义对词语的功能的制约尤为明显。“语言事实表明，语法绝不像‘几何图形’那样，对词的‘具体’本质，即词的意义毫无关联。”② 对于这一点，刘叔新先生也有同样的看法，他说：“实词的词汇意义和词类意义范畴不容混淆，但是两者之间是存在着一定关联的。因为语法意义要以词汇意义作为概括、抽象的基础，特别是实词的语法功能要受词义的制约。”③

总之，不同的词语之所以具有不同的组合状态，是因为不同的词语具有不同的功能；不同的词语之所以具有不同的功能，是因为不同的词语具有不同的形式、意义和结构（特别是意义）。词语能否组合起来构成语句，最终要看相互组合的词语本身的各种因素。如果认为词语只是在语法的支配下才成为构造语句的材料，而看不到词语本身决定能否组合的重要因素，那么这种“语法支配论”的结果只能是难以理解（甚至无法理解）的语句。

---

① ［苏］斯皮尔金：《语言的起源及其在思维形成中的作用》，载［苏］高尔斯基主编：《思维与语言》，熊尧祥、周添舜译，13页，北京，三联书店，1963。

② ［苏］兹维金采夫著：《普通语言学纲要》，伍铁平等译，131页，北京，商务印书馆，1981。

③ 刘叔新：《词汇学和词典学问题研究》，199页，天津，天津人民出版社，1984。

小　结

语言是一个符号系统，是由词汇和语法构成的体系。词汇是语言符号实体的集合，语法是语言规则的集合。作为同一体系中的两个组成部分，词汇和语法是相互联系、相互依存、相互制约的，而不是一种单向的支配和被支配关系。

词汇作为语言符号实体的集合，它不仅是语言体系存在的基础，也是语法体系存在的基础。如果说语言是一个体系，语法是一个体系，那么作为二者存在基础的词汇也必然是一个体系。

词汇体系由词语构成。词语是形式、意义、结构、功能四位一体的语言符号。功能是词语本身的要素之一。词语根据其组合功能而形成的词类系统，是词汇体系性的一个方面的体现。词语相互之间能否组合、如何组合，其决定性的因素在于词语自身，而不是语法的支配。

“语言的诸因素相互依存是把语言看作体系的根据——这点现在看来应该是公认的事实。这种体系的诸关系，对于体系的个别成分来说，并不是某种外在的东西，而是包括在这些成分本身之中，形成其质的规定性。”①

---

① ［苏］兹维金采夫著：《普通语言学纲要》，伍铁平等译，90 页，北京，商务印书馆，1981。

第二章　词汇体系和概念体系

人们可以通过语言去探求人类思维的奥秘，这是因为在语言和思维之间存在着同构关系。“同构本质上是一种映射，通过这种映射，一个系统的结构可以用另外一个系统表现出来。”① 本章拟从词汇体系与概念体系之间的同构关系入手，对词汇的体系性给以论证。

2.1　词汇体系和概念体系中的诸现象

语言是思维存在的形式，是思维的表现者和工具。思维借以反映现实的单位和形式——概念、判断和推理，总是表现为一定的语言单位和形式——词、词组、句子、句群。

2.1.1　词语和概念

当我们用词语把概念标示出来时，这就构成了一个“词语·概念”统一体。在这个统一体中，词语是形式，概念是内容。应该说明的是，“词语的内容是概念”和“词语的内容是词义”这两种说法是从不同的角度而言的，它们的涵义并不相同。“词语的内容是词义”是从词语构成的角度而言的，它把词义作为词语的构成部分，同词语的语音形式相对而言。“词语的内容

① ［美］道格拉斯·霍夫施塔特著：《GEB—— 一条永恒的金带》，乐秀成编译，25 页，成都，四川人民出版社，1984。

是概念”是从词语表示概念这一角度而言的，它把词语看作“词语·概念”这个统一体中的形式部分，而把概念看成是由整个词语（包括词语的语音形式、语义内容）所表示的内容。如果混淆了这两种从不同角度得出的结论，认为词义就是概念，那就是把概念包括在词语之中了。这种看法显然是不合适的。

任何事物都是形式和内容的统一体。词语和概念作为不同的事物，它们各有自己的形式和内容。词语的形式是语音，内容是词义。概念的形式是词语，内容则是内涵和外延。内涵是概念所反映的事物的本质属性的总和的概括和抽象，外延则是一概念根据其内涵所能概括的概念的总和。当概念用词语表示出来时，概念的内涵就转化为词语的理性意义，概念的外延则转化为该词语的下义词。据此，我们认为：词语的理性意义是概念内涵的语言表现形式，下义词语是概念外延的语言表现形式。概念不等于词义，词义也不能同概念相对应。若论对应关系，那么应该是：词语同概念相对应，词义（理性意义）同概念的内涵相对应，下义词语同概念的外延相对应。如下所示：

	词语	词义	下义词语
鱼 <	|	|	|
（词语·概念）	概念	内涵	外延

应该说明的是，我们这里所说的是“对应”，而不是“等同”。作为语言体系内部的词语、词义、下义词语和作为思维体系内部的概念、内涵、外延，它们之间存在着一定的区别，但其间的对应关系应如上所述，这是由思维和语言不可分割的关系所决定的。

2.1.2　单纯概念和复合概念、词和词组

概念不仅可以单独地概括、反映事物，而且还可以根据一定的逻辑规则组合起来构成复合概念，概括、反映更多更复杂的事物。例如“白”、“马”这两个概念可以通过逻辑限定规则组合成复合概念“白马”，“父”、“母”这两个概念也可以通过逻辑合并规则组合成复合概念“父母”。

单纯概念和复合概念是从概念的语言表现形式上作出的区别，它们是相对而言的。一个概念可以表现为词的形式，也可以表现为词组的形式。这一事实在缩略词和与之相对应的词组这一语言事实中表现得尤为明显。单纯概念在形式上是不可分解的，复合概念在形式上则是可以分解的。如果对一个概念的语言表现形式进行分解，可以得到两个（或者两个以上）能够各自单独表示概念的词语，并且这两个词语所表示的概念又是通过一定的逻辑规则组合起来的，就是说，这两个词语构成的语言形式所表示的概念，是这两个词语所表示的概念根据逻辑规则组合的结果，那么该语言形式表现的就是一个复合概念，反之，则是单纯概念。

一般说来，单纯概念同词相对应，复合概念同实词词组相对应。当然，二者之间有交叉现象。例如一部分复合词表示的是复合概念（如“父母、父子”等）。不过从绝大部分情况来看，概念与词、词组的对应关系基本如上所述。

2.1.3　概念的综合形式和分析形式、概念的标记和表述

概念的综合形式和分析形式都是概念的表现形式，但是其间存在着区别。我们先来看下面的几个例子：

飞禽——会飞的鸟类。

飞舟——行驶极快的船。

论述——叙述和分析。

论坛——对公众发表议论的地方。

（引自《现代汉语词典》）

以上几例，左边是被解释的词语（词目），右边是对词目进行解释的词语（释义）。比较二者，我们可以看到：词目表现的是一个概念，但是这个概念的内涵是潜在的；释义的词语表现的是同一个概念，但是这些词语表示的内容相对于词目来说则是展开的。根据这一区别，我们把词目这样的语言形式叫做概念的综合形式，把词目的释义词语这样的语言形式叫做概念的分析形式。当语言以综合形式表现概念时，我们称之为概念的标记；当语言以分析形式表现概念时，我们称之为概念的表述。由于对概念的表述一般是通过揭示概念的内涵来表现的，所以对概念表述的结果一般就形成了词语意义。

就概念的综合形式和分析形式、概念的标记和表述的相对关系而言，它们既相互区别又相互联系，彼此互为条件。离开这个条件，就不是我们所讲的综合形式、分析形式和标记、表述了。

2.1.4 词语与概念间的“一对多”和“多对一”关系

语言事实告诉我们：同一内容可以表现为多种不同的形式，同一形式可以表示多种不同的内容。这种“一对多”和“多对一”的关系普遍存在于语言现象之中，例如句法关系和语义关系、句法形式和语义内容、语音形式和语义内容等之间都存在着这两种关系。同样，在语词和概念之间也存在着这两种关系，即一个概念可以用不同的词语表示出来，一个词语也可以表示几个不同的概念。这两种关系在词汇中的具体表现就是多义词和等义词。这是显而易见的事实。

2.2 词汇和概念体系中的诸关系

2.2.1 概念体系中的诸关系

在概念体系中，不同的概念根据其概括的对象、范围、程度的区别而形成其间的各种关系。概念根据其内涵和外延，不但可以分为不同的类别、范畴，而且还可以形成不同的层级和系列。它们共同构成了概念体系。在概念体系中，概念间的关系有如下：

2.2.1.1 类概念和同类关系

反映同一类事物、现象的概念我们称之为类概念，其间是同类关系（或曰同范畴关系）。如“生物、动物、牲畜、牛、黄牛”等概念同属“事物”范畴，它们是一类概念；“运动、活动、跑、小跑”同属“变动”（变化运动）范畴，它们是一类概念。两组词语之间各自都是同类关系。

类概念具有层级性，同一层级上的类概念是同位关系。例如“牛、马、驴、骡”等概念之间就是同位关系。

2.2.1.2 整体概念、部分概念和整体—部分关系

把事物作为一个整体进行反映、概括得出的概念是整体概念，反映事物的各个组成部分的概念是部分概念，其间是整体—部分关系。例如：

人体——躯干、头、上肢、下肢。

上肢——上臂、前臂、肘、腕、手。

手——手掌、手指。

整体—部分概念也具有层级性，同一层级上的部分概念是同体概念，其间是同体关系。

2.2.1.3 集合概念、元素概念和集合—元素关系

把群体事物作为一个集合进行反映、概括得出的概念是集合概念，反映群体事物中的个体的概念是元素概念，其间是集合—元素关系。例如：

党——党员

词汇——词

森林——树

2.2.1.4 上位概念、下位概念和上下位关系

在同一范畴内，内涵较少，外延较大，概括能力较强的概念是上位概念，内涵较多，外延较小，概括能力较弱的概念是下位概念，其间是上下位关系。上下位关系也具有层级性。例如：

牲畜——牛、马、驴、骡

牛——黄牛、水牛、牦牛、奶牛

上下位关系是概念系统中最基本的关系之一。

整体—部分关系、集合—元素关系和上下位关系是三种不同的关系，我们不能把它们混为一谈。试比较：

词汇——词（集合—元素关系）

符号——词（上下位关系）

词组——词（整体—部分关系）

同一范畴中的同一层级上的概念是同位概念、同体概念，它们之间除了同位关系、同体关系以外，还可以根据概念间的交叉关系、对立关系、矛盾关系等关系分为交叉概念、对立概念、矛盾概念等。

2.2.2 词汇的语义单位和语义关系

同概念体系中的各种关系相对应，词汇中也存在着各种语义关系。关于词汇的语义单位，国内语言学界的看法并不一致。为了讨论、描述的方便，我们应该先明确一下词汇的语义单位。

2.2.2.1　词汇的语义单位

义素。它是词语意义的构成成分。义素可以分为两类：内涵义素和非内涵义素。内涵义素是构成词语的理性意义的语义成分，它是概念的内涵的组成成分的语言表现形式；非内涵义素是构成词语的非理性意义的语义成分，它是对词语所具有的感情色彩、语体风格、义域等因素所作的语言说明。

义项。义项是词义的基本单位，是由内涵义素和非内涵义素组成的语义单位。一个多义词的意义由若干个义项组成。

词项。词项是一个义项同词语的语音形式的结合体，是一种"词汇—语义"双重性质的单位。从形式上看，它是一个词语的形式；从意义上看，它是一个义项。因此，词项既不同于词语，也不同于义项。因为义项是一个意义，它必须借助于一定的形式才能存在；而词语则是一个词形同若干个义项的结合体。词项同词语有时有重叠现象，例如单义词既是一个词，也是一个词项。我们平常所说的某一个词是什么意思，实际上是以词项为单位的。

词项是概念的表现者。一个多义词是若干个词项的综合体，表示若干个概念，组成一个多义词的若干个义项可以分别标示为"词$_1$、词$_2$……词 n"。下面我们对词项所标示的"词$_1$"、"词$_2$"等都是根据《现代汉语词典》中义项的划分而标注的。

根据"词项"这一概念，我们就有了"义位"和"词位"这两个概念，并对它们分别规定如下：

义位。义位是若干个理性意义相同的词项在词汇的语义系统中所共同占据的位置，共同占据这一语义位置的若干个词项则是这一义位的义位变体。例如"医生、大夫、先生$_4$"这三个词项的理性意义相同，它们在词汇的语义系统中处于同一位置，它们分别作为这一义位的三个义位变体。"马铃薯、土豆、山药蛋、洋芋"四个词项的情况也同样。义位和义位变体是根据词项的理性意义确定的。

词位。词位是具有相同的词形并在意义上有着内在联系的若干个词项在词汇的语义系统中所占据的位置的总和。一个多义词是若干个词项的复合体，这些词项根据其反映的事物不同、表现的概念的不同和意义的不同，在词汇的语义系统中分别分布于不同的类别、层级之中的位置上，这些位置的总和就构成了一个词位。如，构成“萝卜”这个词的两个词项“萝卜$_1$（一种植物）”、“萝卜$_2$（这种植物的主根）”，它们反映的事物不同，表现的概念也不同，意义也不同。因此，在词汇的语义系统中，“萝卜$_1$”是“萝卜$_2$”的整体词项，“萝卜$_2$”是“萝卜$_1$”的部分词项，二者处于不同的层级，构成“整体—部分”语义关系。这两个处于不同位置上的词项分别作为“萝卜”这一词位的两个词位变体。

义位变体之间的关系是形异义同，词位变体之间的关系是形同义异。几个词项占据同一义位的条件是理性意义相同，几个词项构成一个词位的条件除了形式相同外，在意义上还要有内在的联系。

义位变体和词位变体之间有一定的联系。一个义位变体可以同时是一个词位变体，一个词位变体也可以同时是一个义位变体。例如“打$_9$”这一词项是“编织”这一义位的义位变体，也是“打”这一词位的词位变体；“跑$_2$”这一词项既是这个词位的词位变体，也是“逃跑”这一义位的义位变体。

义素构成义项，义项同词形结合起来构成词项，词项构成义位和词位以及其他的词项结构，这样就构成了词汇语义系统的复杂结构。

2.2.2.2 词汇中的语义关系

词项作为构成词汇语义系统的“词汇—语义”双重性质的单位，并非散沙一盘。它们根据各自的语义特点，不但可以分为不同的类别、范畴，而且还可以分成不同的层级，相互之间还存在着各种语义关系。这些语义关系使得词项相互联系起来，共同构成了词汇的语义系统。

词项间的各种语义关系是以概念间的各种关系为基础的。以下举例都是以词项为单位，不再用数码一一标出。

类义词项和类义关系

反映同一类事物、表示同一类概念的词项叫做类义词项，其间的语义关系叫做类义关系。例如，“生物、动物、昆虫、螳螂”等就是一类属于“事物”语义范畴的类义词项，其间是类义关系。类义词项具有层级性，大类之中还可以分出更小的类，形成更低的层级。

2.2.2.3　上义词项、下义词项和上下义关系

在表示同一类概念的类义词项之中，标示上位概念的词项叫做上义词项，标示下位概念的词项叫做下义词项，其间是上下义关系。例如：

下义词项	上义词项
铅笔	笔
笔	文具
文具	用具
用具	东西

上义词项、下义词项是相对而言，一个词项可以既是某一词项的下义词项，又是若干个词项的上义词项。这是由于词项的概括能力相对大小而形成的结果。在词汇的语义系统中，上义词项处于较高的层级，下义词项处于较低的层级。

2.2.2.4　整体词项、部分词项和整体—部分语义关系

表示整体概念的词项叫做整体词项，表示部分概念的词项叫做部分词项，其间是整体—部分语义关系。例如：

人体——头、躯干、上肢、下肢

上肢——上臂、前臂、腕、手

整体—部分语义关系从词典的释义中可以看得很清楚。例如：

人体——人的身体。

身体——一个人或一个动物的生理组织的整体，有时专指躯干和四肢。

上肢——人体的主要部分之一，包括上臂、前臂、腕和手。

上臂——胳膊上由肩至肘的部分。

前臂——胳膊上由肘至腕的部分。

（引自《现代汉语词典》）

整体词项、部分词项也是相对而言，一个整体词项可以同时是另外一个词的部分词项，一个部分词项也可以同时是另外几个词的整体词项。这也是由于词项概括能力相对大小而形成的结果，因而整体词项和部分词项也具有层级性。例如上面举出的例子就是。

2.2.2.5 集合词项、元素词项和集合—元素语义关系

表示集合概念的词项叫做集合词项，表示元素概念的词项叫做元素词项，其间是集合—元素语义关系。例如：

书籍——书

马匹——马

枪支——枪

部队——士兵

党——党员

集合—元素语义关系和上下义语义关系有时有重叠的情况。当下义词项表示的是具体的个体，而不再表示一类事物时，这时上义词项同下义词项既是上下义关系，也是集合—元素关系。例如：

“作家——鲁迅”，“鲁迅”既是“作家”的下义词项，也是“作家”的元素词项。

类义词项结构和类义关系、上下义词项结构和上下义关系、整体—部分词项结构和整体—部分语义关系、集合—元素词项结构和集合—元素语义关系，这些词项结构和语义关系都是词汇在语义上的体系性的表现，它们反映了词项在语义上的系统性的联系和制约。我们对于词项意义的理解和解释，都是根据它们所标示的概念、反映的事物，以及与它们互相联系、制约的词项的语义关系来确定的。

一组类义词项中，词项根据它们的语义特点和所标示的概念的关系，还可以再形成同义关系、交叉语义关系、矛盾语义关系、对立语义关系等，由此而形成同义词项结构、近义词项结构、反义词项结构和对义词项结构等。前三种词项结构是大家熟知的语言事实，这里谈一下对义词项结构和对立语义关系。

一组同一语义范畴中并且处于同一层级上的类义词项，它们的意义中包含着相互对立的语义成分，这样的词项形成的词项结构我们称之为对义词项结构，其间是对立语义关系。对立语义关系不仅指理性意义的对立，而且也包括非理性意义的对立。因此，一个词项可以根据它的语义构成成分同若干个词项形成对立语义关系。以亲属词项中的“父亲”这一词项为例：

首先，“父亲”以其意义中表示性别的语义成分同“母亲”构成对立语义关系；

其次，“父亲”以其意义中表示辈分的语义成分同“祖父、祖母”和“儿子、女儿”的意义相对立；

再次，“父亲”以其表示直系亲属关系的语义成分同“叔父、伯父、姑父、舅父”的意义相对立；

最后，“父亲”还以其非理性语义成分同“爸爸、爹、老子、家父、令尊”等词项的意义相对立。

反义词项结构之间的语义对立大部分是“一对一”（也有“一对二”或“一对三”的，如“多——少、寡”），而对义词项结构之间的语义对立则是“一对多”，即是说，一个词项可以其不同的语义成分同多个词项构成对立关系。因此，对立语义关系要比反义语义关系普遍得多，对义词项结构也要比反义词项结构多得多。

2.2.3 从词汇同概念体系的依存关系看词汇的体系性

语言和思维是相互依存的，词汇同概念体系也是相互依存的。概念体系中的概念增多了，词汇也日益丰富；概念体系中出现了更概括的概念，词汇中也随之出现更概括的词项。例如：木材、煤炭、石油、汽油——燃料。概念体系中的层级增加了，词汇中也随之出现新的层级。例如：分子、原子、核子、质子、中子……光子。这些都说明了词汇同概念体系紧密相连的关系。实际上，概念体系必须通过词汇表现出来，词汇也必然反映概念的体系性。词汇中的各种语义关系，无一不是概念体系中的各种关系的反映和表现。因此，我们说，如果概念体系中存在着“类别—层级”结构，词汇中也必然存在着“类别—层级”结构；如果说概念体系具有体系性，词汇也一定具有体系性。这是由概念体系同词汇体系之间的同构关系所决定的。反过来说，语言是思维的工具，如果词汇不能有体系、有系统地表现概念体系，那么语言就很难担当起思维的工具这一职务。所以词汇的体系性是必然的，只不过词汇体系同概念体系不尽相同罢了。

2.3 展开的讨论

也许有的同志认为，我们所讲的词汇体系同概念体系是一回事儿。刘叔新先生曾表示过类似的观点，他说：“如果凡是体现了概念从属关系的词汇单位都构成语义关系的类集，那么一切词汇单位都可以纳入层层相属的体系，其最高一层的单位就是体现事物、现象概念的。得出这样的体系自然很容易，然而这是概念的体系。若定之为语义体系，就等于在语义与概念之间及语言与思维之间画上等号。”① 在他的新著《汉语描写词汇学》中，刘叔新先生依然坚持这一观点，他写道：

> 企图从概念逻辑关联找出路，开头有些人寄希望于主题义族。这个主观性很强、方法论上有许多问题的松散类集，距体系结构准确精严的要求未免太远。作为似乎有力得多的替换手段，另一种概念逻辑关系的途径被提出来。这就是所谓上位词与下位词的属义关系。
>
> 按照 John Lyons 的意见，一个比较特殊的或者下位的词位同一个较为一般的或上位的词位之间，存在着范例性的意义关系，如“母牛”：“兽”，“玫瑰”：“花”，“诚实”：“德行”，“买”：“得到”，“深红”：“红”。这是把概念间的逻辑关系看作语言词语中的意义关联现象，因而也径直使用和“同义关系”“反义关系”类同的术语“属义关系”来称说它。尽管“属义关系”已在语义学界使用开，但是实际上以概念间的逻辑关系充作意义关系，总难有说服力。在理论上和做法上使概念混同于词义，将思维的逻辑同语言的内部关系等同起来，是成问题的。

所谓上位词，是词义体现了一个上位概念或种概念的词；而下位词是词义体现了一个下位概念或属概念的词。因而上位词与下位词的关系，实质上是上位概念与下位概念的关系，是概念上的种属关系。种概念和属概

---

① 刘叔新：《论词汇体系问题》，载《词汇学和词典学问题研究》，89 页，天津，天津人民出版社，1984。

> 念的关系只属于逻辑，是没有疑问的。把它看作语义关系（甚至是范例性的!）未免有违于理，至少也是误解。……
>
> 很清楚，所有这里由概念种属关系充作的意义关系及由之带来的其他意义关系，都不可能是真实的，……因此，把概念上的种属关系混作语义关系来看待，只能模糊词语意义关系的性质和出现的地方和范围，同时也使这种意义关系失去其自身的特性、作用或价值，成为泛泛的、对语言词汇分析或词义分析来说没有用处的东西，也就是说，取消了它自身。①

在上面的描述和分析中，我们根据概念体系和词汇体系之间的同构关系，根据词汇体系同概念体系之间的依存关系，确认了词汇的体系性。然而，根据刘叔新先生的观点，我们上面所确认的却是概念的体系，并且在语义和概念之间、语言与思维之间画上了等号！那么事实是否就是如刘叔新先生所说的那样呢？下面我们打算就此问题来讨论一下。

2.3.1 词汇体系的“类别—层级”结构的必然性

列宁曾经指出：任何词（言语）都已经是在概括。感觉表明实在；思想和词表明一般的东西。语言实质上只表达普遍的东西。语言交际的事实表明，词语不仅是概括地表示事物、现象，而且概括的对象、范围、程度也各不相同，这是显而易见的事实，自然不用多讲。

既然词语是概括地表示事物、现象，而且它们概括的对象、范围、程度又各不相同，那么我们当然可以据此得出相应的词语的类别、层级和系列。作为客观事物、现象的反映和思维概念的

---

① 刘叔新：《汉语描写词汇学》，372～373页，北京，商务印书馆，1995。

表现，词语在表示它们的同时也必然反映出它们的体系性。马学良先生主编的《语言学概论》正确地指出这一事实："客观事物的类聚层次不同，语义概括的程度也有高有低。例如，大学生、学生、人、动物、生物、物质，一个比一个概括程度高。"① 李兆同、徐思益先生主编的《语言学导论》也指出："词和词可以根据类属关系发生类聚关系。这种类聚关系可能和科学上的分类一致，但也可能不一致，因为类属词是语言中的类聚，并不是概念的分类。"②

刘叔新先生写道："'螳螂'所示的概念处于'昆虫'所示的概念的下位，由此也得不出两个词的意义对应：'螳螂'在语义上并不从属于'昆虫'。"③

不同的词语，由于它们概括的对象、范围和程度的不同，它们之间必然形成类别、层级上的区别。"昆虫"和"螳螂"这两个词正是由于它们概括的范围、程度上的差别，因而它们之间同样表现为从属关系，亦即我们所说的上下义关系。按照我们的说法，即"昆虫"是"螳螂"的上义词项，"螳螂"是"昆虫"的下义词项。当我们把二者联结起来构成判断句时，其间的上下义关系就更为明显。

a. 螳螂是昆虫。　　b. 昆虫是螳螂。×

类似的例子还有：

a. 狗是哺乳动物。　　b. 哺乳动物是狗。×

a. 空气是物质。　　b. 物质是空气。×

a. 大学生是学生。　　b. 学生是大学生。×

……　　……

---

① 马学良主编：《语言学概论》，97页，武汉，华中工学院出版社，1981。

② 李兆同、徐思益主编：《语言学导论》，88页，乌鲁木齐，新疆人民出版社，1981。

③ 刘叔新：《汉语描写词汇学》，374页，北京，商务印书馆，1995。

说汉语的人都认为 a 类句是正确的句子，而 b 类句是错误的句子。说 b 类句是错误的句子，这并不是说 b 类句在语法形式上有什么错误，而是说 b 类句错在语义上。也许有人认为 b 类句是错误的判断，属于逻辑学研究的范围。这是不妥的。因为 b 类句也是句子。语言和思维是两回事儿，判断句和判断也是两回事儿。如果我们用逻辑规则来解释 b 类句的错误，那无疑是把思维的判断和语言中的判断句混为一谈了。

那么我们应该如何来解释 b 类句的错误呢？其实，只要承认词语在概括范围、概括程度上的差别，承认它们之间的上下义关系，b 类句的错误并不难解释。这是因为：由于“昆虫”、“螳螂”这两个词项在语义上的概括范围、概括程度的不同，因而它们之间形成上下义关系，它们在词汇的语义系统中处于上下两个层级之中。由于上义词项和下义词项在词汇的语义系统中分别处于较高、较低的层级，因此，当上义词项和下义词项联结起来构成线性语言形式时，其间层级上的差别必须表现为线性形式上的位置前后的差别；当上义词项和下义词项构成判断句时，下义词项必须居于判断词“是”的前面；如果要把上义词置于“是”的前面，则需要采用相应的语义限定手段，以保证判断句在语义上的合理性。例如：

这只昆虫是螳螂。

这只动物是狗。

这种物质是空气。

这个学生是大学生。

……

反过来说，如果“昆虫”、“螳螂”这两个词项不能表现出“昆虫”、“螳螂”这两个概念之间的上下义关系（从属关系），那么我们就不能用这两个词项来表示这两个概念，并用来进行有关它们的思维。事实上，不但“螳螂”这一概念在概念体系中从属于"昆虫"这一概念，而且表示这一概念的"螳螂"这一词项在词汇的语义系统中也同样从属于"昆虫"这一词项。这就保证了我们在运用它们进行有关二者的思维时，不会说出"昆虫是螳螂"这样的句子。

2.3.2　词汇体系和概念体系的差异

词语和概念各有自己的特点，因而它们各自构成的词汇体系和概念体系也必然不同。词汇的语义体系和概念体系只是相似，而决不会等同。无疑，词汇的语义体系在表现概念体系的同时，也必然反映概念体系的系统性，但我们并不能据此就认为二者等同，因为表现者和被表现者毕竟不同。词汇的语义体系即使是照相式地反映概念体系（实际上并非如此），我们也不能认为词汇的语义体系就是概念体系，正如不能把一个人和一个人的照片等量齐观一样。

如前所述，由于词语和概念之间存在着"一对多"和"多对一"关系，因而词汇体系中的词项结构和概念体系中的概念结构之间必然存在着差异。上下义词项结构也不等于上下位概念结构，整体—部分词项结构也不等于整体—部分概念结构，类义词项结构、集合—元素词项结构也与类概念结构、集合—元素概念结构不同。

例如，在"方向——东、西、南、北"这个上下位概念结构中，我们可以说，"方向"这一上位概念有四个下位概念（实际上还有"东北、西北"等方向概念，此处只举四个是为了讨论的方便），但是在与之相对应的上下义词项结构中情况却不相同。请看："方向——东、东边、东方、西、西边、西方、南、南边、南方、北、北边、北方"。那么，这是上下位概念结构呢，还是上下义词项结构呢？二者是等同呢，还是有区别？我们觉得大家不难得出结论。

再比如，在“人体——上肢、下肢、躯干、头”这个整体— 部分概念结构中，我们可以说，“人体”这个整体概念有四个部分概念。但是在与之相对应的整体—部分词项结构中，我们却不能这样说。请看：“人体——上肢、下肢、躯干、头、头颅、脑袋、脑袋瓜子、脑壳、首”。那么这是不是还可以看作整体—部分概念结构呢？我们觉得大家也不难做出回答。

在其他的词项结构和概念结构之间也存在着类似的情况，大家不难发现它们之间的差异和区别。这里就不一一举例说明了。

词项同概念之间还有其他差别。除了语义内容以外，词项还具有语音形式、语法功能，因而还可以依据其形式特点和功能特点构成其他的系统，这些都是概念所不具备的。这些差别都是显而易见的事实，无须我们多言。不过我们上面的分析和说明已经证明词汇体系同概念体系是不同的了，二者之间也是不能划上等号的。

“语言是意识的产物，又是现实的产物，而主导的则归根结底是现实”，“语言在摆脱很大程度上与之相同的现实的同时，又以不同的方式在自己的体系中记录现实。语言以不同的方式强调真实存在的因素，以不同的方式对它们进行分类和分解，并在它们之间建立不同的联系。”①

客观世界具有体系性，因而反映客观世界的事物、现象的概念也具有体系性，反映客观事物、现象和表现概念体系的词汇也同样具有体系性。因为在客观事物、概念体系和词汇体系之间具有同构关系。这种同构关系正是逻辑学建立的基础。正是因为在客观事物—概念体系—词汇体系之间存在着同构关系，我们才能运用词语来标示概念、指称事物，进行我们的思维，反映客观事物及其间的关系。同构关系正是联系客观事物—概念体系—词汇

① ［苏］兹维金采夫著：《普通语言学纲要》，伍铁平等译，354～355页，北京，商务印书馆，1981。

体系的桥梁，也正是词汇之所以成为体系的基本原因之一。如果我们承认词语是概括的，承认词语概括的对象、范围和程度不同，并且也承认词语同概念是不同的东西，那么我们也就应该承认，根据词语概括的对象、范围和程度的不同而形成的类别、层级、系列是词语的类别、层级、系列，也就应该承认由这样的词语的类别、层级、系列构成的"层层相属的体系"是词汇体系，而不是概念体系。

2.3.3　附加的讨论

在本章即将结束的时候，我们还必须提一下周荐同志的看法。他在《汉语词汇研究史纲》的第四部分第二章第二节中不同意我们的观点，继续维持了刘叔新先生的观点。他说："本阶段对刘叔新结构组织是词汇体系形成的关键的观点提出反对意见的，主要是周国光的《概念体系和词汇体系》（《安徽师大学报》1986 年第 1 期）、《词汇的性质、地位及其构成》（《安徽师大学报》1987 年第 3 期）两篇文章。"在介绍了《概念体系和词汇体系》的一些观点之后，周荐同志评论道："这种把概念和词语的意义看作是有着必然的对应关系的观点，根源于把概念和词语的意义视为一回事"，"词语的意义并不一定与概念处处存在着对应关联，这应该是普通的常识。因为：语言中词语的意义，从功用上看，有词汇意义和语法意义之分，词汇意义用来指称或表明某种事物现象、动作行为，语法意义用以表示或反映某种关系、语气。任何一个词语单位，无论它是实词性的也罢虚词性的也罢，一般都具有词汇意义也有语法意义。实词性单位如名词'书'，词汇意义是'成本的著作'，语法意义是'不能重叠，在句中经常充当主语、宾语，等等。'"①

读到这儿，我们不得不纠正一下周荐同志的常识错误：

① 周荐：《汉语词汇研究史纲》，171 页，北京，语文出版社，1995。

第一，“书”的语法意义不是“不能重叠，在句中经常充当主语、宾语，等等”，“不能重叠，在句中经常充当主语、宾语”这是“书”的句法功能（严格地说，这应该是名词这一类词的句法功能）。

第二，“书”的语法意义（严格地说，应该是“书”所在的词类的语法意义）是“人和事物”。关于什么是语法意义，朱德熙先生在《语法答问》中有明确的说明和精辟的论述。

在这里我有两点需要更正的是：

第一，在《概念体系和词汇体系》这篇文章中，我们根本就没有“对刘叔新结构组织是词汇体系形成的关键的观点提出反对意见”。我们不知道周荐同志是怎样得出这样的结论的。

第二，我们从来没有提出把“概念和词语的意义视为一回事”，而是清晰地指出了词语和概念的对应关系。我们请周荐再读一下原文的这一段文字：

> 当我们用词语把概念标示出来时，这就构成了一个“词语·概念”统一体。在这个统一体中，词语是形式，概念是内容。应该说明的是，“词语的内容是概念”和“词语的内容是词义”这两种说法是从不同的角度而言的，它们的涵义并不相同。“词语的内容是词义”是从词语构成的角度而言的，是把词义作为词语的构成部分，同词语的语音形式相对而言。“词语的内容是概念”是从词语表示概念这一角度而言的，是把词语看作“词语·概念”这个统一体中的形式部分，而把概念看成是由整个词语（包括词语的语音形式、语义内容）所表示的内容。如果混淆了这两种从不同角度得出的结论，认为词义就是概念，那就是把概念包括在词语之中了。这种看法显然是不合适的。
>
> 任何事物都是形式和内容的统一体。词语和概念作为不同的事物，它们各有自己的形式和内容。词语的形

> 式是语音，内容是词义。概念的形式是词语，内容则是内涵和外延。内涵是概念所反映的事物的本质属性的总和的概括和抽象，外延则是一概念根据其内涵所能概括的概念的总和。当概念用词语表示出来时，概念的内涵就转化为词语的理性意义，概念的外延则转化为该词语的下义词。据此，我们认为：词语的理性意义是概念内涵的语言表现形式，下义词语是概念外延的语言表现形式。概念不等于词义，词义也不能同概念相对应。若论对应关系，那么应该是：词语同概念相对应，词义（理性意义）同概念的内涵相对应，下义词语同概念的外延相对应。如下所示：
>
> | | 词语 | 词义 | 下义词语 |
> |---|---|---|---|
> | 鱼 < | \| | \| | \| |
> | （词语·概念） | 概念 | 内涵 | 外延 |
>
> 应该说明的是，我们这里所说的是“对应”，而不是“等同”。作为语言体系内部的词语、词义、下义词语和作为思维体系内部的概念、内涵、外延，它们之间存在着一定的区别，但其间的对应关系应如上所述，这是由思维和语言不可分割的关系所决定的。①

通过上面这段文字，大家不难看出，周荐同志所说的“把概念和词语的意义视为一回事”这种观点与我所阐述的是不同的。我们觉得，《汉语词汇研究史纲》作为一本词汇学史，所引文献应该全面，持论应该公允，而不能一任自己的个人喜好，随

① 见周国光：《概念体系和词汇体系》，载《安徽师大学报》，1986 年第 1 期，105～106 页。

意取舍褒贬；评论前则应吃透原文，准确地理解作者的原意。举例来说，周荐同志在述评“词汇体系和耗散结构”这个问题的争论时，就没有介绍周国光的《词汇体系和耗散结构》（载《汉语学习》1989 年第 5 期）这篇文章，而仅仅介绍了两年以后发表的张素英先生的文章《对词汇是否成体系的刍议》（载《锦州师院学报》1991 年第 3 期）。这是无意的疏忽还是有意的回避？那只有周荐同志自己心里清楚了。我们觉得，对不同的学术观点横加歪曲，断章取义，当为史论者所不取。

周荐同志还举出词汇意义包含着理性意义和感性意义这一事实来说明词汇和概念的不对应性。这恰好是帮助我们提供了一个方面的材料，说明词项和概念、词汇体系和概念体系的区别。请读读我们在上面 2. 3. 2 一节中说过的一段话吧：

> 词项同概念之间还有其他差别。除了语义内容以外，词项还具有语音形式、语法功能，因而还可以依据其形式特点和功能特点构成其他的系统，这些都是概念所不具备的。这些差别都是显而易见的事实，无须我们多言。不过我们上面的分析和说明已经证明词汇体系同概念体系是不同的了，二者之间也是不能画上等号的。

我们认为，周荐同志是在帮助我们证明了词汇和概念二者之间的区别。

不过，有一点仍然需要说明：对于任何一个具有理性意义和感性意义的词语来说，理性意义都是词义的核心；概念体系和词汇体系之间同构关系的确定，依据的也是词语的理性意义，而不是词语的感性意义。所以，周荐同志在这里提出词语的理性意义和感性意义的区分，对我们的结论不仅没有丝毫的影响，而且帮助我们把问题说得更清楚。

周荐同志为了否认词汇语义体系的存在，还把实词和虚词的区别拿出来作为论据，认为虚词“只是用以将实词性单位系联起来，表明实词性单位之间的关系或表示由实词性单位和虚词性单位组织起来的段落的语气的。因此，虚词性单位所表示的内容并不为概念所概括、反映。既然概念与词语的意义不存在一一对应的关系，那么，概念作为逻辑思维的形式之有体系性，并不能推导出词汇也有体系性的必然结论”①。

那么，我们的思维活动是怎样进行的呢？我们的思维活动不但需要实体性的概念，例如人和事物、动作行为、性质状态、数量属性，等等，我们也需要关系概念。关系概念既可以用实词表达（如“相同”、“相反”等），也可以用虚词表达出来，诸如“因为……所以……”所表达的因果关系，“只有……才……”表达的条件关系，“不但……而且……”所表达的递进关系，“（张三）把（李四）（如何）”，“（张三）被（李四）（如何）”，其中的“把”、“被”所表示的主动和被动、施动和受动的关系一目了然。“（张三）为（李四辩护）”，“（张三）对（李四很热情）”，其中的“为”、“对”所表示的“服务”、“对待”关系也清清楚楚。可以这样断言：所有的虚词都表达相应的意义——范畴意义或关系意义。

举例来说，“和”、“并且”都表示逻辑合取关系，二者之间是近义关系。但是“和”侧重于表示实体合取关系，“并且”侧重于表示事件合取关系；它们同“与”、“跟”、“同”、“并”、“且”、“及”、“又”、“而”、“也”等词项构成类义关系，同时它们又同表示逻辑析取关系的“或、或者”构成对义关系。

再比如，“被”、“让”、“叫”、“给”等词项表示被动关系，它们之间是同义关系。它们同表示主动关系的“把”、“将”构成对义关系，同时又同它们构成类义关系，因为它们都是表示事物—动作行为之间的施—受关系的。

① 周荐：《汉语词汇研究史纲》，172页，北京，语文出版社，1995。

其他如表示“原因关系”的词项（如“因为”、“由于”、“因”），表示“结果关系”的词项（如“结果”、“所以”、“因此”、“因而”），表示“起始关系”的词项（如“自”、“从”、“自从”、“由”、“打”），表示“转折关系”的词项（如“但是”、“但”、“可是”、“而是”、“不过”、“而”、“否则”），表示“条件关系”的词项（如“只要”、“只有”、“除非”、“不管”、“无论”、“纵然”、“虽然”、“即使”），等等，它们之间都存在着类义关系、近义关系；它们又同其他类别的关系词项之间存在着对义关系。例如，表示转折关系的关系词项同表示顺承关系的词项之间既有类义关系（都是“承接”关系，但一为顺承，一为转承），又有对义关系。表示起始关系的词项同表示终止关系的词项（如“到”、“至”、“于”）之间既有类义关系（都表示时空距离和范围），也有对义关系。其他如条件关系词项同目的关系词项，关涉关系词项（关于、对于、至于）和排除关系词项（除了、除、除去），等等，它们相互之间都存在着类义、近义、对义等各种语义关系。

关系词项的语义组配关系也是显而易见的。

第一，关系词项常常相互配合起来，或者同其他实体词项配合起来，构成一定的关系框架，表达一定的逻辑语义关系。例如，“因为……所以……”、“只有……才……”、“虽然……但是……”、“不论……都……”，等等。这是其语义组配关系的一种表现。

第二，关系词项可以同相应的各种实体词项或实体词项的组合体组合起来，表示其间的逻辑语义关系和句法关系。这是其语义组配关系的又一种表现。

总之，作为词汇—语义单位的关系词项，它们之间也存在着语义聚合关系和语义组配关系，因而也可以形成相应的关系语义系统。现代语义学已经对关系词和关系意义给出了精细的解释和描述。语言学和逻辑学发展到今天，再认为不存在关系概念，不存在关系意义，把关系词语当成毫无意义的空壳，那就未免太不合时宜了。

实际上，真正的症结是周荐同志在极力回避这个问题：词汇体系和概念体系之间是否存在着对应关系？当代认知语言学关于相似性的理论已经回答了这个问题。我们不知道周荐同志的回答如何。如果周荐同志能够论证词汇体系和概念体系之间不存在对应关系，那应该是对当代语言学的重大贡献。我们期待着周荐同志的论证。

实际上，我们觉得，周荐同志的观点是有偏向性的，他处处在维护刘叔新先生原来所坚持而现在已经放弃的“不可以认为词汇具有体系性”的观点。如果置身于争论的双方之外进行评述，那就是另外一种情况了。例如，林杏光先生也曾对我国词汇学界关于“词汇体系问题”研究的状况进行了评论。我们觉得，林杏光先生的评论是比较公允的。现将林先生的有关评论恭录如下：

> 80年代中期，周国光、陈庆祜二位先生比较全面地论述了词汇的系统性问题。他们从词汇的性质、地位和构成的角度，从词汇体系同概念体系的同构关系，从语言是能够传递信息的符号系统的角度，对词汇的系统性进行论证。他们所提出的语言的实体系统不是语法，不是语音，也不是语义。他们认为每个词语都各有自己的形式、意义、功能、结构，因此现代汉语词汇体系共包括四个方面的系统，即形式系统，意义系统，结构系统，功能系统。这四个系统下面又可以分别构成子系统。①

---

① 林杏光：《词汇语义和计算语言学》，102～103页，北京，语文出版社，1999。

周国光、陈庆祜1986、1987两年先后论证词汇的系统。但事隔几年后，邢公畹先生在给刘叔新所著的《词汇学和词典学问题研究》1989年版写的序言从新的角度，即从耗散结构的角度对词汇的系统性予以否定。邢先生说："如果说，凡是在物质与能量的消散中才能维持的有序结构都叫做'耗散结构'，那么语言恐怕也是一种耗散结构，'词汇'不过是把'物质'和'能量'供给语言这一有序结构的东西而已，本身说不上体系。……"邢公畹先生认为语言是一种耗散结构，而词汇只是供给语言以物质和能量，使语言得以维持自身系统，词汇本身说不上体系。同一时候，周国光先生发表文章指出邢公畹先生用耗散结构来否定的词汇的体系性不妥。周先生认为邢先生用耗散结构来否定词汇的系统性，这与耗散结构理论本身有矛盾。因为根据耗散结构的理论，耗散结构系统是不断同外界环境交换能量、物质和信息的，换句话说，是外界环境不断向耗散结构系统内部提供能量、物质和信息的。词汇作为语言系统的组成部分之一，它包含在语言系统内部，说语言靠消耗词汇来维持自身的系统，就等于说一个人靠吃自己的身体来维持生命一样。如果把词汇看作是语言以外的东西，离人们的常识又甚远。实际上，把物质、能量和信息提供给语言这一耗散结构的不是词汇，而是客观世界、人类社会和人类思维等。以耗散结构的理论来观察词汇，即可以看到词汇具有耗散结构的三个特点：开放性、动态性、有序性。词汇是在发展变化的，因而它是不平衡的，开放的；词汇是不断丰富的，这表明它不断从外界吸收能量、物质、信息并转化为自己系统内部的成分，这是动态性；人们能够迅速、准确地从大脑词

> 库中检索到所需要的词语，这是词汇有序性的表现。因此，耗散结构的理论应当是肯定词汇的系统性，而不应当是否定词汇的系统性。其逻辑推理是：词汇是耗散结构，耗散结构是一种系统类型，所以词汇也具有系统性。①

把周荐同志的评述同林杏光先生的评述相比较，孰公正孰偏颇，读者自有公论。

至于周荐同志的主观臆测“人们从《词汇的性质、地位及其构成》中似乎也可以推测出周国光的观点已经发生了变化”②，更是笑谈。我从来也没有改变过自己的观点，而且至今仍然坚持我原来的观点：词汇是有体系性的！倒是刘叔新先生的观点发生了变化，改变自己的观点，承认词汇有体系性！从刘叔新先生当年断然地、全面地否认词汇的体系性，到现在改变了自己的观点，我们觉得这一事实已经说明了一切。而周荐同志在《汉语词汇研究史纲》中从各个方面为刘叔新先生的“词汇无体系论”所作的辩护，在刘叔新先生改变了自己的观点这一事实的映照下，更显得不合时宜，而成为过时之论。我们觉得，刘叔新先生不仅在学问上是我们的老师，在做人上也是我们的老师。刘叔新先生能够勇于改变自己以前错误的观点，这种学术上的勇气令人钦佩！这一点也是值得周荐同志认真学习的。

---

① 林杏光：《词汇语义和计算语言学》，103～104页，北京，语文出版社，1999。

② 周荐：《汉语词汇研究史纲》，171页，北京，语文出版社，1995。

第三章 语义的缠绕和词汇体系的必然性

3.1 理论、事实、矛盾

确立词汇的体系性，是词汇研究中的重大问题。要确立词汇的体系性，既需要语言事实的证明，也需要理论上的论证。如果只有语言事实的排列（这当然很重要），而缺少理论上的指导和论证，那么这些排列出来的语言事实显然不是在理论指导下发掘出来的，而且也未必真实地反映了词汇体系的实际状况。

如果说词汇是一个体系，那么构成它的元素——词语之间就应该存在着相互联系、相互制约的关系；如果不存在这种关系，那么词汇也就很难说是一个体系。因而论证词语间存在着相互联系、相互制约的语义关系这一步，是论证词汇成为体系的重要一步。刘叔新先生就曾经指出：“建立词汇体系的问题是与词汇的语义体系紧相关联的。如果建立起表明所有词汇单位间的意义对应关系的语义体系，那就相应地存在词汇体系。”①

根据唯物辩证法关于事物相互联系、相互制约的观点，词语作为形式、意义、功能、结构四位一体的语言符号，其间应该存在着相互联系、相互制约的关系，词汇也应该是由相互联系、相

① 刘叔新：《论词汇体系问题》，见《词汇学和词典学问题研究》，84页，天津，天津人民出版社，1984。

互制约的语言符号构成的一个体系。但是，这仅仅是理论上的演绎，在没有证明词语间存在着相互联系、相互制约的关系以前，这种理论上的演绎还只能说是一种猜想。刘叔新先生曾举出过许多词例，如“血”、“油”、“锚”、“井”、“树”、“人”、“球”、“纸”、“笔”等名词，“踢”、“指”、“舀”、“射”、“蹲”、“翘”、“流”、“泼”、“溅”、“病”等动词，认为这些词语都不处于同其他词语相互联系、相互制约的关系之中。不仅如此，刘叔新先生还论证了词语并不能根据它们意义上的联系和制约而构成词汇的语义体系这一观点。他指出：

> 德·索绪尔断言“任何一个词的价值，都决定于它周围的环境”，而“如果不首先考察它的环境，甚至连这个词的价值也不能确定”。这里的“价值”指的是符号的“所指”，即词的整个词义，它的存在要决定于其他的词。这种说法自然意味着任何一种语言都存在一种词义的“价值系统”，它表明所有词之间的相互制约关系。现代有的词义研究者也认为词的每一个意义“需要通过‘词：词’的关系表现出来”，它“和其他的词义具有相互制约、相互依存的关系”，它“必得受语言中的语义结构和语义系统的制约”，这和德·索绪尔所说的词的价值说基本上是一致的。词的价值说虽含有一些合理成分，但根本点并不正确。首先，德·索绪尔所说的价值是消极地确定的。一个词的所指决定于它不是什么其他词的所指。这违反事实。譬如“抽屉”一词的词义（所指），很难设想它决定于它不是什么其他词的词义，那样的词也无法指出来。“抽屉”的词义分明是因意识反映抽屉这类器物，并以[tʂʻou55 · tʻi51]的声音来巩固反映而得出的。“母鸡”的所指是什么，并不决定于不是“公鸡”“小鸡”的所指，因为不是公

> 鸡、小鸡，不见得就是母鸡，而可以是鹅、鸭等任何一种东西。只是“公鸡”“小鸡”两词的存在，使“母鸡”的词义被制约在一定范围之内。片面夸大这点，把词义看作纯消极差别关系的产物，而完全无视其反映一定对象的实质方面，是纯关系论的错误。其次，即使容许把词义的相互制约看作是相互决定，德·索绪尔断言任何词的价值都决定于其周围的环境的看法，也是不符合事实的。实际上，不同词汇单位在意义上互为条件的制约，只存在于分割对象组、同义的词汇单位组以及词的固定搭配组合之中。在这三类组织之外的词（如“血”、“锚”、“井”、“矫健”、“沉闷”、“冉冉”、“射”、“蹲”等等），就都没有制约其词义范围的“周围的环境”。它们的“价值”都只是根据词指称何种对象而“直接规定”的。……可见，词的价值说有很大的片面性，所谓词的价值系统并不能成立。现代研究者提出的任何词的意义都受其他词义制约的说法，自然也缺乏根据。所谓制约着每一个词义的语义系统，即由词义相互依存所构成的词义体系，就并不存在。①

刘叔新先生在其新著《汉语描写词汇学》中，在同义组、反义组、分割对象组、固定搭配组这几种词项结构组织之外，又补充了互相依赖组（如土地——庄稼，铁路——火车）、单向依赖组（如扫——扫帚，枯——草木，士兵——打仗，盆景——风景）、挨连组（如春——夏——秋——冬）、级次组（如顷>亩>分）、同素组（如地　地面　地底　地下……平地　低地　高地……落地风扇　平地一声雷）几种词项结构组织，并认为

---

① 刘叔新：《论词汇体系问题》，见《词汇学和词典学问题研究》，85～87页，天津，天津人民出版社，1984。

由于这几种词项结构组织被发掘出来，以前的“不可以认为词汇是一个体系”的结论就须要大大更改①。不过，对于词汇何以成为体系，词语间为什么必然存在着相互联系、相互制约的关系？刘叔新先生并没有从理论上给以新的证明。

周荐同志的《汉语词汇学史纲》在述评了我国语言学界关于词汇体系的论争之后，认为刘叔新先生给这个问题圆满地画上了一个句号。这个结论我们认为似乎下得太早了一些。因为对于词汇何以成为体系这一重大理论问题，除了我们发表过的文章以外，还没有太多的文章来讨论这个问题，迄今也还没有发现更为有力的论证。即使刘叔新先生本人也还没有对这个问题从理论上给以明确地阐述、论证，更何况还存在着不少悬而未决的具体问题，例如：刘叔新先生认为：“语言体系观念的确立，本是把语音体系和语法体系综合起来的结果。词汇是否构成体系，对于语言体系的存在实际上不起决定作用。”语言体系观念是不是“语音体系和语法体系综合起来的结果”？如果是，那么语言体系根本就不需要词汇！如果不是，那又是怎么一回事儿呢？

再比如，刘叔新先生认为：“所谓上位词，是词义体现了一个上位概念或种概念的词；而下位词是词义体现了一个下位概念或属概念的词。因而上位词与下位词的关系，实质上是上位概念与下位概念的关系，是概念上的种属关系。种概念和属概念的关系只属于逻辑，是没有疑问的。”我们认为，在“方向——东、西、南、北”这个上下位概念结构中，我们只能说，“方向”这一上位概念有四个下位概念（实际上还有“东北、西北”等方向概念，此处只举四个是为了讨论的方便），但是在与之相对应的上下义词项结构中，我们却不能说“方向”这个上义词项只有四个下义词项。请看：“方向——东、东边、东方、西、西边、

① 刘叔新：《汉语描写词汇学》，382页，北京，商务印书馆，1995。

西方、南、南边、南方、北、北边、北方”。这是上下位概念结构呢，还是上下义词项结构呢？二者是等同呢，还是有区别？这样的问题不回答就去画句号，是不是太着急了点儿？

再比如，邢公畹先生认为：“如果说，凡是在物质与能量的消散中才能维持的有序结构都叫做‘耗散结构’，那么语言恐怕也是一种耗散结构，‘词汇’不过是把‘物质’和‘能量’供给语言这一有序结构的东西而已，本身说不上‘体系’。”如果“词汇”不过是“物质”和“能量”供给语言这一有序结构的东西而已，本身说不上“体系”，那么“词汇是有体系的”这个问题根本就画不上句号！如果情况不是邢公畹先生所说的那样，那又是一种什么样的情况呢？这个问题搞不清楚，又如何去奢谈画句号呢？

再比如，刘叔新先生认为：“‘抽屉’的意义分明是因意识反映抽屉这类器物，并以［tʂʻou55·tʻi51］的声音来巩固反映而得出的”，像“血、锚、井……”这些词，“就没有制约其词义范围的‘周围的环境’，它们的‘价值’都只是根据词指称何种对象而‘直接规定’的”。那么，“抽屉”这个词的意义是否就是因为“意识反映抽屉这类器物，并以［tʂʻou55·tʻi51］的声音来巩固反映而得出的”？“抽屉”在意义上同其他词语是否具有相互联系、相互制约的关系？“血”、“锚”、“井”、“矫健”、“沉闷”、“冉冉”、“射”、“蹲”这些词的意义是不是直接规定的？它们是否处于同其他词的相互联系、相互制约之中？这个问题刘叔新先生也没有说清楚。

再比如，词汇体系和概念体系之间是否存在着相似性或同构关系？词汇体系是不是一个动态的、开放的、有序的耗散结构？这些重大的问题刘叔新先生既没有回答，也没有表示自己的态度。

既然词汇体系这一问题存在着这么多重大的没有回答的问

题，词汇中又存在着相当多的词汇事实没有处理，那么，“圆满的句号”从何说起？

因此，我们认为，在事实上，对没有处理的词语进行分析、定性；从理论上，对词汇体系这一重大理论问题给以证明，在今天仍然是必要的。

论证词语间存在着相互联系、相互制约的关系，指出词语间相互联系、相互制约的事实，这是确立词汇语义体系的关键。下面我们就结合刘叔新先生上面指出的问题，并结合刘叔新先生的上述举例，对词汇语义体系这一问题进行探讨，并给以论证。

3.2　哥德尔的不完备性定理和语义的缠绕

当代杰出的数理逻辑学家 K. 哥德尔 1931 年发表的不完备性定理被誉为数学和逻辑学发展史上的里程碑。在以往相当长的历史时期内，人们始终存在着这样的信念，就是认为可以把任何一种数学理论（例如自然数理论，欧氏几何理论等）组织成一个完备的和相容的公理系统，即可以找到这样的有限多条公理或公理模式，从这些公理出发，按照一定的推理规则，可以无一遗漏地推出相应理论中的所有的真命题，而且推出的也仅仅是真命题，因而，这一公理系统就是相容的，即无矛盾的。

但是，哥德尔却证明了上述信念是错误的。他的不完备性定理断言的是：任何足够丰富的数学系统，如果是相容的，就一定是不完备的。也就是说，数学的公理系统或者是不相容的，或者是不完备的。造成这一结果的根本原因就是“层次的缠绕”。

“层次”是普遍存在于客观事物之中的。例如画面中的不同的水平面或不同的部分，乐曲中的主题与伴奏或不同的音部，原像与镜像，真实的声音与录制下来的声音，符号与意义，等等。类似的还有：信息传递中的不同层次（结构信息、外部信息、内部信息）；计算机中的不同层次（机器语言、汇编语言、编译程序）等。除去这些客观的层次性以外，人类的认识活动也表现出明显的层次性：人们对于同一个对象，可以从不同层次上去理解，认识理解的深度也有不同。人们这种认识的层次性也正是客观事物的层次性的反映，它的直接物质基础就是大脑结构的层次性。

就哥德尔定理而言，其中也直接涉及了两个不同的层次：对象数学和元数学。在对象数学中，我们只是按照一定的法则由给定的前提出发去进行演绎；在元数学中，我们则对对象数学的整个逻辑结构作出判断。例如，“某某命题是可以证明的”，“某一理论是相容的”，等等。显然，相对于对象数学而言，元数学是一个更高的层次。

客观事物的层次性是显而易见的事实。但是，哥德尔定理却揭示了问题的另一方面，那就是，在确认事物的层次性的同时，我们还必须清楚地看到不同层次之间的可渗透性；而且，在很多情况下，这种不同层次之间的可渗透性又表现为层次的缠绕。如果着眼于某一层次的话，这种“层次的缠绕”就是所谓的“自我相关”。这种层次的缠绕会造成什么样的后果呢？一种直观的印象是：这是一种混淆，从而可能导致混乱，甚至荒谬。例如，主题与伴奏互相干扰就可能造成噪音。正因为“层次的缠绕”往往含有“悖理”的含义，所以有的人称之为“怪圈”。实际上，“怪圈”不仅不是一种罕见的现象，而且在很多场合是不可避免的。它是许多复杂系统的共同特点。无论是大脑思维，还是人工智能，无论是严密的数学，还是抽象的音乐，无论是语词系统，还是形象的美术，……都无法摆脱这奇妙的怪圈。

那么，究竟什么是哥德尔定理的普遍意义呢？从认识论的角度来看，哥德尔的理论为我们理解自己的思维提供了这样的启示：思维过程及其物质基础——大脑包含着极其复杂的层次结构，而这些层次的互相缠绕是思维活动的关键所在。客观事物中存在有两种不同的性质：符号型性质和语义型性质，前者并不涉及多层次的认识结构，而后者的认识则依赖于多层次的认识结构；由于多层次的结构具有无限丰富的内容，因此要完全认识语义型的性质，或者说把握住相应的概念，就是十分困难的。然而，应当补充的是，我们仍然可以通过发展更高层次的认识以及不同层次的相互渗透来不断深化我们的认识。关键在于，我们如何去创造更高层次的描述，同时又能够填平不同层次之间所存在的“鸿沟”。显然，从这样的角度看，“层次的缠绕”这一怪圈就不再仅具消极的意义，而具有一种更高层次上的积极意义，或者说，是一种更高层次上的和谐。①

用哥德尔的理论来观察词汇的语义系统，我们可以看到，在语言的语义系统中也存在着“层次的缠绕”这一不可避免的现象。词义构成了句义，而词义则是通过句义来表述的。

《现代汉语词典》对“蹲”这一词语的释义是这样的：

蹲　两腿尽量弯曲，像坐的样子，但臀部不着地。

在上面这个例子中，“两腿”“尽量”“弯曲”等词语构成了一个表述，这些词语的意义构成了这个表述的意义，而这个表述的意义又转过来表述了“蹲”这个词的意义。这样就形成了词义和句义这两个不同层次的语义的缠绕。而这种缠绕正是词汇体系必然存在的根本原因。关于这一点，下面我们还要进行具体的讨论。

3.3　词义的形成和确定

词语间的语义联系直接涉及词义的形成和确定这一问题。

---

① 关于哥德尔的不完备定理和层次的缠绕，请参阅［美］道格拉斯·霍夫施塔特著：《GEB—— 一条永恒的金带》，乐秀成编译，成都，四川人民出版社，1984。

词义是思维的产物，也是思维结果的固定。词义的形成和确定包括一系列的思维过程和由思维到语言的转化过程。该过程可简要表示为：观察事物→抽象概括→确定内涵→语言固定，即人们通过观察事物，抽象概括出其属性，确定概念的内涵，并用一定的言语形式把内涵固定下来，这样就形成并确定了词义。正如斯皮尔金指出的那样："只有随着词的出现，人才能够把这些或那些属性从对象中抽象出来，把事物的联系从事物本身抽象出来。只有言语，才能使意识所反映的事物的这些特征和关系体现为词的物质形式，从而创造出思维的观念对象即概念。"①

刘叔新先生认为，"'抽屉'的意义分明是因意识反映抽屉这类器物，并以[tʂ' ou55 · t' i51]的声音来巩固反映而得出的"，像"血、锚、井……"这些词，"就没有制约其词义范围的'周围的环境'，它们的'价值'都只是根据词指称何种对象而'直接规定'的"。

那么，我们的意识是如何反映"抽屉"这类器物，如何形成相应的概念，又如何得出"抽屉"这一词语的意义的呢？

《现代汉语词典》对"抽屉"这一词语的释义是这样的：

> 抽屉　桌子、柜子等家具中可以抽拉的盛放东西用的部分，常作匣形。

显然，"抽屉"这一词语标示"抽屉"这一概念，而"抽屉"这一概念的内涵的形成和确定是一个抽象思维过程。这一过程包括观察抽屉这一类器物，分析它们的属性、特征，然后抽象概括出它们的本质属性，确定其内涵。当我们用一定的言语形式（例如《现代汉语词典》的释义形式）把内涵固定下来时，就形成并确定了"抽屉"这一词语的词义。显然，这一思维过

---

① ［苏］斯皮尔金：《语言的起源及其在思维形成中的作用》，见高尔斯基主编：《思维与语言》，56～57页，北京，三联书店，1963。

程是用语言来进行的，思维的结果也是用语言记录下来的。特别应该指出的是，我们是运用与“抽屉”这一词语的意义有关的词语和相应的语法规则来进行这一思维过程的。我们可能不会根据“风”、“马”、“牛”这些词语来确定“抽屉”这一概念的内涵，形成“抽屉”这一词语的意义，但是我们却不得不根据“桌子”、“柜子”、“抽拉”、“盛放”、“部分”、“匣形”等词语来完成这一过程，这是词义和句义相互缠绕而造成的必然结果。如果认为“抽屉”的意义仅仅依靠意识的反映和语音的巩固便可以得出，或者只是根据词语指称何种对象而“直接规定”，否认意识反映事物离不开语言，否认词语的意义需要依据与之相关的词语的意义在一定范围里来确定，那就等于承认有赤裸裸的思想存在。

刘叔新先生仅仅注意到了“意识反映抽屉这类器物”，但却忘记了意识反映抽屉这类器物却离不开与“抽屉”这一词语相互联系、相互制约的词语。如果不是“桌子”、“柜子”、“部分”、“抽拉”、“盛放”、“匣形”等这些词语把抽屉的属性和与其他事物的关系抽象概括出来，我们是无法确定抽屉的内涵的，当然也就不能形成并确定“抽屉”这一词语的意义。实际上，我们从“抽屉”、“抽斗”这类器物的命名理据上也可以看出“抽屉”这一概念的形成及其内涵的确定的思维过程（抽屉——可以抽拉的屉子），因而刘叔新先生所讲的“直接规定”实际上是不存在的，仅仅靠意识的反映和语音的巩固也是得不出词语的意义的。所以，从内涵的确定和词义的形成、确定来看，词语的意义必须依据相关的词语来确定。

既然一定事物的属性及其与其他事物的关系的抽象、概括离不开语言，既然一定概念的内涵的确定离不开相关的词语，既然一定的词语的意义的形成和确定离不开与之相互关联的词语，那么词语在意义上与词汇中其他的词语相互联系、相互制约就是必然的。作为指称特定事物、标示特定概念的词语，“抽屉”既与“桌子”、“柜子”这样的词语有语义上的联系（整体—部分语义关系），也与“匣子”、“盒子”、“斗子”、“屉子”等这些标示盛放东西的器物的词语有语义上的联系（类义关系），它以上下义关系同“器具”、“器物”相联系，又以同义关系同“抽斗”相联系，它还同“抽拉”、“盛放”等词语有语义组配关系（如“拉出抽屉”“用抽屉盛放东西”等）。那么，“抽屉”一词是否与其他词语在意义上相互联系不是很清楚的吗？另一方面，如果没有“桌子、柜子、器物、部分、匣形、抽斗、抽拉、盛放”等这些词语，我们能够确定“抽屉”这个词语的意义吗？那么“抽屉”的词义是否受其他相关词语的意义的制约，不也是很清楚的吗？

词语意义的构成是复杂多样的，因而词语之间在意义上的联系也是复杂多样的。所以，“母鸡”一词以其类属意义成分同“鸭”、“鹅”相联系（同属“家禽”的下义词），也以其性质意义成分同“母鸭”、“母鹅”相联系（同是表示雌性家禽的词语，构成类义关系），它和“公鸡”、“小鸡”同是“鸡”的下义词，它又是“公鸡”、“小鸡”的对义词。同样，如果没有“家禽”、“雌性”、“鸭”、“鹅”、“鸡”、“公鸡”、“小鸡”等这些词语，我们也同样不能确定“母鸡”一词的词义。刘叔新先生仅仅看到了“母鸡”同“公鸡、小鸡”之间的对立和制约，而未注意到“母鸡”同“家禽”、“鸡”、“母鸭”、“母鹅”等词语之间的联系、对立和制约，这就未免把词语之间的复杂的语义联系简单化了。

上面我们以“抽屉”、“母鸡”两词为例进行了分析，用来说明词语在语义上联系的必然性，以及词语在语义上联系的复杂多样性。词语在语义上联系的必然性和多样性是普遍的，广泛的。实际上，不仅“抽屉”、“母鸡”两词如此，就连刘叔新先生所认为的那些不属于分割对象组、同义的词汇单位组以及词的固定搭配组合的词汇单位组织之外的词语，如“血”、“锚”、“井”、“矫健”、“沉闷”、“冉冉”、“射”、“蹲”等等，也无一不处于同其他词语的相互联系、相互制约之中，即是说，它们都处于词汇的语义体系之中。这是因为：

第一，词语标示概念，而概念的形成及其内涵、外延的确定，都是意识反映事物的过程和结果；而意识反映事物，对事物进行分析、综合、抽象、概括的过程，都离不开语言。因而词语的意义也必然要根据同一词汇体系中的词语来确定，因而词语之间在语义上就必然具有相互联系、相互制约的关系。没有“桌子”、“柜子”、“器物”、“器具”、“抽拉”、“盛放”、“部分”、“匣形”等等这些词语的意义，也就无所谓“抽屉”的意义；没有“家禽”、“雌性”、“鸡”、“鸭”、“鹅”、“公鸡”、“小鸡”等等这些词语的意义，也就无所谓“母鸡”的意义；没有“人”、“动物”、“液体”、“组织”、“红色”、“体液”等词语的意义，也就无所谓“血”的意义；没有“船”、“船具”、“器具”、“铁”、“石”、“停止”、“设备”等词语的意义，也就无所谓“锚”的意义，如此等等。唯物辩证法关于事物普遍联系的观点是经过实践检验证明了的基本原理，对语言、对词汇也同样适用。任何事物都处于相互联系、相互制约之中，词语自然也不例外。刘叔新先生认为他所举出的词语的价值只是根据它们指称何种对象而“直接规定”，否认这些词语的价值需要同其他词语联系起来而确定，这实际上是孤立地看待事物的观点。

第二，刘叔新先生所说的“分割对象组”、“同义的词汇单位组”和“词的固定搭配组合的词汇单位组织”这三类词汇单位组织，只是词语间相互联系、相互制约关系的一部分，而不是词语在语义上相互联系、相互制约的关系的全部情况。词语之间相互联系、相互制约的语义关系是多种多样的。目前可以指出的有：类义关系、上下义关系、整体—部分语义关系、集合—元素语义关系、主题联想语义关系、同义关系、近义关系、反义关系、对义关系等等。根据这些语义关系，词语可以形成多种语义聚合。类义词典、词语图解词典、主题词典、同义词典、反义词典、写作辞林等这些辞书的编写，证明了上述这些词语之间的语义关系，以及这些与之相应的语义聚合的存在。

实际上，上述这些语义关系仍不能包括词语间所有的语义关系。人类大脑的长时记忆系统根据词语间的语义关系而形成的词语的语义聚合是复杂多样的。诚如索绪尔所言："由心理联想构成的集合并不限于把呈现某种共同关系的要素拉在一起，心理还抓住在每个场合把要素联系在一起的种种关系的性质，从而有多少种关系，就造成多少个联想系列。"① 词语间语义联系的复杂性和多样性已经为心理学的实验材料所证明。请看下面两段材料：

（1）从自由回忆中也可以看到"组织"在长时记忆编码中的作用。有一个实验把 24 对联系紧密的单词（如桌子—椅子，粉笔—黑板，等等）打乱以后组成一个 48 个单词的词表，呈现后让被试用自由回忆法再现这些单词。呈现时是杂乱无章的，但再现时还是把紧密联系的单词放在一起，即使呈现时把"桌子"和"椅子"用 17 个其他单词分割开，回忆时还是把它们放在一起。实验还表明，词表上的各对单词之间联系得越紧密，正确再现的百分数越高。看起来似乎是当这些单词呈现时，被试根据它们之间已有的联系把它们组织起来以后才储存的……

不仅散见词表中的成对联系的单词在回忆时表现出组织在一起的情况，一组同类的单词也是如此。例如把"猫"、"狗"、

① ［瑞士］德·索绪尔著：《普通语言学教程》，高名凯译，岑麒祥、叶蜚声校注，174 页，北京，商务印书馆，1982。

“鱼”、“鸟”等属于动物这一类的单词，或者把“鲤鱼”、“带鱼”、“金鱼”、“鲫鱼”等属于鱼类的单词，在词表上全都打乱，在自由回忆时，它们也会像成对联系的单词一样聚集在一起。有时有些单词彼此并无联系，但在某种意义上它们也是同类的，在自由回忆时它们也会聚集在一起。例如：线轴、水桶、棒球、大饼，虽然从意义上彼此无联系，但都属于“圆的东西”这一类，也会受到同样的处理。那些在意义上有联系又属于同类的事物，比只是意义上有联系或者只属于同一类别，在回忆时更容易类聚在一起。例如，“床”和“椅子”既属于家具一类，在意义上也有联系，就属于前一种情况；而“梦”和“床”在意义上虽有联系，但不属于同一类事物，则属于后一种情况。编码时把同类事物放在一起，实际上就是把它们都和高一级的结构联系起来。例如把鱼、狗、猫、鸟都和动物联系起来，回忆时只要想起一个就会想起一串来。①

（2）当代苏联心理学家哥洛万和斯塔林茨提议进行的实验表明，任何两个概念（词语）都可以经过四五个阶段，建立起联想的联系。

现在举两个例子，比如“木质”和“皮球”是两个离得很远的概念，但是，只要经过四步中间联想（每个联想都是很自然的），就可以从“木质”联想到“皮球”：木质→树林，树林→田野，田野→足球场，足球场→皮球。

再如“天空”和“茶”：天空→土地，土地→水，水→喝，喝→茶。

这些词语是从词典中顺手摘来的。用这种顺手摘来的一对一对的语词一共进行了几百次试验。……实验结果表明，每个语词平均可以同将近十个语词发生直接的联想联系。如果按一个语词

① 赫葆源等编：《实验心理学》，733～734页，北京，北京大学出版社，1983。

一次可以同十个语词发生单向联想联系来考虑，那么第一步有十个语词可供选择，第二步提供了一百个，第三步提供了一千个，第四步提供了一万个，第五步就是十万个了。

有人打算在用电子计算机模拟联想记忆的时候，把联想的这个特点模拟成树状结构。可是，实际上还存在着“交叉的”联想联系。所以，在用电子计算机模拟这个整体的时候，最好不要模拟成树状，而要模拟成网状。联想联系正是有条不紊地把信息保持在大脑（就是记忆）中的心理基础。它们保证了人能够迅速检索出所需要的信息，随意使用所需要的记忆材料。①

3.4　具体的分析

实际上，刘叔新先生所说的“分割对象组”、“同义的词汇单位组”和“词的固定搭配组合”这三类词汇单位组织，在词汇中也是普遍存在的。刘叔新先生所举出的、认为处于这三类词汇单位组织之外的词，如“血”、“锚”、“井”、“矫健”、“沉闷”、“冉冉”、“射”、“蹲”等等，实际上都处于这三类词语组织之中。下面我们不妨根据《现代汉语词典》和新版《辞海》这两部辞书对这些例子作一些分析。

<u>血</u>

血　人或高等动物体内循环系统中的液体组织，暗赤或鲜红色，有腥气，由血浆、血球和血小板构成。……也叫血液。

（《现代汉语词典》）

津液　中医对体内一切液体的总称，包括血液、唾

① ［苏］A. P. 鲁克著：《创造心理学》，周昌忠编译，30～31页，北京，中国青年出版社，1983。

液、泪液、汗液等，通常专指唾液。

（《现代汉语词典》）

体液　人和动物梯内的液体。……高等动物细胞外的体液有血浆、淋巴、脑髓、骨髓液及一般组织液。

（《辞海》）

从上述词条的释义可以看出，“血”和“血液”是同义词，其间是同义关系；“血”又是“体液、津液”的下义词，其间是上下义关系；“血”又是“血浆”、“血球”、“血小板”的整体词，其间是整体—部分语义关系；“血”又和“唾液”、“汗液”、“泪液”及“淋巴液”、“组织液”等构成类义词，其间是类义关系。

锚

锚　铁制的停船设备，一端有两个或两个以上的钩爪，另一端用铁链连在船上，抛到水底或岸边，用来稳定船舶。

（《现代汉语词典》）

锚设备　船舶抛锚、起锚设备的总称。除锚和锚链（锚索）外，还可以包括锚机、锚链舱、掣链器、锚链筒等。

（《辞海》）

从上面的词条的释义可以看出，“锚”可以和“锚链、锚机、锚链舱、锚链筒、掣链器”等构成分割“锚设备”的词汇单位组；就其一般的意义而言，“锚”还同“桨”、“橹”、“舵”、“篙”构成分割“船具”的词汇单位组。

井

井　①从地面往下凿成的能取水的深洞。洞壁多砌上砖石。

（《现代汉语词典》）

水源 ②民用水、工业用水或灌溉用水的来源。

（《现代汉语词典》）

灌溉系统 灌溉工程的整套设备，包括三个部分：(1) 水源（河流、水库或井泉等）。

（《辞海》）

从以上词条的释义可以看出，“井”既是“洞”的下义词，也是“水源”的下义词，它本身还可以被其他词语分割，如“矿井”、“旱井”、“油井”、“盐井”等。就其基本义而言，“井”还和“水井”构成同义关系。

“矫健”、“沉闷”、“冉冉”这三个词，汉语词汇中同它们具有近义关系的词语是不少的。例如：

矫健 矫矫 矫捷 雄健 刚健 壮健 强健

沉闷 沉重 沉郁 烦闷 忧闷 郁闷 愁闷

冉冉 慢慢 徐徐 缓缓 袅袅 渐渐 姗姗

射

射 ①用推力或弹力送出（箭、子弹、足球等）。②液体受到压力通过小孔迅速排出。③放出（光、热、电波等）。

（《现代汉语词典》）

从上述释义可以看出，“射”根据其不同的义项，可以和不同的词构成同义关系。例如：射、发、发射、放/射、喷、喷射。

蹲

蹲 ①两腿尽量弯曲，像坐的样子，但臀部不着地。

（《现代汉语词典》）

从以上释义可以看出，“蹲”和“坐”、“站”、“跪”、“躺”等词语构成分割“身体姿势”的词汇单位组，它还和“踞、猴”构成同义关系。

通过上述分析，我们可以看到，刘叔新先生所举出的例子，都处于同其他词语相互联系、相互制约之中。

也许有些同志认为我们把词语间在语义上相互联系、相互制约的关系规定得过于宽泛。但是，我们不正是根据词语间这些“过于宽泛”的语义关系来进行我们的思维和交际的吗？如果说上述词语标示的概念、指称的事物是相互联系、相互制约的（这是概念和客观事物构成体系的必要条件），而这些相互联系、相互制约的关系并没有反映和表现在标示、指称它们的词语之间，那么我们就很难运用这些未能反映事物和概念间相互联系、相互制约的关系的词语来进行有关它们的思维，反映这些客观事物，因为这些词语既不能让我们掌握概念和事物间相互联系、相互制约的关系，也不能让我们把不同的概念和事物区分开来。以“蹲”为例，如果“蹲”的词义不是同其他词语的意义相互联系而又相互制约，那么我们也就分辨不出什么是“坐着”，什么是“蹲着”，什么是“跪着”了。

“语言体系的规律性关系不仅存在于语言体系的同类成素之间，而且也存在于不同类的成素之间。这就意味着，语言成素的体系性联系不仅存在于同一‘层’之内，而且也存在于不同‘层’的各成素之间，换句话说，语言体系的各成素的规律性联系可以顺沿各种不同方向进行，当然并不排斥在同一‘层’范围内可以有语言成素的体系性关系的特殊形式。”①

小　结

总之，语义是有层次的，词义和句义相互区别，但又相互渗

---

① ［苏］兹维金采夫著：《普通语言学纲要》，伍铁平等译，王超尘等校，349页，北京，商务印书馆，1981。

透、缠绕。一个词，只要它有意义，词义和句义的互相渗透和缠绕决定了任何一个词语的意义必须用其他词语的意义表达出来，都必须根据词汇体系中与之相关的词语的意义来确定，因而词语在意义上必然相互联系、相互制约。任何一个词语都是共性和个性的统一，它同其他词语既相互联系而又相互区别，因此，一个词语的意义是由这个词语本身同与之相关的词语及其间的语义关系共同确定的，这是不可分割的两个方面。索绪尔看到了词语间相互联系、相互制约的关系，但他过分强调了关系而忽视了词语本身的价值；刘叔新先生看到了词语本身的价值，但却未看到词义和句义的互相渗透和缠绕，对词语间相互联系、相互制约的关系的普遍性、多样性和复杂性则注意不够，因此，他据此而否认词汇体系存在的观点也就难免失之于片面。

第四章　词汇体系和耗散结构

4.1　耗散结构和问题的提出

当代科学的发展，对语言学的发展产生了很大的影响。一些新的理论、方法也被引进到语言研究中来。例如，邢公畹先生在词汇研究中就引进了系统论的理论，并运用当代系统论中的耗散结构理论对词汇的体系性给以否定。邢公畹先生指出：

关于“词汇体系”，我同意叔新的意见：“不可以认为词汇是一个体系”。平常我们说“词汇体系”仅仅是指这个语言的词汇自成一套，有别于其他语言而已。但是语言本身却是一种不断趋向更完善、更丰富的“有序结构”，语言的语法就是这一“有序结构”的模式。大家知道，自然界中一切“活的”有序结构如果不能从环境中吸收物质和能量并且把它加以消散，那么这一有序结构就会破坏、消失。语言的语法结构如果不能在言语中不断地把具体的词语供给它，并且不断地表达出各种各样的意思来，那么这一语言也就立刻结束它的“生命”。如果说，凡是在物质与能量的消散中才能维持的有序结构都叫做“耗散结构”，那么语言恐怕也是一种耗散结构，“词汇”不过是把“物质”和“能量”

供给语言这一有序结构的东西而已，本身说不上“体系”。①

邢公畹先生从耗散结构的特点出发，认为词汇不过是把物质和能量供给语言这一有序结构的东西，从而否认了词汇的体系性。这种从新的角度对“词汇体系”这一问题的分析讨论无疑深入了一大步，不过对于邢公畹先生的观点和说法，我们则有不同的意见。下面我们拟就邢先生的说法作一些分析讨论。

4.2 耗散结构理论要点

邢先生在上面所引的一段话里提到了“耗散结构”这一概念。“耗散结构”是1977年获得诺贝尔奖金的比利时学者普里高津（I. Prigogine）提出的一种系统类型。他的研究表明，一个远离平衡态的系统要保持某种组织状态，就必须使系统与外界有某种物质、能量、信息的交换。他认为“非平衡可成为有序之源，不可逆过程可导致称为耗散结构的一种新型的物态”。系统通过涨落，从环境吸入负熵流，从而使系统从原来的无序状态走向一种时间、空间或功能上有序的动态结构。普里高津把这种远离平衡态的、稳定的、有序的物质结构叫做“耗散结构”。耗散结构理论回答了开放系统如何从无序走向有序的问题。②

耗散结构具有如下特点：

第一，开放性。耗散结构系统是开放的，它不断同外界环境进行物质、能量、信息的交换，不断巩固、调节、增强自身结构的稳定性和有序性。

---

① 邢公畹：《词汇学和词典学问题探讨·序》，载刘叔新：《词汇学和词典学问题探讨》，天津，天津人民出版社，1984。

② 参见魏宏森：《系统科学方法论导论》，北京，人民出版社，1983。

第二，动态性。耗散结构不是像金属结晶那样的静止结构，而是像活的机体不断发展变化，平衡、稳定是相对的，不平衡、变化则是绝对的。

第三，有序性。耗散结构在时间上、空间上或功能上、组织上是有序的，它的各个分系统是有组织、有层次的相互联系的部分，如人体就是一种耗散结构。①

4.3 有关问题的说明与澄清

邢公畹先生是如何根据“耗散结构”理论来看待语言系统的呢?

他说:“语言本身却是一种不断趋向更完善、更丰富的‘有序结构’，语言的语法就是这一‘有序结构’的模式”，“词汇只是把‘物质’和‘能量’供给语言这一有序结构的东西而已，本身说不上‘体系’”。这种看法恐怕是不全面的。

“现代科学揭示的无数事实证明：客观世界的一切事物、过程，以至整个世界，都是有机联系的整体。从宏观到微观，从无机界到有机界，从原生物到人，从自然界到人类社会，这些都是由不同要素，以一定的结构和层次相互联系、相互作用着的具有一定功能的有机整体。”②“就语言本身的结构来说，语言是由词汇和语法构成的系统。……词汇像是建筑材料，语法像是建筑规则。任何语言都是由这两样东西组成的一个完整的系统。”③

在前面的章节里，我们已经说明：语言是一个符号系统，该

① 请参阅《系统论中的科学方法与哲学问题》（论文集），北京，清华大学出版社，1984。

② 见魏宏森:《系统科学方法论导论》，159页，北京，人民出版社，1983。

③ 高名凯、石安石:《语言学概论》，16页，北京，中华书局，1982。

系统是由语言符号实体系统（词汇）和语言规则系统（语法）构成的。因此，语言这一有序结构“不断趋向更完善、更丰富”的事实，只有通过它的组成部分不断完善、不断丰富的事实才能表现出来。例如，语法日益精密、完善，词汇日益丰富，词义区别更精确，表现能力更强等等。如果脱离开词汇系统、语法系统的更完善、更丰富的事实，而仅仅空谈语言系统的“更完善、更丰富”，这显然是不能说明问题的。

由于事物的各个部分都是相互联系、相互制约的，因而语言系统的两个组成部分——词汇和语法——也是相互联系、相互制约的。语言符号不能离开语言规则，语言规则也同样不能离开语言符号。语言事实告诉我们：所有的语言单位都是由语言符号充当、构成的，语言的思维功能和交际功能也都是以语言符号的功能为基础而实现的；语法系统赖以建立的各种语法范畴、语法模式和语法规则，也都是以语言符号的组合体、聚合体为基础，从语言符号的组合、变化中概括、抽象出来的。抽去了词汇系统，我们很难想象语法系统的存在。所以，正是词汇系统和语法系统结合在一起，共同表现了语言的系统性和有序性。仅仅承认语法是语言这一有序结构的模式，而否认这一有序结构以及这一有序结构的模式赖以存在的基础——词汇的系统性，这就未免失之偏颇。

邢公畹先生把语言看作一种耗散结构，而认为词汇不过是把物质和能量供给语言这一有序结构的东西，这种看法同耗散结构的理论也是不符合的。根据耗散结构理论，耗散结构系统是不断地同外界环境交换物质、能量和信息的，是外界环境向耗散结构系统内部提供物质、能量和信息的。词汇作为语言系统的组成部分之一，理所当然地应该包括在语言系统内部。如果说词汇向语言提供物质、能量和信息，那就是系统内部向内部提供物质、能量和信息，这显然不符合耗散结构理论。如果说语言系统是依靠消耗词汇来维持自己的“生命”的话，那就如同一个人靠吃自己的身体组成部分来维持生命一样。如果我们把词汇看作是语言体系之外的东西，那么“词汇向语言提供物质、能量”的说法就能成立了。但是，这种看法不但同大家公认的关于语言构成的观点相去甚远，而且这样做的结果语言也就不能称之为“一个传递信息的符号系统”了，因为它缺少最基本的条件——语言符号实体系统，即词汇。

退一步来说，我们姑且承认语言是靠消耗词汇来维持自己的生命的。但是，摆在我们面前的事实是：词汇在不断地丰富、发展。这一事实又该如何解释呢？又是哪些外界系统向词汇提供物质、能量、信息呢？

4.4　事实真相

实际上，把物质、能量、信息提供给语言这一耗散结构的不是词汇，而是客观世界、人类社会和人类思维等系统。语言是随着客观世界、人类社会、人类思维的发展而发展的。新事物的出现和发展，新概念的产生，人类社会交际的发展，人类思维的日益发达和精密，这一切，都为语言的发展提供了源源不断的物质、能量和信息。这些物质、能量和信息分别被词汇系统和语法系统吸收、消化，从而使词汇越来越丰富，语法越来越精密，从而使语言越来越丰富、精密、完善。因此，客观世界、人类社会、人类思维等这些系统才是语言系统真正的能源、信息源，才是语言发展、生存的动力和保障。撇开这一切，而去在语言系统内部寻找提供物质、能量的来源，并且认为词汇就是这样的一堆东西，这种结论是很难让人信服，也是让人难以苟同的。

一种语言，当它的第一个词产生时（这是一个假设），这一个词并不构成词汇系统，也不是什么有序结构。但是，按照耗散结构理论，“非平衡可成为有序之源”，随着客观世界、人类社会、人类思维的发展，词语的数量日益增加，其间的联系和对立（形式的，意义的，结构的，功能的）也日益密切、严格，这种数量上的增多，以及词语间的联系、对立的系统化和层级化的结果，就是词汇系统的形成。

根据耗散结构理论来观察汉语词汇，我们可以看到：汉语词汇是在不断地发展变化的，因而它是开放的，非平衡的；汉语词汇又是在不断地丰富的，这说明它在不断地从外界吸收能量和信息，并转化为自己系统内的成分；汉语词汇又是相对稳定的，这就保证了人们之间交际的正常进行；汉语词汇又是有序的，这就保证了人们能够迅速、准确地从大脑词库中检索出所需要的词语，也能够迅速、准确地接收语言信息并进行译码。因此，汉语词汇正是一种开放的、相对稳定的、有序的耗散结构。汉语词汇和汉语语法更完善、更丰富的事实共同表现了汉语整体更完善、更丰富的事实。

第五章　词汇的心理属性及其体系性

5.1　语言的认知活动

当代理论语言学的发展趋势把语言看成是一种心理活动，把语言看成是心理的一个分支。这一观点是当代认知语言学的出发点。认知语言学的基本假设是："人是有机体。……心理是人体的一个分系统，语言又是心理的一个分系统，所以把语言比喻成心理的一个有机的分系统。"① 认知语言学把语言看成是人们运用智力进行的一种创造性的活动，人之所以具有独特的语言能力是因为人具有独特的大脑机制，这使区别于其他动物，而大脑机制的主要功能之一就是语言活动。

人类语言知识的获得是一个从不知到知、从不完善到日益完善的过程。这个过程的进行需要主、客观两个方面的条件。从客观上讲，环境（自然界、人类社会、思维系统、各语言系统等）必须提供足够的物质、能量、信息；从主观上讲，需要人们去积极地学习、认识、记忆、运用。缺少二者之中的任何一个方面，都将使这一过程中断。

人们的语言认知活动按其和语言的关系，可以分为语言学习、语言记忆和语言运用三大类型。语言学习是人们获得语言知

---

① 见《雷柯夫、菲尔摩教授谈美国语言学问题》，叶蜚声整理，载《国外语言学》，1982 年第 2 期。

识的活动；语言记忆是人们把获得的语言知识编码、储存的活动；语言运用是人们把语言知识从大脑记忆系统中提取出来进行运用的活动。这三种活动也是人类语言活动的三个相互联结的阶段。

语言学习是语言记忆和语言运用的基础。如果没有语言知识的学习，人们就不能获得语言知识，因而也就谈不上语言的记忆和语言的运用。语言记忆则是语言学习和语言运用的保证。语言记忆既使语言学习的结果得以储存、巩固，又为语言运用提供了必要的语言知识。而语言运用不仅使语言学习、语言记忆的意义得以实现，而且它本身也是一个认知的过程，是语言认知这一活动的又一方式。因为人们的语言知识只有在运用中才能不断获得，不断发展。所以就某一方面来说，语言运用也是语言学习。

从一种意义上说，一种语言的词汇相当于一部记录该种语言的词典，这部词典里包含着该种语言里共有的词汇单位，并且记录着这些词汇单位的语音形式、语义内容、结构类型和各种功能。从另一种意义上说，一种语言的词汇则是说该种语言的人的大脑语言机构的一部分，我们称它为词库。在这个词库里，储存着该种语言的词汇的各种信息（形式的、语义的、结构的、功能的）（这种词库的信息储量是因人而异的）。词库的建立是人们语言活动的成果的一部分。这种词库我们也可以看作一部内在的词典。这部词典我们每个人都随身携带，以保证我们的思维和交际随时进行。

5.2 语言信息的加工

语言认知活动具体表现为对词汇知识和语法知识的认知，这两种认知活动的结果是词库和语法系统的建立。人的大脑就某一方面来说是一个信息加工机构，而人本身则是一个信息加工者。

人们的语言活动也就是获取语言信息（语言学习）、加工语言信息（语言记忆）、交流语言信息（语言运用）的活动。

在人们的语言活动中，语言记忆（亦即语言信息加工）是一个重要的阶段。一方面，它把语言学习的成果储存、保持下来；另一方面，它又为语言运用提供了必要的语言知识，使人类语言活动的继续成为可能，从而使人们的语言知识日益丰富，大脑语言机构日益完善。

语言知识是人们要终身使用的，因而人们通过语言学习、语言运用获取的语言信息都要进行加工，然后进入大脑的长时记忆系统储存起来。因此，我们可以把大脑中的词库和语法系统看作大脑长时记忆系统中的一个分系统。作为大脑长时记忆系统的一个组成部分，语言知识（语言信息）无论是在信息的编码上、组织上，还是在信息的储存、提取上，都具有大脑长时记忆系统的特点。

同瞬时记忆、短时记忆系统相比，长时记忆系统最显著的特点是稳固性、常用性、有序性。为了满足这三个要求，信息在进入长时记忆系统时必须经过编码组织。"为了使信息进入长时记忆，必须进行精心的复习，也就是必须把信息和已有的知识联系起来，必须赋予它一定的意义，必须对信息进行组织。"① 信息的编码组织对于长时记忆有着关键的作用。信息论的基本原理告诉我们，信息的编码越是有序，那么信息单位平均负载的信息量也就越多，因而也就越容易记忆。有意义的材料之所以比无意义的材料容易记忆，而相互之间有联系的有意义的材料更容易记忆，这同它们的编码、组织方式和信息量的差异有密切的联系。大量的语词记忆实验表明，人们是根据词语之间的联系把它们组织起来以后再储存的（实验材料见后）。

---

① 赫葆源等编：《实验心理学》，781 页，北京，北京大学出版社，1983。

"在长时记忆中，大量是以意义的方式对信息进行编码，……即按意义加以整理、归类储存和提取的。"① "人的第二信号系统是以语词的意义作为刺激而引起信号活动的，而不是以它的物理性质（说话的声音和文字的形象）作为刺激引起信号活动，所以第二信号系统是人类所特有的。"② 因此，语词的意义无疑是语言符号中最重要的部分。但是，这并不意味着语词的形式和功能对语词的编码、组织毫无关系。语词的形式因素、功能因素在语词的编码、组织、储存和提取的过程中也有着不可忽视的作用。

对一个信息进行分析，我们就可以看到："任何信息都有三个特征：内涵（内容或涵义）、联想（与其他信息的联系）和结构（形式）。"③ 语言信息在进入大脑长时记忆时，除了在意义上建立其间的联系之外，人们还可以根据语词的形式、功能来建立其间的各种联系。神经语言学的研究成果证明，人类大脑语言机构中存在着言语视觉分析器和言语听觉分析器的区别。④ 这就意味着，大脑的词库中不仅存在着以意义特点为联系的系统，而且还存在着以形式特点为联系的系统和以功能特点为联系的系统。有关研究证明，人脑是用低速（每次千分之几秒），同时在成百万甚至更多的信息通道上对信息进行并行处理；计算机对信息用快脉冲（不低于每次百万分之一秒）形式作串行处理。在信息间建立广泛的、多样的联系是稳固地储存信息和迅速准确地提取

---

① 叶奕乾等编：《图解心理学》，205 页，南昌，江西人民出版社，1982。

② 全国九所综合性大学教材编写组编：《心理学》，183 页，南宁，广西人民出版社，1983。

③ ［前东德］ф. 略泽尔著：《记忆力训练》，何永晋译，苏沃涛校，59 页，北京，科学普及出版社，1984。

④ 曹日昌主编：《普通心理学》，下册，9～14 页，北京，人民教育出版社，1983。

信息的保证。因此，在人脑的长时记忆系统中，信息的联系是极其复杂多样的。诚如索绪尔所言：“由心理联想构成的集合并不限于把呈现某种共同关系的要素拉在一起，心理还抓住在每个场合把要素联系在一起的种种关系的性质，从而有多少种关系，就造成多少个联想系列。”① 这是对大脑长时记忆系统中语言信息系统结构的准确猜想。词语一旦进入大脑语言机构中的词库，它就依据其形式、意义、功能同其他词语相互联系起来，并处于一个确定的位置。联系的广泛性和区别的多样性是词语信息储存的重要特点。

5.3　词语信息的提取

人们的言语活动是以人类大脑语言机构为基础的。根据神经语言学的研究成果证明，人类大脑的语言机构可分为两部分：一部分管理言语输出，叫做表达性言语脑机构；一部分管理言语输入，叫做印入性言语脑机构。人们要输出完整而正确的语句，需要两个基本的条件：其一是能够正确地选择所需要的词语，在有形态变化的语言里，还要能够正确地处理词语的词形变化；其二是能够把经过选择、处理的词语适当地组织起来，构成语句。前苏联心理学家 A. P. 鲁利亚的研究证明，这两种活动是由大脑皮层的不同机构实现的，而且二者之间存在着明显的独立性。某些处理词的能力受到破坏的病人，其语句的组织能力仍保持相对完好，而某些丧失组织语句能力的病人，则保留着处理词的能力。据此，鲁利亚提出言语信息编码过程的句素器官和言语信息编码过程的词形变化器官的概念。根据鲁利亚的理论，我们认为，在

① ［瑞士］F. D. 索胥尔著：《普通语言学教程》，高名凯译，岑麒祥、叶蜚声校注，174 页，北京，商务印书馆，1980。

说汉语的人的大脑中也同样存在着这两种语言机构，它们的职能就是选词和组句。

要选到准确恰当的词语，第一个标准就是语义标准。“组合成基本结构的词，当然要在词义上相配，比方‘哲学’和‘喝’、‘头发’和‘做梦’就不相配。”[①] “像‘月亮吃月饼’、‘苹果玩猴子’、‘花儿嗅路’之类的词语搭配，虽然符合抽象的语法规则：‘名词 + 动词 + 名词’，但是不符合语义组合的条件。”[②]“显而易见，当词联结成句子的时候，词与词的联系本身就是在词的内容（即词汇意义）的基础上实现的。如果我们撇开词的词汇意义，随心所欲，那么就不可能获得任何容易理解的、真正的言语。”[③] 因此，语义标准是选词的第一个标准，无论是实体词还是关系词都应该如此。

除了语义标准以外，选词还要符合功能标准和形式标准。试比较下面的例子：

*变化很忽然/变化很突然	*太阳很红色/太阳很红
*进行查/进行调查	*给以打/给以打击
*幸福家/幸福家庭	*迅速行/迅速行动

由上面的例子可以看出，功能和形式因素对词语组合都有影响。只有既符合语义标准，又符合功能标准，还要符合形式标准，这样选出的词语才能组合成合格的语句。以上选词的三个标准可以分别称为语义选择限制、功能选择限制、形式选择限制。

---

① 叶蜚声、徐通锵著：《语言学纲要》，109 页，北京，北大出版社，1981。

② 叶蜚声、徐通锵著：《语言学纲要》，158 页，北京，北大出版社，1981。

③ ［苏］兹维金采夫著：《普通语言学纲要》，伍铁平等译，349 页，北京，商务印书馆，1981。

5.4　词语之间的联系和词库的网络结构

前面我们说到，从人们语言活动的角度来说，我们可以把词汇看作大脑语言机构的一个组成部分——词库。词库中储存着词语的各种信息，以保证语言交际和思维的需要。

当我们进行思维和交际时，我们必须从词库中提取相应的语言信息，选取我们所必要的词语。如果我们的大脑词库不具备体系性，而是语言信息的逐条排列，词语的简单堆积，那么我们提取语言信息、选择词语时，我们就不得不把我们的词库地毯式地统统检索一遍。即便如此，我们也很难保证选到合适的词语。因为在一个词语之间缺乏相互对立、相互区别、相互联系、相互制约关系的词库之中，我们缺乏选词时所必需的提取线索（即各种对立面之间联系纽带）。如果认为，我们之所以用某一个词而不用其他的词，是因为这个词能够表示我们所要表示的概念或者关系，那还是不够的。“实际上，观念唤起的不是一个形式，而是整个潜在的系统，有了这个系统，人们才能获得构成符号所必需的对立。”①

在前面的章节中我们曾经指出，词语本身包含着多方面的因素，是形式、意义、功能、结构四位一体的语言符号，因此词语之间的联系既是普遍的，也是复杂多样的。

例如，“血”作为一个表示事物的词语，它首先与有关的表示动作变化、性质数量等类别中的词语相互联系，其间具有一定的语义组配关系。例如：

流血/淌血/输血/止血

---

① ［瑞士］F. D. 索胥尔著：《普通语言学教程》，高名凯译，岑麒祥、叶蜚声校注，180 页，北京，商务印书馆，1980。

鲜红的血/紫色的血/暗红的血

一滴血/一摊血/一腔热血

其次，由于“血”表示一种液体物质，因而它又同“水”、“泪”、“汗”等词语互相联系，其间还有一定的对立。例如：

血浓于水。

好汉流血不流泪。

平时多流汗，战时少流血。

再次，由于“血”又表示一种人体组织，因而它同“肉、骨、筋”等词语也有一定的联系。如成语有“血肉相连”。

由于“血”这一事物具有颜色上的特点，因而“血”作为表示颜色的构词要素时，它同其他表示红色的词语也互相联系、互相区别。例如：

血红/桃红/粉红/枣红/玫瑰红

由于“血”这一词语在语音形式上有自己的特点，所以它还同“月”、“越”、“铁”、“咽”、“烈”等词语互相联系，形成特定的语音同韵聚合。例如：

西风烈，长空雁叫霜晨月，霜晨月，马蹄声碎，喇叭声咽。

雄关漫道真如铁，而今迈步从头越，从头越，苍山如海，残阳如血。

——毛泽东《忆秦娥·娄山关》

“血”之所以可以出现在上面这首诗词中的韵脚的位置上，除了语义和功能的因素以外，那就是因为它的语音形式中还包含着特定的成分，并且由于这特定的成分而处于特定的语音聚合之中。像“血”、“月”、“越”、“铁”、“烈”……这样的语音聚合在词库中应该是普遍存在的。因为我们不但说话，而且还吟诗、说快板、说快书、写唱词等等。如果词库中没有这样的聚合，就不能满足这些语言活动的需要。

词语之间相互联系、相互区别、相互制约的情况普遍存在于词库之中，因此我们没有必要像分析“血”那样一个个举例分析。这里我们想引用福楼拜的一段话来说明这个问题：

> 我们所要表现的东西，这里只有惟一的名词可以表现它；说明它的动作的，只有惟一的动词；限制它的性质的，只有惟一的形容词。我们一定要搜求这惟一的名词、动词、形容词，直到找到了为止。

正是由于词库中的词语都处于相互联系、相互区别、相互制约之中，我们才能根据词语间的各种联系、区别和制约来找到这惟一的词。换句话说，词语之间的种种联系、区别和制约的关系构成了一个“矢量”，或曰一个交叉点，这就使我们能够确定我们所要找到的词语的位置。

如果说词库不具备体系性，也就是说，词库中的词语并非都处于相互联系、相互区别、相互制约之中，而且我们在这种不具备体系性的词库之中也能找到我们所需要的“惟一的名词、动词、形容词”，但是我们能否想象我们的大脑语言机构的选词方式竟然会是这样一种“地毯式”的检索呢？这种选词方式能否满足思维和交际的需要呢？作为思维和交际的工具，大脑语言机构除了必需具备准确、严密的特点以外（这并不否认语言中的模糊现象），它还必需具备简便性。如果大脑语言机构的工作方式竟会是这样一种状况，我们很难相信它会满足思维和交际的需要。很难想象一个人在发出连珠炮般的话语时（例如宋世雄同志的实况转播解说），他用来构成话语的词语竟然是经过地毯式的检索才得到的！这种地毯式的检索同翻遍一部词典去查找所需要的一个词实在是毫无二致。只不过翻遍词典查找一个词的速度更慢，它同那种按照一定的编排体例去查找词语的方法根本不能同日而语。因此，我们不能设想大脑中的词库仅仅是词语信息的总汇而不具备体系性。

惟一合理的解释是：词库（词汇）具有体系性。词语在词库中不仅分成不同的范畴、类别，而且每个范畴、类别之中还分为不同的层级；类与类、层与层之间都有着各种联系；形式系统、意义系统、功能系统、结构系统之间也都存在着各种联系。这种相互联系的“类—层”结构和相互联系的各个分系统共同构成了大脑词库的网络结构。只有这样，才能保证大脑语言机构准确、正常、高速度地运转。

对于我们来说，人脑至今还是一个“黑箱装置”。大脑是如何处理语词信息的，语词信息在大脑中是如何加工、存储、提取的，大脑词库的状况究竟是怎样的，对于这些问题，我们目前还缺乏有效的手段对大脑进行直观的观察、了解。但是，我们可以根据信息的输入—输出的情况，来加以分析、了解。心理学界所进行的有关实验，正是根据信息的输入—输出的情形，来探究大脑长时记忆系统中的词库的状况的。

5.5 关于大脑词库网络结构的实验依据

在本节中，我们把有关大脑词库结构状况的心理学方面的实验列举如下，以证明我们设想的合理性。同时，通过这些实验，我们也可以对大脑词库的网络结构有一个初步的了解和认识。

材料一

要掌握言语，形成词和相应对象之间的联系只是第一步，接着还需要在词和词之间形成联系，构成语言结构的复杂系统。这个复杂系统包括两方面：一个是通过外部的形和声，归入一定的词法、语法系统（如偏旁部首，表音、表意的归类，近义、形似的归类等等）；一个是以词的对象意义为基础的系统。有实验证明：以语音为基础的系统和以词义为基础的系统是不同的。在一个用血管反应作指标进行的实验中，把无条件的寒冷刺激物连续几次和某个词语结合起来，形成对这个词的条件反射（在说出这个词时，即使没有寒冷伴随，血管也发生收缩）。开始时反射发生泛化，在说出发音相近的词时也出现血管收缩现象。如果用“医生”这个词作为条件刺激，那么当出现和“医生”相近的音时也出现反应（血管收缩）。但是，如果这个近音词得不到强化，就产生分化现象，即被试只对强化的词“医生”发生反应。在分化巩固以后，主试者说出“医师”“大夫”等词，又会引起原先的反射（血管收缩）。尽管“大夫”“医师”这些词同“医生”一词在发音上有很大差别，而且这些词在实验中一次也未曾提起过，却也能引起和“医生”一词同样的反应，这显然因为它们意义相同。也就是说，对发音不同的词，在其相同的意义上建立了联系。

在发出语音相近的词的时候，反射发生泛化，这证明存在以语音为基础的系统；当以具有相同意义的词替换已经形成反射的词的时候，条件反射仍然保留，这又证明存在着以词的对象意义为基础的系统。由于发音相似的词发生分化以后，同义词可以继续引起条件反射，就表明以对象意义为基础的系统是更为牢固的系统。

——引自曹日昌主编：《普通心理学》，下册，15～16页。

材料二

在人身上可以建成各种不随意反应的条件反射，如在实验中用作无条件刺激和无条件反应的有：食物——唾液分泌；吹气——眨眼；光——瞳孔缩小；敲击膝盖——膝跳；轻微的电击——屈指、心率加速等；强的声音——皮肤电反应、血管容积变化等。实验中可用的条件刺激很多，尤其是用人类所特有的言语、文字可以进行更多的和多级的条件反射实验。这里只举一个语义泛化的实验例子：B. F. Riess 在 1946 年用蜂鸣器作无条件刺激，对五个词建立了皮肤电反射；他把这五个词分散在它们的同音、反义和同义词中，分别检查每个词引起的皮电反应。结果表明，语义泛化随年龄不同而发生变化：平均年龄为 7 岁组的儿童对同音词泛化最大，平均年龄为 10.7 岁组的被试对反义词泛化大，平均年龄为 14 和 18.5 岁的两组被试则以同义词泛化最大。

——引自赫葆源等编：《实验心理学》，665 ~ 666 页。

说明：以上两则材料说明大脑语言机构中的词库中分别存在着以语音和语义为基础的系统，亦即语词（词项）按自身的语音因素和语义因素排列组合而成的系统。

材料三

在长时记忆中，大量是以意义的方式对信息进行编码的。如呈现一个词单：铅笔—橘子—床—狼—桌子—猫—苹果—毛笔—钢笔—梨—椅子—狗。当回忆这张词单时，我们往往打乱原来的顺序，把铅笔—钢笔—毛笔、苹果—橘子—梨、桌子—椅子—床、狗—狼—猫分别联系在一起，即按意义加以整理、归类储存和提取。人类的长时记忆大多数要经过言语加工的。材料的组合依赖于概念的分类。但在长时记忆中编码方式有听觉的，也有视觉的等等。

——引自叶奕乾等编：《图解心理学》，205 页。

材料四

理解是识记材料的重要条件。实验表明：以理解为基础的意义识记，在识记的全面性、速度、精确性和巩固性等方面，都比依靠机械重复的机械识记为好。

肯斯雷（Kingsley）近年来做过这样的实验：被试者384人，每次呈现一个单词或音节，呈现两秒钟。练习一遍，要求被试者默出，结果见表5－1。

表5－1　三种不同材料记忆效果的比较

材　　料	默出的平均数
15个无意义音节	4.47
15个由三个字母组成的孤立英文单词	9.95
15个彼此意义相关联的英文单词	13.55

——引自叶奕乾等编：《图解心理学》，212～213页。

实验结果表明，在材料数量大致相等的情况下，彼此意义相关联的英文单词记忆效果最好；三个字母组成的孤立英文单词次之；无意义音节最差。

意义识记之所以优于机械记忆，这是因为材料的意义反映了事物的本质及其内在联系，也反映了识记材料和学习者的知识经验。这样新材料就纳入到学习者已有的知识系统中去，记忆效果就会高。美国心理学家布鲁纳（J. S. Bruner）指出："在信息的任何组织中，如果信息嵌进了一个人业已组成的认识结构之中，而减少了材料的极度复杂性，那就会使那类材料易于恢复。"

材料五

从自由回忆中也可以看到"组织"在长时记忆编码中的作用。有一个实验把24对联系紧密的单词（如桌子—椅子，粉笔—黑板，等等）打乱以后组成一个48个单词的词表，呈现后让被试用自由回忆法再现这些单词。呈现时是杂乱无章的，但再现时还是把紧密联系的单词放在一起，即使呈现时把"桌子"和"椅子"

用 17 个其他单词分割开，回忆时还是把它们放在一起。实验还表明，词表上的各对单词之间联系得越紧密，正确再现的百分数越高。看起来似乎是当这些单词呈现时，被试根据它们之间已有的联系把它们组织起来以后才储存的。……

不仅散见词表中的成对联系的单词在回忆时表现出组织在一起的情况，一组同类的单词也是如此。例如把"猫"、"狗"、"鱼"、"鸟"等属于动物这一类的单词，或者把"鲤鱼"、"带鱼"、"金鱼"、"鲫鱼"等属于鱼类的单词，在词表上全都打乱，在自由回忆时，它们也会像成对联系的单词一样聚集在一起。有时有些单词彼此并无联系，但在某种意义上它们也是同类的，在自由回忆时它们也会聚集在一起。例如：线轴、水桶、棒球、大饼，虽然从意义上彼此无联系，但都属于"圆的东西"这一类，也会受到同样的处理。那些在意义上有联系又属于同类的事物，比只是意义上有联系或者只属于同一类别，在回忆时更容易类聚在一起。例如，"床"和"椅子"既属于家具一类，在意义上也有联系，就属于前一种情况；而"梦"和"床"在意义上虽有联系，但不属于同一类事物，则属于后一种情况。

编码时把同类事物放在一起，实际上就是把它们都和高一级的结构联系起来。例如把鱼、狗、猫、鸟都和动物联系起来，回忆时只要想起一个就会想起一串来。

——引自赫葆源等：《实验心理学》，783～784 页。

说明：以上三则材料证明大脑词库中确实存在着语义系统，而且语义系统的基本结构是类—层结构；"材料五"同时还证明，在词库的语义系统中，词项之间的语义联系是复杂多样的。除了类义、上下义、整体—部分义、集合—元素义、同义、近义、反义、对义等语义联系之外，“同质”语义关系也是词项之间的一种语义联系。例如，“线轴”、“水桶”、“棒球”、“大饼”之间就是同质语义关系。

材料六

当你想不起 1965 年河北省什么地方发生地震时，你会觉得这个地名就在嘴边但是说不出来（tip-of-the-tongue，简称 TOT），但通过提取线索就可以想起来，这就是所谓部分提取。

R. Brown 和 D. McNeill 曾研究过这种现象，并且人为地制造了这种 TOT 状态。他们给被试呈现一些不常见的英文单词的涵义，让被试试图说出符合这些涵义的恰当的单词来。例如，可以给被试这样一个涵义：一个航海用的，测量太阳、月亮和星星的高度角的仪器。期望被试回答的是“六分仪”（sextant）。实验中制造了 200 多个 TOT 状态。当被试产生了 TOT 状态时，就想起了其他单词。这些单词多半是和正确的单词读音相似的。例如正确的单词是 sextant 时，就想起了 sectant；是 sampan 时，想起了 saipan，等等。也有的想起来的单词和正确单词意义相近，或者声音和意义都相近的。被试知道这些单词不对，但觉得和正确单词相近。

当 TOT 状态产生时，被试常想到的一些问题是：这个单词有多少音节？它的第一个字母是什么？还有什么单词和它声音相似呢？有什么单词和它意义相近呢？被试想到的这些问题以及 TOT 的实验结果表明，关于声音和意义的部分信息，可以在说出正确单词以前提取出来。

TOT 状态的产生和长时记忆的组织有什么关系呢？Brown 和 McNeill 认为，一个单词在长时记忆中处于某一位置，这个位置既包括声音也包括意义的信息。因此许多单词可以借助于声音或意义从长时记忆中提取出来。例如，可以给被试“伞”这个单词让他说出涵义，或者给他“遮雨的工具”这个涵义让他说出单词来。和每一个单词一起储存的还有和存在于长时记忆中的其他单词的联系或通路。因此，当给被试某一个特殊的涵义时，他可以想起那个恰当的单词，也可以想起在意义上和它类似的单词来。他们设想长时记忆中有一整套彼此相互联系的储存位置，每一位置上储存着和一个单词或一个事件有关的信息。

——引自赫葆源等：《实验心理学》，789～790页。

说明：这则材料说明词库的语义系统和语音系统之间是有着各种各样的联系的，而非彼此毫不相关。

材料七

一个成年人有无数的信息储存在记忆中，这就形成了他对世界的全部认识。从这样大量的信息中我们怎样提取呢？经验表明，有些信息容易提取，有些就比较困难。为什么会有这种差别呢？

为了研究这些问题，J. L. Freedman 和 E. F. Loftus 给被试提出了类似下列的任务：

①说出一个美国的州的名称，它的第一个字母是M；

②说出一个州的名称，它的位置在美国东北方；

③说出一个水果的名称，它的颜色是红的；

④说出一个黄色水果的名称。

并记下他们的反应时。这些任务都是让被试说出来某类事物中的一个事物的名称。他们发现，让被试说出一个水果的名称，它的颜色是黄的，比让他说出黄色水果的名称，回答得要快些。为什么这样呢？

为了弄清这个问题，Freedman 和 Loftus 系统地比较了两种情况：一种先给出限制的条件，然后再给出类别。例如先给出一个名称的第一个字母是 M，然后再告诉被试所指的是州的名称；另一种是先给出类别的名称，再给出限制的条件。例如先给出所要求的是州的名称，再说出这个名称第一个字母必须是 M。两种情况都测量了反应时。

在第一种情况下，被试听到州的名称后，要做三件事：

①从记忆中找出关于州的信息储存的位置，也就是“进入”州的类别（第一步）；

②从这个类别提取适当的信息（第二步）；

③做出反应（第三步）。

如果第一步所用的时间为 t_1，第二步所用的时间为 t_2，第三步所用的时间为 K，则对于“M→州”做出正确反应的反应时（RT_1）应是：

$$RT_1 = t_1 + t_2 + K$$

在第二种情况下，因为先呈现的是类别，因此在从州到 M 这段时间内，被试就可以进行上述的第一步，也就是进入州的类别。那就是说在测量反应时以前，第一步就已经完成了。因此，在这种情况下，t_1 就不包括在总反应时中，而成为

$$RT_2 = t_2 + K$$

通过这两个反应时，可以计算 t_1，也就是

$$RT_1 - RT_2 = t_1$$

作者得到的是 $t_1 = 250$ 毫秒，这两个反应时的差别说明，被试是先找到类别的位置，再从类别中提取事物的。

一次提取常常影响到另一次提取。例如，让被试说

出 8×13 的乘积，他用了几秒钟才给出正确的答案。过了几分钟后再他说出 8×13 的乘积，他给出正确答案所需要的时间就短得多。这说明我们对于刚刚提取过的信息可以很快地提取出来。

另外，如果刚才提取的信息和现在要提取的信息有关，现在这个信息也比较容易提取。例如，让被试说出一个类别中的具体事物以后，再让他说出这一类别中的另一具体事物时，就比第一次提取用的时间要短。假如让被试说出一个红色水果的名称以后，再让他说出一个黄色水果的名称，反应时就短些。为什么会这样呢？

一个可能的解释就是：第一次提取使一个或几个记忆位置活动起来，也就是说增加了对这一个或几个位置接近的可能性。从这些被激活了的位置提取信息就比较容易些。因此提取红色水果的名称以后，就不仅代表这一特定名称的记忆位置被激活，其邻近的如黄色水果、绿色水果等位置也被激活了。

——引自赫葆源等：《实验心理学》，790～792 页。

说明：这则材料说明大脑词库中语词的结构应该是一种激活—扩散结构，这种激活—扩散结构实际上是词语间各种语义联系综合起来而构成的。因为只有词语间有了各种语义联系——信息通道，激活—扩散过程才能通过这些信息通道形成。

材料八

相互之间存在着联想联系的形象和概念就是保存在记忆中具体形态，思维正是利用这种预先组织好和整理有序的信息（其中一部分还处在未被知觉的过程中）来进行的。联想联系的上述特征，制约并预先决定了思维过程的进程，同时还使这个过程同正在进行的知觉相互作用。

心理学家曾经用实验来证实这一点。他们让被测验的人听记录在录音磁带上的语句。每句话中都有一个单词有噪声干扰，因此不可能听一遍就懂，必须听好几遍。试听用的语句分成两种类型：合理的和无理的。第一种类型的举例是："光线从窗户照进来"；第二种类型的举例是："河马躺在盘子里"。"窗户"和"河马"这两个单词在录音的时候都受到了噪声的干扰，而且噪声的音量一样大。为了在噪声的干扰下听懂合理的语句中的"窗户"这个词，被测验的人要求重听五六遍；而为了听出无理的语句中的"河马"这个词，却要求重听十到十五遍，就是说重听的次数要多两三倍。

心理学家还对各种类型的精神分裂症患者进行了类似的试验，结果表明他们不能区别有意义的语句和荒谬的语句，并且在干扰下听它们的时候，同样有困难。

美国心理学家费根贝格曾经做过一个有趣的试验。他让被测验的人两只手各拿一个球，两球一大一小，但是重量相等。可是这个人却感到大的球好像比较轻。产生这种错觉的原因是：拿球以前，这个人通过目测，下意识地判断，大的球一定比较重。因此，他准备用较大的劲来拿这个球。可是，拿到的大球却比自己想象的轻，因而产生错觉，觉得直径小的球比大球重。费根贝格的实验还证明了，患精神分裂症的人没有这种错觉。

这些简单的实验表明一个事实：正常人在知觉和思维过程中所利用的储存在记忆中的语词是成"串"地组合起来的。在上述实验中，合理的语句正是同这种"串"相对应的。而无理的语句却要涉及不同的"串"，所以不容易识别。这种现成的联想组合使思维变得"经济"。如果没有这种储备，就将导致思维变得支离破碎，没有头绪，使思维过程遭到严重破坏。

——引自《创造心理学》，31～33页。

说明：这则材料说明大脑词库的语词之间存在着语义组合关系。

材料九

当代苏联心理学家哥洛万和斯塔林茨提议进行的实验表明，任何两个概念（词语）都可以经过四五个阶段，建立起联想的联系。

现在举两个例子，比如“木质”和“皮球”是两个离得很远的概念，但是，只要经过四步中间联想（每个联想都是很自然的），就可以从“木质”联想到“皮球”：

木质→树林，树林→田野，田野→足球场，足球场→皮球。

再如“天空”和“茶”：

天空→土地，土地→水，水→喝，喝→茶。

这些词语是从词典中顺手摘来的。用这种顺手摘来的一对一对的语词一共进行了几百次试验。……实验结果表明，每个语词平均可以同将近十个语词发生直接的联想联系。如果按一个语词一次可以同十个语词发生单向联想联系来考虑，那么第一步有十个语词可供选择，第二步提供了一百个，第三步提供了一千个，第四步提供了一万个，第五步就是十万个了。

有人打算在用电子计算机模拟联想记忆的时候，把联想的这个特点模拟成树状结构。可是，实际上还存在着“交叉的”联想联系。所以，在用电子计算机模拟这个整体的时候，最好不要模拟成树状，而要模拟成网状。联想联系正是有条不紊地把信息保持在大脑（就是记忆）中的心理基础。它们保证了人能够迅速检索出所需要的信息，随意适用所需要的记忆材料。

——引自《创造心理学》，30～31页。

说明：这则材料说明大脑词库中的语词之间的联系是极其复杂的。这些极其复杂的语义联系在我们当前的词汇研究中尚未涉及，有待我们进一步地去努力发掘、探索。

小　结

人类大脑的语言机构是经过语言学习、语言记忆、语言运用这三种性质不同而又相互联系的语言活动循环反复而逐步建立起来的。语言信息在进入大脑语言机构的词库时，必须经过编码组织。作为大脑语言机构的一部分，大脑词库是人类大脑长时记忆系统的一个分系统，因而它应该是一个有序结构。在大脑词库中，词语之间的联系是复杂多样的。这些复杂多样的联系共同构成了大脑词库的网络结构。大量的心理学材料都从不同方面证明了大脑词库的体系性。

在以上的章节里，我们从词汇的性质及其在语言体系中的地位和语法的关系、词汇体系同概念体系之间的关系、语义层次的缠绕和词汇内部的语义联系、词汇体系的耗散结构的属性、词汇的心理属性及其网络结构等几个方面论证了词汇的体系性，并且用大量的心理学的实验材料来证明了大脑词库的有序性及其网络结构。我们的观点可归纳为以下几点：

第一，词汇作为词语的总汇，作为语言符号实体的集合，它是语言体系和语法系统存在的基础。作为语言体系的两个构成部分，词汇和语法也是相互联系、相互依存、相互制约的。语言的体系性和语法的系统性都是以词汇的体系性为基础的。因此，如果承认语言的体系性和语法的系统性，那么就必须承认词汇的体系性。

第二，词汇作为客观事物及其间的关系的反映，作为概念体系的表现，词汇单位之间有着密切的、有规律的联系，词汇在反映客观事物、表现概念体系的同时，也必然反映并表现出它们的体系性；同时，词汇又以其特有的语言属性区别于客观世界和概念体系。既然客观世界、概念体系存在必然性，客观世界、概念体系和词汇体系之间的同构关系就使词汇体系性的存在成为必然。

第三，语言的语义系统存在着语素义、语词义、句义等不同的层次。根据哥德尔的不完备定理，语素义、语词义、句义这不同的层次是相互缠绕的。这种语义层次的缠绕决定了每一个词语的意义必须用同一词汇体系中其他的词语的意义来解释、说明。因此，每一个词语同其他词语在语义上的联系就是必然的；每一个词语的意义也只能在词汇的语义体系中才能确定。所谓“根据语音的固定、根据词语指称何物而直接规定”的意义实际上是不存在的。

第四，词汇是在不断变化的，新词新语不断增加，因而词汇体系是一个开放的、动态的系统，它同外界系统（客观世界、思维体系、其他语言体系等）保持着不断的物质、能量、信息的交流；词汇又是相对稳定的，这就保证了人们之间的交际正常进行；词汇又是有序的，这就保证我们可以迅速、准确地提取出我们需要的信息。这些事实说明，词汇正是一个动态的、开放的、相对稳定的、有序的耗散结构。

第五，词库（词汇）作为大脑语言机构的一个组成部分，作为长时记忆系统中的一个分系统，无论是从语言信息的输入还是语言信息的输出来看，无论是从它的建立还是从它的工作状况来看，它都是一个有序结构。这是它作为思维的工具——语言体系的一个组成部分所必须具备的条件，也是人类思维迅速、准确进行的必要条件。大脑词库的有序性及其网络结构已经为有关的实验材料所证明。

如果经过上面的讨论，大家能够同意“词汇具有体系性”或“词汇是一个体系”这一观点是正确的，那么我们接下来应该做的工作就是对词汇体系的状况给以最基本的描述。

第六章 现代汉语词汇形式系统论

6.1 系统论的观点

事物的联系具有普遍性。世界上一切事物都不是孤立地存在的，都是同其他的事物相互联系着的。整个世界是一个相互联系的统一整体。任何一个事物都是统一联系中的一个成分或环节。这种联系不论在自然界、人类社会或是在人类思维的领域都是普遍存在的。

系统论认为，世界上的一切事物是由一定数量的相互联系的部分或因素所组成的、具有特定功能的有机整体，即系统。系统的存在是一种普遍现象。例如，在自然界，大至太阳系、银河系、河外星系、总星系都是一个系统，小至微观世界的原子也是由原子核和电子所组成的系统。每个系统都有内在的层次，层次是有等级的。任何一个系统都有其内在的结构。结构是组成系统的各个部分或因素之间相互联系和相互制约的形式，它表明事物的系统是由什么组成和怎样组成的。不仅每个系统内部各因素之间是相互联系、相互制约的，而且每个系统和它以外的系统也是相互联系、相互制约的。一些较小的系统相互联系、相互制约组成较大的系统，一些较大的系统又相互联系、相互制约组成更大的系统，形成纵横交错的具有层次的网络。系统论的这些基本观点实际上是把唯物辩证法关于事物普遍联系的思想进一步具体化，因而系统论也是一种科学的理论和方法，其基本观点也具有普遍意义，对于客观世界、人类社会、人类思维系统等也都是适用的。

根据系统论的基本观点，我们把现代汉语词汇看作一个系统。该系统由一定数量的、相互联系、相互制约的语言符号实体构成。词汇本身又是语言系统的一个分系统。词汇系统具有自己特有的功能。它本身有着内在的层次，这种层次是分等级的，层次中还可以由更小的系统构成。层次与层次、系统与系统之间又是互相联系的。这些相互联系的语言符号实体的层次和系统共同构成了现代汉语词汇的网络结构。在这个网络结构中，语言符号间最主要的关系就是语义上的聚合关系和组合关系。

现代汉语词汇系统不仅同语法规则系统相互联系、相互制约，共同构成现代汉语系统，它还同自然界、人类社会和人类思维系统密切联系，不断地吸收外界的物质、能量、信息，从而不断地丰富、发展。因此，现代汉语词汇系统又是一个动态的、开放的、有序的、相对稳定的“耗散结构”。

6.1.1　词汇单位和词汇系统的层级

词汇单位可分三级：词素、词语、定型语句。与此相应，词汇系统也可分为三个层级：词素层，词语层，定型语句层。

词素是最小的词汇单位，是形式要素、意义要素、功能要素三位一体的最小的语言符号，它是构成更大的词汇单位的基本成素。全部词素的集合构成词汇系统的词素层。

词语是词汇系统中的核心单位，也是词汇系统中的基本单位。词语在词汇系统中处于枢纽地位。通过对词语的分析，我们可以得到词素；通过词语和词素的组合，又可以构成更大的词汇单位——定型语句。

“词语”包括“词”和“语”——成语、惯用语这两类词汇单位。成语、惯用语这些词汇单位从形式上看是词组（或曰短语），但从其结构的定型性、语义的专有性和凝固性、功能的整体性、使用的复呈性这几方面看来，它们都同词语一样。所以我们统称它们为“词语”。全部词语的集合构成现代汉语词汇系统的词语层。

定型语句指的是谚语、歇后语这两类词汇单位，它们由词语组合而成并且凝固为一个整体单位。它们之所以成为词汇单位，是因为它们也有存在的现成性、结构的定型性、意义的专有性和凝固性、功能的整体性、使用上的复呈性。不过它们是以语句的形式出现。这一点使它们区别于词语。它们是具有词语特点的、定型化的语句。全部定型语句的集合构成现代汉语词汇系统的定型语句层。

6.1.2　词汇单位的构成因素和词汇单位的聚合

6.1.2.1　每一个词汇单位都是形式、意义、功能的复合体

词汇单位的构成因素包括三个方面：形式因素、意义因素、功能因素。

形式因素包括形式单位和形式关系两个方面。形式单位包括音位、声母、韵母、声调、音节、词素、词语。形式关系包括音位结构关系，声、韵、调结构关系，音节结构关系，词素结构关系，词语结构关系等。

意义因素包括语义单位和语义关系两个方面。义素是最小的语义单位，义素的组合构成义项，义项的组合构成义丛（cluster），义项和义丛的组合构成事件（event）。语义关系包括义素结构关系、义项结构关系等。

功能因素指的是语言符号的各个方面的功能。语言符号在具备了意义、形式、结构各方面的因素之后，还具有多方面的功能：

指称功能　例如：+有指/+通指/+指人

陈述功能　例如：+判断/+评价/+述事/+述动

组配功能　例如：数量+W（可前加数量词语）/W+程度（可后加程度词语）

构句功能　例如：+状语（可做状语）/—谓语（不能做谓语）/—单独成句（不能单独成句）

语境功能　例如：+祈使（可进入祈使句）/+书面/—口语

语言符号的各种功能之间存在着同现和非同现关系，各种功能的结合也是有条件的。例如，具有指代功能的词语“我、它们”等一般不具备陈述功能。“我”的功能可以标示如下：

我【+指代/+指人/—指物】+【—陈述】+【+主语/宾语】+……

6.1.2.2　含有共同的因素是词汇单位形成聚合的条件

词汇系统中的每一层级的单位都可以根据共同的因素形成各种不同的聚合。因此，词汇系统的每一层级都含有三种性质的聚合：形式聚合、意义聚合、功能聚合。

形式聚合是词汇单位根据共同的形式因素形成的聚合。例如词语可以根据声母相同、韵母或韵尾相同、含有共同的语素或词素、具有共同的结构关系等形成各种聚合。

意义聚合是词汇单位根据共同的意义因素形成的聚合。例如词语可以根据共同的范畴意义、共同的类别意义、共同的概念意义形成聚合，也可以根据某些共有的语义成分而形成聚合。

功能聚合是词汇单位根据共同的功能因素形成的聚合。例如核词、饰词、体词、谓词、名词、动词、形容词、状态词等等都是词汇单位的功能聚合。

6.2 现代汉语词汇的形式系统

现代汉语词汇的形式系统包括词素形式系统、词语形式系统和定型语句形式系统三个分系统。

如前所述，我们把现代汉语词汇看作是大脑语言机构的一个有机组成部分——词库，而且我们也通过有关的材料和相应的论证证明了大脑词库应该是一个有序结构，并初步提出了大脑词库的“层级——序列——层级”交错联系的网络结构的设想。不过，现代汉语大脑词库的网络结构到底如何，国内论及者寥寥。因此，我们的任务是：根据有关的理论，对现代汉语词库的网络结构作出合理的推测，并初步描绘出它的基本结构。

6.2.1 言语活动和言语活动分析器

现代心理学的研究证明，人们的言语活动过程是由大脑中分管言语活动的三个分析器来协同完成的。这三个言语活动分析器是：言语运动分析器，言语听觉分析器，言语视觉分析器。

人们的言语活动包括说话（或书写）和听话（或阅读）两个方面。说话和书写是言语输出过程，输出的言语称为表达性语言，表达性语言的输出主要是通过言语运动分析器的活动而实现的。听话和阅读是言语的输入过程，输入的言语称为印入性语言，印入性语言的输入主要是通过言语听觉分析器和言语视觉分析器的活动而实现的。除了上述三个分析器之外，人们的言语活动还需要言语活动分析器的外周部分（发音器官、书写器官、听觉器官、视觉器官等）来共同协调完成。

人们日常的言语交际（口头的、书面的）实质上是一个信息传递过程。在这个传递过程中，语言信息先后经过“心理平面——语言平面——生理平面——物理平面——生理平面——语言平面——心理平面”这一系列的平面。这一系列的平面就构成了一个“言语链”（speech chain）。在这个言语链中，物理平面以前的部分是言语的输出过程，物理平面以后的部分是言语的输入过程。物理平面可以看作信息通道部分，是表达性言语和印入性言语的结合部。

“表达性言语的起始因素是想要说话的动机。人若没有说话的动机，显然他就不会说出有意义的话来。动机的建立和维持是在大脑皮层额叶的参与下实现的。额叶的正常活动使人形成说话的动机或意图，并规划说话的程序。”① 所以，说话人要做的第一件事，就是整理自己的想法，决定要说的内容，并将这些内容变为语言形式。这就是通过选择恰当的单词和短语，并根据这个语言的语法规则将这些单词和短语排列成正确的次序，来表达他要表达的意义。完成上述程序后，然后由大脑发出指令，支配言语外周器官的活动。大脑指令以脉冲的形式沿着运动神经传输到发音器官或书写器官的肌肉，神经脉冲引起发音器官或书写器官的肌肉活动，发出或写出言语，从而完成言语的输出。

言语的理解是在感知语言符号的物质外壳——语音和字形——的基础上进行的。所以，输入言语的第一步就是感知语音和字形，然后加以分辨、理解。语词的理解过程，也就是语词记忆的再现和提取。

如前所述，大脑词库的建立，是经过语言认知、语言记忆和语言运用三个过程而逐步完成的。在语言记忆过程中，我们是把认知的语言符号通过同已经储存起来的语言符号建立起形、义、功能之间的联系以后，再编码存入词库的。所以，由感知语词的形式到理解它的意义，实际上是通过词库中语言符号之间的联系的重建，把感知的词语的存储信息从词库中提取、再现的过程。

① 曹日昌主编：《普通心理学》，下册，12页，北京，人民教育出版社，1980。

应该说明的是，言语的感知和理解并不是截然分开的两个过程，它们是相互交叉、协同作用的。毫无疑问，正确的理解必须以对语音和字形的清晰感知为前提。但是，对言语的理解过程也反过来制约着言语的感知。对语音特征的正确感知和对字形的正确感知固然是理解的先决条件，但是在实际的交际中，人们听到的语音、看到的字形常常是非标准的。例如方言区的人讲的普通话和一般人的手写体。人们之所以能够辨别偏离标准的语音和非印刷体的字形，这同大脑的高层控制和理解的反制约作用是分不开的。人们的言语感知过程中思维过程一直参与其中。人们能够听出某些人话语中的“白字”，能够在印刷品中正确地发现错误和脱漏的地方，这正表现了思维的理解过程对言语感知过程的监督和补偿作用。

林赛（P. H. Lindsay）和诺尔曼（D. A. Norman）在分析领会句子的过程中，阐述了言语的感知和理解的相互关系。他们提出了“材料—驱动”（data-driven）和“概念—驱动”（conceptually-driven）的概念。材料—驱动指的是对言语材料在感知水平上进行的加工过程，这是由下向上（因为这是从最低的感觉材料开始）的分析过程。概念—驱动则相反，是在理解水平上进行的加工过程，是由上向下（因为这是从最高水平——意义结构开始）的分析过程。在领会句子时，这两种不同水平、不同方向的加工是协同进行的。概念—驱动经常对将出现的材料（词、短语、句子进行预测，使分析过程进行的顺利材料—驱动提供据以预测的具体对象，并对预测的错误作出纠正。①

同言语的输出一样，言语的感知也不单是听话人或阅读的人被动地接收。除了上面所讲的概念—驱动的预测以外，听话人或阅读的人还在同时进行着复制，并把复制的言语记忆起来，在大

① 曹日昌主编：《普通心理学》，下册，33页，北京，人民教育出版社，1980。

脑中形成同时性空间图式。“反向阅读”的现象（例如看倒贴的报纸、倒写的字体等）可以清楚地说明言语感知中的复制过程。即是说，在这种阅读过程中，我们感知的是反转的字形，但立即把它们复制成正向的字形。

总之，输出言语首先要能够从词库中准确地选择恰当的语言符号，根据语言符号的形式、意义和功能正确地运用语法规则组成语句，发出正确的语音或写出正确的字形，同时还要不断地根据反馈信息调节言语器官的活动，使言语输出能够顺利进行。而输入言语首先要能够分辨出语音和字形，然后根据词库中（长时记忆系统中）语言符号的音、形、义、功能的联系，把接收的语言符号的意义“提取”出来进行复制。在此基础上，根据已接收、理解的语言符号的组合功能及其同其他语言符号的组合关系进行预测，然后根据继续感知的语音和字形不断地纠正预测中的错误，同时确定下一步预测的范围。然后，根据记忆和复制的结果在大脑中形成的同时性空间图式，运用语法规则对话语的各个组成成分进行合成性分析，形成话语的语义图式，实现对话语表层意义的理解。最后，综合当时的语境的诸因素，实现对话语深层意义的理解，亦即听出“弦外之音”，理解言外之意，以及话语的非概念意义。

以上我们简单说明了语言信息传递的大致过程。下面我们主要从言语的感知和理解这一角度来探讨词库的系统结构。

6.2.2 言语的感知理解和词库的形式系统结构

从上面对语言信息传递过程的分析中，我们至少可以得出如下结论：在大脑词库中，语词的系统有两种，这就是词语的语音形式系统和词语的文字形式系统。既然大脑语言机构中存在着言语听觉分析器和言语视觉分析器的区别，那么与此相对应，词库中也必然存在着语音形式系统和文字形体系统的区别，否则我们就无法解释听话和阅读这两种不同的言语输入的状况和相关的机制。

> 每一个词，都是人的一个暂时联系的系统。词包括三种不同的成分：视觉的、听觉的和动觉的刺激。从儿童牙牙学语的时候起，这三种成分就在生活中不断地、经常地重复组合，成为一个非常紧密地互相联系的复合体。①

语词的语音形式系统的构成，可以通过人们的发音器官在执行发音程序时出现的失误现象加以考察。对口误（slip of tonge）现象的研究表明，语音区别特征、音段、音节和词都是发音程序中的单位。请看下列口误的例子：

> Terry and Julia（特丽和朱莉娅）→Derry and Chulia（清声→浊声）
>
> With this ring I thee wed.（我用这个戒指为你们证婚）→With this ring I thee red.
>
> a-ni-mal→a-mi-nal（音素换位总是发生在音节的相同部位）
>
> a tank of gas（一桶汽油）→a gas of tank（词的换位）②

既然语音区别特征、音段、音节、词都是发音程序中的单位，那么它们也同样应该是语音感知过程中的单位。换句话说，如果这些语音单位的区别在说话人的大脑中存在的话，那么在听话人的大脑中也同样存在。如果不是这样，那么听话人的语音感知就难以进行了。

以汉语的情况来说，当别人对我们说“干”，我们要感知它

---

① 曹日昌主编：《普通心理学》，上册，64页，北京，人民教育出版社，1980。
② 载《国外语言学》，1983年第3期。

的语音形式，理解它的意义，那么我们就必须具备以下语音分辨能力：

第一，能够根据语音区别特征把声母 g ［k］ 同其他相联系声母（例如 k[k']、h[x]、b[p]、d[t]等）区别开来；

第二，能够根据韵母的构成成分的语音区别特征，把 an ［an］ 同其他相联系韵母（例如 en、ang、ai、ao 等）区别开来；

第三，能够根据调位区别特征把［-51］调同其他调位（如［-55］、［-214］、［-35］）区别开来。

只有具备了上述语音分辨能力，我们才能准确地感知［kan51］这一语音形式。如果不具备这些语音分辨能力，或者说，我们的大脑词库中的语词形式系统中不存在这些区别，我们就不能把［kan51］的语音形式同既相联系、又相区别的语音形式区分开来。

如果我们对“干”的语音形式的感知确如上面所分析的那样，就是说，“干”的语音形式的感知正是根据它的语音构成要素同其他相关的语音形式的构成要素的区别、对立来分辨完成的，那么语词的语音形式就应该是一个系统。因为上述区别、对立正是在同其他相互联系而又相互区别的语音形式的比较中表现处所的，这些相互区别、相互联系的语音形式自然形成一个系统。

那么，语音形式系统的结构应该是什么样的呢？

要构拟词汇的语音形式系统，我们应该对语音形式及其相互间的联系作进一步的认识。

语音具有复合性。每一个音位都是由若干语音区别特征构成的、包含着语音四要素的语音单位；每一个音节，又是音位的复合体。要感知这样的复合体，我们就要对语音形式进行同时性的综合分析。上面说过，我们能够正确地感知非标准的语音形式，这是由于我们的思维过程对言语的感知具有补偿作用。这种补偿作用除了体现在对词语意义的理解方面，也同样体现在对语音形式的综合分析上。例如，北京的女青年虽然把“钱”的语音发成[ts‘iɛn35]，但是人们都是感知为[tɕ‘iɛn35]。因为在普通话的语音形式系统中（或者说在我们大脑词库中的语音形式系统中），没有[ts‘iɛn35]这样的语音形式，换言之，它是语音形式系统中的一个“空位”。

根据心理学家的研究，同电子计算机相比较，大脑处理信息的特点是：

第一，人脑可以处理电信号和化学信号，而计算机只处理电信号；

第二，低速（每次千分之几秒）、多通道（成百万或更多的信息通道）并行处理，而计算机则是高速（每次百万分之一秒或更快）、单信道串行处理；

第三，识别三维图像的信息处理能力远远超过计算机。

根据上述特点，我们感知［kan51］这一语音形式的状况应该大致如下：

ga
geng　gai　dan
kan　gan　han
ban　gao　gen
gang

上图表示的意思是，大脑根据词库中的语音形式系统，在对“gan”这一语音形式进行感知时，是在多条通道上对“gan”及其与之联系而又相互区别的语音形式作并行处理，经过同时性综合分析而辨认、感知这一语音形式的。显然，这种多通道、并行式的同时性综合分析只有在语音矩阵中才能进行、完成。

因此，我们认为，词汇的语音形式系统不应该是线性排列的语音形式而构成，而应该是一个矩阵结构，这种矩阵结构同大脑处理信息的特点才是相吻合的。

6.2.3　词素语音形式系统矩阵

词素形式系统是词素根据其形式因素形成的系统。

词素的形式构成包括三个部分：声母、韵母、声调，此外还有声、韵之间的结合关系。词素既可以根据其形式中共同的声母形成聚合，也可以根据其形式中的韵母或韵尾形成聚合。这两种聚合可以称为同声聚合和同韵聚合。同声聚合和同韵聚合纵横交错排列，就形成了词素语音形式系统的矩阵。（见表6－1）

表6－1　词素语音形式系统矩阵表

声调系统 / 韵母系统 / 声母系统	阴平55	阳平35	上声214	去声51
b p m f	开口呼韵母			
d t n l	齐齿呼韵母			
z c s	合口呼韵母			
zh ch sh r	撮口呼韵母			
j q x				
g k h				

关于“词素语音形式系统矩阵表”，有几点说明如下：

第一，矩阵表中的每一个方格，都是声、韵、调相结合构成的一个矢量，亦即一个确定的位置。每一个位置都是一个或几个词素的语音形式在这个语音语音形式系统中所占据的位置。我们把这样的位置叫做词素的语音形位；把共同占据这一位置的几个词素的语音形式叫做这一语音形位的形位变体。例如“qiao”这一位置就是“乔”、“桥”、“侨”、“樵”、“瞧”等几个词素的语音形式的形位，而这几个词素各自的语音形式则是“qiao”这一形位的变体。据此，词素的语音形位可以定义为：

若干同音词素在词素的语音形式系统中所占据的形式位置的总和。

第二，表中的横行是词素根据共同的声母形成的聚合——同声聚合；表中的竖行是词素根据共同的韵母或韵尾形成的聚合——同韵聚合。这两种聚合中根据声母的发音特点和韵母的构成，还可以形成更小的聚合。最小的聚合是同音聚合。

第三，现代汉语词汇体系中还有一定数量的复音词素。这些复音词素一般是外来词、联绵词，它们实质上是词，当然也可以充当构词成分。我们把这部分复音词素放在词语系统中去分析。

第四，构成声母、韵母的音质音位是一个系统；声母和韵母也都是自成体系的系统，而且它们之间还具有有条件的组合关系，亦即通常所说的拼合关系。这些已为已有的研究所证明，此处从略。

词素语音形式的感知是理解言语意义的开始。正确地感知了词素的语音形式，同时也就建立了（或者说恢复了）词素的语音形式同词素的意义的联系。不过，这时音义之间的联系并不是“一对一”，而是“一对多”。因为现代汉语词汇中的词素绝大部分都是多义的，它们在不同的词语里表示的意义并不相同。当我们的言语感知活动继续进行下去时，我们就进入了词语层。

6.2.4 词语形式系统

我们的感知过程是怎样由词素层进入词语层的呢？比如说，当我们听到“教师光荣”这句话时，我们是如何感知并理解了这句话的意义的呢？

如上节所述，当我们感知了“jiao”这一语音形式，根据这一语音形式的语音特征，我们就确定了语音形式矩阵中的一个形位，恢复了这一语音形位同它的几个变体的联系（例如“教、较、叫、窖”等）以及这些变体的语义联系。当我们继续感知到“shi”这一语音形式时，这时我们不仅恢复了“shi”这一语音形式同“师”这一词素的联系（由于“概念—驱动”的作用，思维的预测可以限制“shi”这一形位可以出现的变体的范围。例如“湿、诗”出现的可能就被限制了），同时也就确定了“jiao”这一语音形式所代表的变体以及这一变体的形式同它的一个意义的联系。这样，当我们完整地感知了“jiaoshi”这一语音形式时，同时也就确定了这一语音形式在词语系统中的位置（词语形位），恢复了这一语音形式同它所表示的若干意义的联系。显然，在“jiaoshi”这一语音形式所代表的语言符号中，“jiao”和“shi”这两个词素只能输出它们各自意义中的一部分来作为“教师”这一词语意义的组成部分。这样，“jiao”（教）和“shi”（师）这两个词素就合成了一个词，从而进入了词库中的下一个层级——词语层。

词语的形式系统就是词语根据其形式因素形成的系统。词语的形式系统以词素的形式系统为基础而构成。

词语的形式构成因素有二：一是形式构成成分，二是形式构成成分之间的结构关系。

当两个或两个以上的词素构成词语时，构成的词语的形式中不但包括了构成它的词素的形式，而且还有构成词语的词素之间的结构关系。词语的形式就是这两种因素综合起来构成的。

词语的形式中既包含着词素的语音形式，又包含着其间的结构关系，所以词语既可以根据构成成分的特点形成聚合（例如单音词、双音词、多音词、同素词等），也可以根据结构关系形成聚合（例如单纯词、复合词、派生词等）。

词素系统中的每一个词素都可以以自己为构词要素同其他词素构成词语。例如，以“教”（jiao）为例，就可以构成“教师、教授、教材、教程、教学、教训、教学相长……”和“指教、赐教、领教、管教、调教、说教、言传身教……”等词语，这样就构成了同素聚合——词族。由于词语中既含有词素及其形式因素，又含有词素间的结构关系，因而以同一词素为条件形成的同素聚合还可以根据相同的结构关系再形成同构聚合。例如，“教师、教材、教程”可以其共同的偏正结构关系形成同构聚合，“教授、教学、教训”也可以其共同的联合关系形成同构聚合，如此等等。这样，每一个词素能够构成的同素词语就形成一个小小的聚合系统。

表6－2 一个词素构成的同素词语的聚合系统

单音词	复音词											
单纯词				合成词								
单音	复音单纯词			复合词						派生词		
单纯词	双声	叠韵	叠音	偏正	动宾	后补	主谓	联合	连谓	前加	中嵌	后加
教				教材				教授				
				教程				教学				
				教师				教训				
				教室				教育				
				教法				教诲				
					赐教			调教				
					领教			指教	请教			

关于表6－2，有一点要说明：表中的每一个小类下面都可以分出更小的类别。例如“双声”类中可以再分为“唇音双声、舌根音双声”等小类。复合词、派生词中的每一小类也都可以再分出更小的类别。词语中的成语、惯用语这样的词汇单位的结构一般都比较复杂，并且具有层次性，它们分别属于各种结构类

别中的较低层次的类别。例如“一盘散沙”属于偏正结构，“聚精会神”属于联合结构等。

现代汉语词汇的词素形式系统中约有词素语音形位一千多个，按每一个形位有十个变体（即十个词素）来计算（姑且这么计算），那么词素系统中约有一万个词素。这样算来，像“教”构成的同素聚合系统（见表6－2）在词语形式系统中就有一万个左右。这一万个左右的同素聚合按照词素形式系统的结构顺序排列起来，就构成了词语的形式系统。这种排列顺序同音序词典的排列方式较为相似。不过音序词典是线性排列，而词语的形式系统则是以矩阵方式排列，并且在词语的形式系统中还有着像逆序词典那样的排列方式。

在词语层的形式系统中，也同样存在着词语的语音形位和语音形位变体。例如“xingshi”就是“形式、形势、刑事、行事”这几个词语的形位，而这几个词语则是这一形位的形位变体。

根据对语言运用的实际情况的观察，我们设想，词库的词语形式系统中还应该存在着同韵尾聚合系列，这种聚合系列是由词素形式系统中的同韵尾聚合带入词语形式系统而形成的。人们在生活中不但说话、写小说，而且还吟诗、说快板等，同韵尾聚合系列和同尾素聚合系列的存在可以保证韵文的生成。同韵尾聚合系列和同尾素聚合系列类似于逆序词典中的词语排列系列。而逆序词典的编纂，也说明词语可以根据词语的尾部形式因素和逆序结构形成聚合系列。（见表6－3）

表 6－3 “外甥打灯笼——照舅（旧）”的感知理解模拟图

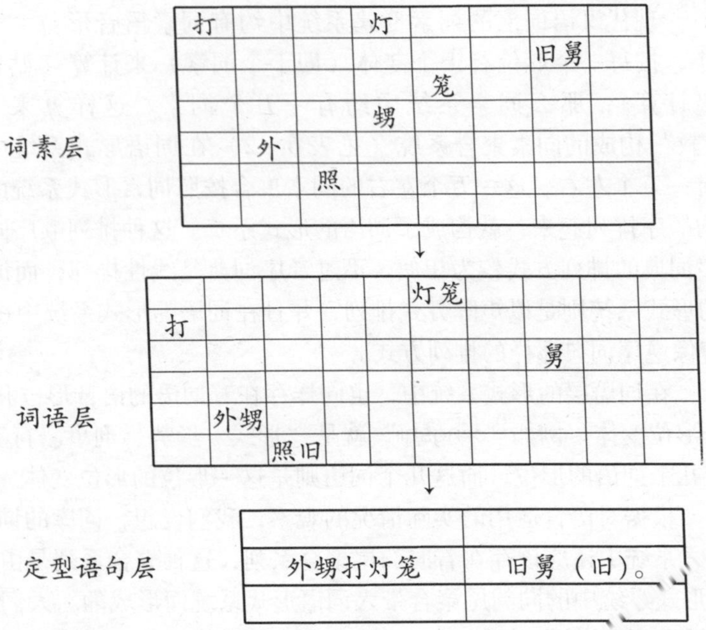

6.2.5 定型语句的形式系统

在我们接收言语信息时，如果接收的话语中包含着定型语句这样的词汇单位，那么我们的言语感知和理解还要进入词库的定型语句层。因为定型语句这样的词汇单位是固定的符号序列，是现成地存储在词库中的。如果我们的大脑词库没有这样的存储，我们就难以感知和理解定型语句这样的词汇单位。

感知和理解定型语句，首先要逐步感知定型语句的构成成分的形式，逐步理解这些构成成分的意义，逐步确定这些依次感知和理解的构成成分之间的结构关系，然后在大脑中形成同时性空间图式，进行同时性综合分析，把它们合成为一个整体，最后确定这个整体同它所表示的特定意义的联系。

如上所述，我们对言语的感知和理解是逐步、交替进行的。定型语句是由词素、词语通过词语构成模式和定型语句构成模式而构成的，因而我们对定型语句的感知也是先后经过词素层、词语层，然后进入定型语句层的。例如，按照我们的设想，“外甥打灯笼——照舅（旧）”这一定型语句的感知和理解过程大致如表6－3所示。

下面我们根据定型语句的感知和理解过程，对定型语句的形式系统作简要的描述。

定型语句的形式中也包括构成成分和构成成分之间的结构关系这两个方面的因素。定型语句的特点是以“语句”的形式存在于词汇形式系统之中，因而定型语句形式系统同词素形式系统、词语形式系统有所不同。

构成定型语句的成分除了词素和词语以外，还有小句。构成定型语句的词语和小句之间也同样存在着各种各样的结构关系。

根据定型语句构成的形式因素，我们可以首先从形式上把定型语句分为单段式、双段式两大类。单段式定型语句根据其结构可以分为更小的类别，双段式定型语句根据段与段之间的结构关系也可以分为不同的类型。这些不同类别、不同层次的定型语句的类型就构成了定型语句的形式系统。（见表6－4）

表6－4所表现的定型语句形式系统同汉语中的单、复句的形式结构系统非常相似，或者说一样。人们也许会以为我们是用现代汉语的句型系统来构拟现代汉语词汇的定型语句系统。关于这一点，有必要说明一下。

句型是从言语中抽象出来的语言结构模式。作为语言结构模式的句型，它的功能是多方面的。我们可以使用这种结构模式去构成言语去交流思想、感情，也可以用它来构成语义表达式来解

表 6－4　定型语句形式系统的结构

单段式定型语句			双段式定型语句	
主谓式	非主谓	紧缩式	联合式	偏正式
汉语单句结构类型			汉语并列复句结构类型	汉语偏正复句结构类型
…………………			…………………	…………………
…………………			…………………	…………………
…………………			…………………	…………………

释词语的意义（例如词典中的词条的释义部分），我们还可以用它来固定人们的认知结果，形成定型语句。当它用来构成言语时，它是句型；当它用来表述词义时，它是语义表达式；当它用来固定人们的认知结果时，它又成为定型语句的结构模式。它的根本性质是语言的结构模式，因为它是由词汇和语法构成，并且从言语中抽象出来的。

当语言的结构模式用来构成定型语句时，语言的结构模式同构成定型语句的词语并未融为一体。但是，当定型语句凝固定型以后，语言的结构模式就“留”在定型语句上面了（词语的情况也是如此）。这正如同用沙子、石子、水泥等材料浇铸预制板一样，当预制板凝固成一个整体时，浇铸模型的形式就留在预制板上了，从而成为预制板的一个构成因素，使沙子、石子、水泥成为一种新的建筑材料。这种“留”下来的形式使预制板既不同于沙子、石子、水泥，也不同于浇铸模型，而是一种具有新的形式、内容、功能的建筑材料。定型语句也正是这样的一种既不同于词素、词语，也不同于句型，具有自己的特点的语言建筑材料。

通过对词汇单位的形式构成的分析，我们又一次看到词汇和语法的相互依存、相互制约的关系。词汇和语法不但在构成言语时相互依存、相互联系，就是在语言体系的微观部分它们也是相互联系、相互依存的。

6.3 现代汉语词汇形式系统的微观系统

6.3.1 现代汉语词汇的音素系统

音素系统包括构成现代汉语词汇语音形式系统的全部语音要素。

对现代汉语词汇系统中的词汇单位的语音形式进行分析，我们可以看到，它们都是由三种语音要素构成：声母，韵母，声调。因此，现代汉语词汇的音素系统由三个分系统构成，即声母系统、韵母系统、声调系统。

对上述三个系统作进一步的分析，我们可以得到构成上述三个系统的要素系统，即音位系统和调位系统。

对音位系统和调位系统作进一步的分析，我们可以得到现代汉语的音位区别特征系统和调位区别特征系统。

现代汉语词汇的音素系统大致如表 6－5 所示。

表 6－5 现代汉语词汇音素系统图

语音形式层	单音节	双音节	多音节
音节组合模式层	音节	+ 音节组合模式	
音 节 层		约 1300 个音节	
音节组合层	声母	+ 韵母	+ 声调

续上表

语音形式层	单音节	双音节	多音节
音节要素层	声母系统	+ 韵母系统	+ 声调系统
	(21 声母)	+ (39 韵母)	+ (4 声调)
音位组合层	辅音音位	+ 元音音位	+ 组合模式
音 位 层	27 音位	+ 4 调位	
音位区别特征组合层	发音部位	+ 发音方法	+ 区别特征组合模式
音位区别特征层	9 对音位区别特征		+ 3 对调位区别特征
			升/降 高/低 曲/直

6.3.2　现代汉语词汇的字素系统

现代汉语词汇的字素系统包括构成现代汉语词汇的全部文字要素。

现代汉字一个字一个音节，因而词素的文字形式同词素的语音形式是一致的。

对现代汉语词汇中词素的文字形式进行分析，可以得到现代汉语词汇的字素系统。

对现代汉字的构成进行分析，可以得到现代汉字的独体字系统和合体字系统。

对独体字和合体字系统进行综合分析，可以得到现代汉字的部件系统和笔画系统。

部件系统由两个分系统构成：记号系统和偏旁系统。每个独体字可以是一个记号，也可以是一个偏旁，它既可以做声旁，也可以做形旁。例如：

因此，独体字是现代汉字最基本的要素，它是现代汉字中最小的音、义、形结合体，而且大部分都能独立成字。

现代汉字的笔画系统由笔形系统、笔顺系统、笔画结构系统三个分系统构成。

笔形系统是由笔画的形状形成的系统。对笔形系统再分析，我们可以得到笔形的基本要素——横、竖、点、撇、折、钩等。

笔画结构系统是由笔画的结构方式形成的系统。对笔画结构方式进行分析，我们可以得到笔画的结构方式要素——相离、相接、相交、相串。当然，这几种结构方式可以出现在一个汉字之中，共同组合成一个汉字。

汉字的笔顺系统是由笔画的书写顺序的规则系统，它由笔顺书写基本规则和附加规则共同组成。

现代汉语词汇的字素系统结构如图6－1所示。

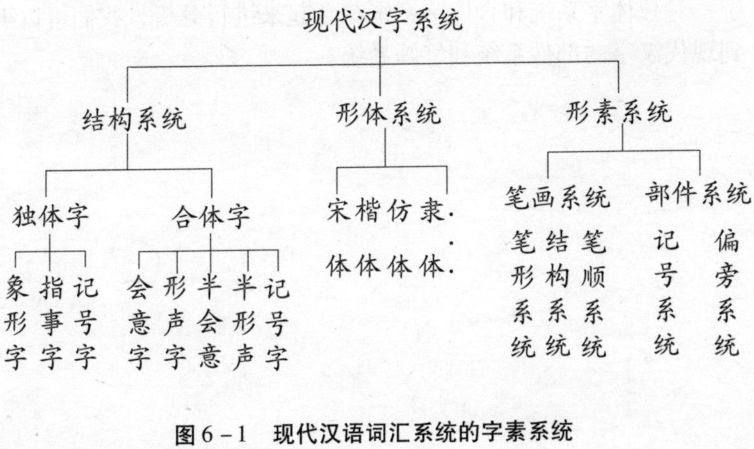

图6－1　现代汉语词汇系统的字素系统

小　　结

现代汉语词汇的音素系统包括构成现代汉语词汇语音形式系统的全部语音要素。

现代汉语词汇的音素系统由三个分系统构成，即声母系统、韵母系统、声调系统。上述三个系统包括两个要素系统，即音位系统和调位系统；对音位系统和调位系统作进一步的分析，我们可以得到现代汉语的音位区别特征系统和调位区别特征系统。

现代汉语词汇的字素系统包括构成现代汉语词汇的全部文字要素。

现代汉字一个字一个音节，因而词素的文字形式同词素的语音形式是一致的。

对现代汉语词汇中的词素的文字形式进行分析，我们就可以得到现代汉语词汇的字素系统；对现代汉字的构成进行分析，我们可以得到现代汉字结构的两种系统：独体字系统和合体字系统；对独体字系统和合体字系统综合起来进行分析，我们可以得到现代汉字的部件系统和笔画系统。

第七章　现代汉语词汇的结构系统

7.1　现代汉语词汇结构系统概貌

词汇的结构系统是词语根据其结构特点形成的系统。在现代汉语词汇的结构系统中，词语根据其结构成分及其间的关系，也可以形成类—层结构和相应的聚合系列。

根据词语的构成成分的不同，现代汉语词汇中的词语可以分为合成词语和单纯词语两大类。

在合成词内部，根据构成成分间的结构关系，可以再分为派生词语和复合词语。

在派生词语内部，根据词根、词缀的结构关系，又可以分为前加式、后加式、中嵌式三类。这三类下面，根据词缀的性质的不同可以再分为名缀派生词、形缀派生词、动缀派生词等类别。每一类别之中，还可以根据具体的词缀（如“—子”、“—儿”、“—头”等）再分为“—子”缀词、“—儿”缀词、“—头”缀词等。这些类别之中根据词根性质的不同可以再分为更小的类别，如“名词根+子”、“形词根+子”、“动词根+子”等等。

在复合词语内部，根据语素之间的结构关系，可以分为联合结构词、偏正结构词、动宾结构词、述补结构词、主谓结构词等类别。这些类别下面，根据语素之间的语义结构关系，还可以分为更细的类别。例如联合结构词下面可以再分为同义联合结构词、反义联合结构词、对义联合结构词、类义联合结构词等类别；这些类别下面还可以根据名物义、性质义、变动义等分为更小的类别。其他类型的复合词语也可以根据语素之间的关系和语素的性质进行类似的分类。

在单纯词内部，根据词语形式的结构关系，可以分为双声词、叠韵词、叠音词等几个类别。这些类别下面可以根据词语的形式因素（例如声母的发音部位、韵母的韵腹、韵尾等）作进一步的分类。

上述这些类别，可以统称为同构聚合，即它们都是根据词语的结构成分和结构关系的相同而形成的聚合。同构聚合的类—层结构是现代汉语词汇结构系统的体系性的一个方面。另一方面，在现代汉语词汇结构系统中，还存在着另一种类型的聚合——同素聚合，即词语根据共同的语素形成的聚合。这种聚合人们通常称之为词族。在现代汉语词汇系统中，这种同素聚合是大量的，特别是以常用词语（例如"红、人、天、土、大、素、机"等）为基点形成的同素聚合更为常见。

同构聚合逐层排列起来，再通过同素聚合相互联系起来，就形成了现代汉语词汇的结构系统。正是因为现代汉语词汇结构系统中存在着同构聚合和同素聚合，所以才为修辞上的对偶、对仗、仿拟、同尾等多种手法提供了选择的基础。

7.2　词汇结构单位种种

对现代汉语词汇结构系统中的词汇单位进行分析，我们就可以得到现代汉语词汇的各级构成单位。

7.2.1　语素

7.2.1.1　语素的概念

语言是一个符号系统，词汇是语言符号的集合，语素就是最小的语言符号，即最小的音义结合体。

第一，从意义上看，语素是最小的意义单位，它不能分解为更小的意义单位，或者说，语素具有意义上的不可分解性。例如：

都　说　冰　糖　葫芦　酸

这句歌词由 6 个语素，其中的“葫芦”虽然是两个字，却只是一个语素，因为它分解以后就没有了意义。

第二，从结构上看，语素也具有不可分解性。或者说，在语言系统中，它是最低一级的结构单位，它不能分解为更低一级的结构单位。

例如上例中的“葫芦”，虽然我们可以把它分解为两个字（或者两个音节），但是这两个字或音节之间在结构上不存在任何结构关系，既非联合，也非偏正，等等。

第三，从功能上看，语素的功能是构词，而不是构句。因此，语素不具备使用上的独立性。换句话说，语素不能单独使用。

7.2.1.2　**语素的分类**

语素具有形式、意义、功能等方面的因素，所以我们可以从不同角度对语素进行分类。通过对语素的分类，我们可以更好地了解语素和词的关系。

第一，从音节的角度来分，语素可以分为单音节语素、双音节语素和多音节语素。单音节语素的语音形式是一个音节，双音节语素的语音形式是两个音节，多音节语素的语音形式是三个或三个以上的音节。例如：

单音节语素　天　地　人　们　着　了　过

双音节语素　犹豫　玲珑　烂漫　淋漓

多音节语素　巧克力　迪斯科　冬不拉　奥林匹克

第二，从意义的角度来分，语素可以分为实语素和虚语素。

意义比较实在的是实语素，意义比较空虚的是虚语素。所谓意义比较实在是说语素表达是词汇意义，例如事物名称、动作行为变化、性质状态、数量范围、时间空间等；所谓意义比较空虚是说语素表达的是范畴意义或语法意义（例如“和”表示并列关系，“过”表示完成或曾经的语法意义）。由于关系意义和语法意义比较抽象，所以给人以虚的感觉。实语素是大量的。例如：

人 名 打 走 变 大 红 一 上 前

同实语素相比，虚语素的数量要少得多。例如：

们 了 吗 或 把 被

第三，从功能（构词能力）的角度，语素可以分为成词语素和不成词语素。能够单独成词的是成词语素，绝对不能独立成词的、只能跟其他语素组合成词的语素是不成词语素，或称之为构词语素。例如：

成词语素 天 地 人 大 小 多 少

不成词语素 习 丽 感 泽 荣 范 适 预

成词语素又可以分为两类。一类是既能独立成词，又能同其他语素组合构词。这类语素绝大部分是实词素。例如“大、小、红、白、土、水、跑、打”等等。一类是只能独立成词，而不能同其他语素组合构词。这类语素基本上都是虚语素。例如“的”、“得”、“地”、“吗”、“呢”、“了”、“着”、“和”等等。

多音节语素基本上都是成词语素；双音节语素大部分也都是成词语素，只有一部分叠音语素不能成词。例如：

—答答 —通通 —乎乎 —淋淋

7.2.2 词素

在较早的词汇学著作中，我们还能经常看到“词素”这一术语。顾名思义，词素就是构词的要素，它指的是对词语进行分析所得到的、比词小一级的词汇单位。后来，我国著名语言学家吕叔湘先生提倡用“语素”这一术语，于是“词素”这一术语就不再使用了。不过，从构词的角度来看，“词素”这一术语还是应该有其地位的。“语素”并不能完全取代“词素”。例如，在“大学生”这个词里有三个语素，但是这三个语素并不是一次组合为“大学生”这个词的，而是“大”和“学”先组合为“大学”，然后“大学”再和“生”组合为“大学生”。（“大学生”只能按此分析，试比较“专科生”、“中专生”、“高中生”、“初中生”）。

现在要问的问题是：在“大学生”这个词里，“学生”是什么性质的词汇单位？

显然，“大学”不是语素，因为它不是最小的音义结合体，而是由两个语素构成的东西；但是我们也不能说“大学”是词，如果说“大学”在“大学生”中是词的话，那就是说，“大学生”这个词是由一个词加上一个语素构成的词。这样分析这个词的构造不光是别扭，重要的是不科学，缺乏层次观念。可见，“大学生”中的“大学”既不是语素，也不是词。换句话说，用词、语素来称说“大学生”中的“大学”都不合适。那么我们应该怎样确定这样的词汇单位的名称呢？

我国词汇学界目前对词素是这样说明的：词素是对词进行分析得到的词汇单位，是词的直接成分。对词素作进一步的分析，当从结构和意义上分析到不能分析时，这时就得到了最小的词汇单位——语素。根据我国词汇学界对词素的说明，我们可以看到，“大学生”中的“大学”正是词素这样的词汇单位。

重新启用“词素”概念，并赋予其新的、不同于“语素”的含义，可以更好地分析解释构造复杂的词语，如“大锅饭”、“墙头草”、“拍马屁”、“抬轿子”、“商品粮”、“铁饭碗”等，在惯用语、成语这样的词汇单位中，用词素来分析、解释这些词汇单位的构成，不仅方便，而且合理。

7.2.3 词

词是语言中能够自由运用的最小的语音语义结合体，是最基本的语言符号。对于这一定义，我们可以从以下几个方面去理解：

第一，从意义上看，词具有意义的专有性。所谓意义的专有性，是说词的意义不是构词语素意义的简单相加，而是有其特定的、固有的意义。例如：

墨水　水泥　老虎　东西

第二，从结构上看，词具有结构的整体性。所谓结构的整体性，就是说词在实际交际过程中是作为一个整体来使用的。词的中间既不能插入其他成分进行扩展，也不能随便调换构词成分的语序，否则就不成为词，或者改变了原来的意义。例如：

开关　同学　打场　轻视

第三，从使用上看，词具有使用上的现成性。所谓使用上的现成性，是说词是现成存在的语言单位，是定型的语言材料，而不是临时构成的。比如“螺丝刀”是词，因为在我们的词库里已经存在着这个词；而“上螺丝的工具”是临时用组合起来的，是词组。

第四，从功能上看，词是具有独立的、自由运用的功能。这一点包含以下三个方面的意思：

其一是说词可以单独使用。如话语中的独词句就是词的这种功能的体现。

其二是说词可以在语言链条上自由地替换和被替换。例如：

我们　热爱　伟大　的　祖国

人们　观看　盛大　的　开幕式

大家　喜爱　有趣　的　活动

其三是说词与词之间是相互独立的，相互之间不具有隶属关系。例如上面例子中的“的”，它既不属于“伟大”、“盛大”、“有趣”，也不属于“祖国”、“开幕式”、“活动”，它是独立于其他成分之外、有着自己的功能和意义的一个词。

掌握词的特点，是为了把词同语素、词组区别开来。上述四点，前三点把词和词组区别开来，第四点是为了把词和语素区别开来。

7.2.3.1　**词和语素的联系**

词是由语素构成的。词和语素的联系不仅表现在构成与被构成上，而且由于语素在构词时采用了多种多样的方式，这样就造成了词和语素之间比较复杂的联系。概括起来，语素和词的联系可以归纳为以下三种：

第一，语素转化为词。这主要指成词语素构词的情况。在这种情况中，语素摇身一变就成了词，语素的意义也直接转化为词的意义。这时，语素和词是一致的。例如“大”、“快”、“吗”、“了”等。

第二，语素直接组合构成词。这主要指两个语素构词的情况。从意义上看，语素直接组合成词又有两种情况：

一种是词的意义同语素的意义还有着比较明显的联系。例如：

火红　笔直　大衣　牙齿

一种是词的意义同语素的意义基本上没有什么联系，语素的意义完全溶化为新的意义。例如：

东西　脾气　水泥　下水

第三，语素先组合为词素，再组合为词。这主要指三个或三个以上的语素构词的情况。在这种情况中，语素通过词素同词发生联系。例如“大学生”、“商品粮”、“铁饭碗”等。

7.2.3.2　**词和语素的区别**

第一，单位大小不同。语素是最低一级的语言单位，词则是高一级的单位，二者处于不同的层级上。

第二，表义状况不同。词的意义是明确的，固定的；语素的意义则是模糊的，游移的。试比较“中文”这个词的意义和“中”、“文”这两个语素的意义就可以看出这一点。

第三，功能和活动状况不同。语素的功能是构词，词的功能是造句；词能够自由独立运用，语素不能自由独立地运用。语素只在词中活动，它不能越过它所在的词去同语句中的其他成分发生联系；而词不仅可以同相邻的成分发生结构组合关系，还可以同不相邻的成分发生语义关系。例如：

小王领了一套新教材。

其中“教”、“材”中的两个语素只能相互发生联系，不能同其他成分发生联系。而“教材”这个词的联系则是多样的。

7.2.4 字、词和语素之间的关系

字是记录语言的书写符号，是书写的单位。在汉语中，一个汉字同语言中的一个音节相对应；而汉语中除了单音节语素、单音节词以外，还有双音节和多音节语素和词。这样，字同词、语素之间就不是一一对应的。字同词、语素之间的对应关系有以下几种：

一个汉字记录一个单音节语素，而这个单音节语素又是一个成词语素，这时候，一个汉字既是一个语素，也是一个词。例如“的”。

一个汉字记录一个单音节语素，而这个单音节语素只是一个不成词语素，这时候，一个汉字只是一个语素。例如“范”。

如果一个语素是双音节或多音节的，这时候，一个汉字记录的只是一个音节。例如“吩咐”、“奥林匹克”。

7.3　词的构成

词是由语素、词素构成的。语素、词素构词是按一定的方式和规则进行组合的。当语素、词素组合为词的时候，组合的语素、词素之间就存在着一定的结构关系。

7.3.1　词的结构要素——词根和词缀

词是由语素、词素构成的。但是在构词的时候，并不是所有的语素、词素都起着一样的作用，构成词的语素、词素在词中的地位也不是不分高下的。根据语素、词素在词中的地位、构词所起的作用、在词中表示的意义等方面情况，构词的语素、词素可以分为词根和词缀两种。体现词的基本意义的语素、词素叫词根，附加在词根上表示某种附加意义的语素叫词缀。例如：

桌子　门儿　苦头/老虎　阿哥　第一

词根是词的核心部分，词缀则是附属部分。每个词至少要有一个词根。词也可以只有词根而没有词缀。即是说，词根是必有的构词语素、词素，词缀则是可有的构词语素。

7.3.2　词语的结构模型——单纯词和合成词

词根据其构造的情况，可以分为两大类：单纯词和合成词。由一个语素构成的词叫单纯词，由两个或两个以上的语素构成的词叫合成词。

7.3.2.1　单纯词

单纯词是由一个语素构成的词。根据单纯词的语音形式，单纯词可以分为单音节单纯词、双音节单纯词和多音节单纯词三类。

第一，单音节单纯词。单音节单纯词在单纯词中占的比例很大。这是因为在汉语中，单音节语素占绝大多数，所以单音节语素转化而成的单纯词也就很多。例如：

名：人　手　天　地　水　火……

动：走　跑　打　看　来　去……

形：大　小　红　白　深　浅……

数：一　五　十　百　千　万

量：个　口　次　回

代：我　你　他　这　那

单音节虚词也都是由单音节成词语素转化而来的单音节单纯词。

第二，双音节单纯词。双音节单纯词大量地来自古代。其中大部分是一般常说的联绵词。除了常见的双声词、叠韵词、叠音词以外，还有一部分音译外来词。分别举例如下：

双声词

名：秋千　蜘蛛　琵琶　枇杷

动：挥霍　吩咐　辗转　踌躇

形：犹豫　玲珑　崎岖　慷慨

叠韵词

名：葫芦　玫瑰　蜻蜓　蟑螂

动：徘徊　彷徨　怂恿　逍遥

形：荒唐　从容　缥缈　烂漫　汪洋　望洋

叠音词

猩猩　饽饽　潺潺　纷纷　冉冉

音译外来词

葡萄　石榴　哈达　菩萨　刹那

马达　幽默　坦克　扑克　沙发　咖啡

其他

芙蓉　蝴蝶　蝙蝠　珊瑚　垃圾　囫囵　逶迤

嘀咕

第三，多音节单纯词。汉语中的多音节单纯词都是音译外来词。音译外来词既包括来自国外语言中的词，也包括来自我国少数民族语言中的词。例子如下：

巧克力　奥林匹克　布尔什维克

冬不拉　亚克西　金珠玛米

7.3.2.2　**合成词**

合成词是由两个或两个以上的语素、词素构成的词。语素、词素构成合成词的方式有三种，即重叠、附加、复合，相应地，合成词也分为重叠式合成词、附加式合成词和复合式合成词。

第一，重叠式合成词。重叠式合成词是一个词根重叠而构成的合成词。例如：

爷爷　奶奶　爸爸　妈妈　哥　姐　弟　妹　叔叔

姑姑　舅舅　婶婶

娃娃　星星　偏偏　刚刚　常常　匆匆　缓缓

仅仅

重叠式合成词同叠音单纯词在语音形式和书写形式上是一样的，但是二者却是不同性质的词。二者的区别是：重叠式合成词的两个音节独立的时候都有意义，也就是说，这是两个语素；而叠音单纯词的两个音节独立的时候则没有意义，也就是说，这仅仅是两个音节。比较："缓缓"和"冉冉"（都有慢慢的意思）。

这里还要注意一个问题，即还要分清重叠式合成词和词的重叠形式。词的重叠形式是词进入句法结构时形式上产生的一种变化，这种形式变化一般都表达一定的语法意义，或者表示周遍意义，如：个个、人人，或者表示尝试意义，例如：看看、试试，或者表示程度加深，例如：高高举起、干干净净，等等。这种重叠以后产生的意义并不是词本身固有的，而是通过词形变化（重叠）才具有的。相比之下，重叠式合成词除了在感情色彩上略有区别区别外（这主要指表示称谓的重叠式合成词），词根和词根重叠并没有语法意义上的区别。

第二，附加式合成词。附加式合成词是由词根加词缀构成的，又叫派生词。

附加式合成词的构成方式有如下两种：前缀+词根；词根+词缀。

A. 前缀+词根。常见的构词前缀有4个：老—、阿—、初—、第—。

老— 前缀“老”的用法有三：表人，表动物，表次第。

老师 老板 老乡 老婆

老虎 老鼠 老鹰

老大 老二 老三 老小

表示“年岁大、时间长、陈旧”等意义的“老”不是词缀。例如：

老年 老化 老路 老手 老毛病 老一套/年老 衰老 父老

“老张”、“老李”中的“老”有争论。因为这个“老”使用频繁，位置固定，但一般适用于年龄相对比较大的人，所以看作词根比较合适。

阿— 前缀“阿”一般只用于表示人称的词语中。这些人称多见于方言或少数民族地区。例如：

阿姨 阿哥 阿妹 阿婆 阿飞

初— 前缀“初”用于表示次第、序数，一般只用于农历每月开头十天的名称。

初一……………初十

表示开始或初中阶段的“初”不是词缀，是词根。例如：

初步 初级 初三 初交 初恋

起初 当初 最初

第一　前缀“第”表示次第、序数，用于数词前面。

第一……………第一百三十七名

B. 词根 + 后缀。常见的构词后缀有：—子、—儿、—头、—者、—化、—然，此外还有一些双音节后缀。

—子

名 + 子　刀子　棍子　帽子　绳子　车子　房子

票子　位子

动 + 子　刷子　夹子　刨子　卡子　起子　拍子

形 + 子　胖子　瘦子　弯子　呆子　乱子　尖子

小子　老子

表示人或颗粒状的事物的“子”是词根，不是词缀。例如：

才子　女子　君子　赤子　娘子　败家子

瓜子　莲子　松子　棋子　分子　原子　光子

—儿

名 + 儿　盒儿　棍儿　花儿　门儿

动 + 儿　盖儿　卷儿　扣儿　伴儿　拍儿

形 + 儿　错儿　尖儿　弯儿　亮儿

词根“儿”表示儿童或年轻的人，不是词缀。例如：

婴儿　幼儿　女儿　宠儿　健儿　混血儿

—头

名 + 头　木头　石头　砖头　骨头　日头　舌头

动 + 头　想头　盼头　看头　吃头　听头　干头

赚头　派头　来头

形 + 头　甜头　苦头　准头

方位 + 头　上、下、里、外、前、后 + 头

词根“头”表示动物的前部、人的顶部以及事物的顶端等意义，不是词缀。例如：

人头　羊头　开头　灯头　插头　布头　绳头

眉头 心头

—者

长者 老者 强者 弱者 智者

读者 作者 记者 学者 编者

“—子”、“—儿”、“—头”、“—者”后缀构成的词都是名词。

—化

名+化 汽化 欧化 汉化 奴化 现代化

机械化 工业化 公式化

形+化 美化 丑化 绿化 老化 简化 软化

深化 强化

“—化”类词基本上都是动词。

—然

忽然 突然 显然 泰然 断然 仍然 猛然

陡然 飘飘然

“天然”的“然”是词根，不是词缀。

“—然”类词基本上都是形容词或副词。

双音节叠音后缀

—乎乎 胖— 傻— 黑— 黄— 辣— 热—

软— 粘—

油— 肉— 气—

—巴巴 干— 紧— 皱— 可怜—

—冲冲 气— 怒— 兴— 急—

—哄哄 乱— 闹— 毛— 臭—

—辣辣 热— 火—

—溜溜 酸— 圆— 光—

—腾腾 慢— 乱— 热—

上面描述的是叠音词缀构词的一种情况，即一个词缀可以和多个词根组合；另一方面，一个词根也可以加上不同的叠音词缀。例如：

红　—扑扑　—通通　—艳艳　—彤彤

乱　—哄哄　—糟糟　—腾腾　—蓬蓬

热　—乎乎　—腾腾　—哄哄　—辣辣

叠音词缀具有较强的表现能力，可以表现出鲜明的色彩、细微的感受等。下面是一些常见的例子：

红通通　红艳艳　红彤彤　绿油油　黑糊糊

蓝莹莹　黄澄澄　金灿灿　白生生　青凌凌

灰蒙蒙　明晃晃　亮堂堂

沉甸甸　轻飘飘　空荡荡　孤零零　水灵灵

水汪汪　干巴巴　硬邦邦　软绵绵

毛茸茸　直挺挺　平展展　圆溜溜　圆滚滚

甜丝丝　酸溜溜　香喷喷　辣乎乎　苦歪歪

脆生生

湿淋淋　水淋淋　潮乎乎　阴沉沉　黑压压

雾蒙蒙

冷冰冰　凉冰冰　凉飕飕　暖洋洋　暖烘烘

温乎乎　热乎乎

喜盈盈　恶狠狠　假惺惺　羞答答　怒冲冲

乐洋洋　乐陶陶

笑哈哈　笑盈盈　笑嘻嘻　笑眯眯

通过上述举例分析，我们可以看到，词缀的作用有三：

一是标记作用，即词缀可以标明词性。例如词缀“—子”、“—儿”、“—头”就是名词的标志；

二是变性作用，即词缀可以改变词性。例如动词“刷、夹、扣”加上后缀“—子”就变成了名词；

三是表义作用，即词缀可以表示范畴意义。如后缀“—化”

就表示概括的变化意义。

从表义来看，单音节后缀表示的基本上都是类别意义或范畴意义，而叠音词缀表示的大多是感觉方面的意义，如形象、色彩、温度、味道等等，这是叠音词缀的表义特点。由叠音词缀构成的附加式合成词由于其表义特点，因而具有较强的表现力。

第三，复合式合成词。这是词根加词根组合而成的合成词，简称复合词。

最简单的复合词是由两个不同的词根构成的。词根和词根组合起来以后，词根之间就形成了一定的结构关系。复合词内部词根和词根之间基本的结构关系分为五种：主谓、述宾、述补、偏正、联合。根据复合词词根之间的结构关系，复合词也可以分为五种类型：主谓式复合词、述宾式复合词、述补式复合词、偏正式复合词、联合式复合词。

A. 主谓式复合词。

名　地震　雪崩　海啸　日食　月食　霜降　冬至
　　耳鸣　血崩　便秘　国营　民营
动　眼红　体贴
形　民主　性急　胆怯　头疼　肉麻　心酸　手软

这类复合词的成分特点是：前一个词根大部分是名词性的，后一个词根大部分是动词或形容词性的。

B. 述宾式复合词。

名　理事　知音　司机　导演　披肩
动　起草　出席　报名　破产　美容　动员
形　动人　逼真　及时　露骨　悦耳

这类复合词的成分特点是：前一个词根基本上都是动词性的，后一个词根大部分是名词性的。述宾式复合词比较复杂。这是因为：其一，汉语的述宾结构的语义容量很大，能够容纳多种语义关系；其二，汉语的动词性语素不仅能够同名词性语素构成述宾关系，而且也能够同动词性语素或形容词性语素构成述宾关系。

C. 述补式复合词。

扩大　缩小　说明　识破　削弱　加强　改正
说服　冲淡　降低　提高

这类复合词的成分特点是：前一个词根基本上都是动词性的，第二个词根大部分是形容词性的。这类复合词基本上都是动词。述补式复合词同述补词组的区分，一是看其结构的紧密性，二是看其意义的整体性。

D. 偏正式复合词。

名　飞机　白糖　黄酒　夕阳　铅笔　四季　西欧
　　快餐
动　轻视　复印　合奏　公演　酷爱　直播　函授
　　笔录
形　雪白　鲜红　滚圆　肤浅　飞快　冰冷　火热
　　喷香

汉语的偏正结构同述宾结构一样，也是语义容量很大的结构，可以容纳多种语义关系。

偏正式复合词如果就其中心部分，可以分为三个小类：

一类是以名词性词根为中心，如上面例子中的第一组。这类复合词中的“偏”的部分的意义是说明“正”的部分所表示的事物的特点、属性等，其作用在于限定、分类。

一类是以动词性词根为中心，如上面例子中的第二组。这类复合词中的“偏”的部分的意义在于说明“正”的部分所表示的动作行为的特点，其作用在于修饰或描述。

一类是以形容词性词根为中心，如上面例子中的第三组。这类复合词的中的“偏”的部分的意义在于说明“正”的部分所表示的性质、状态的程度或特点，其作用在于强调、说明。

E. 联合式复合词。

名　海洋　宇宙　报刊　路线　朋友　铺盖

动　纺织　书写　记录　忍耐　阻拦　追赶

形　巧妙　新鲜　骄傲　孤独　深奥　爽朗

这类复合词的成分的特点是：构词的两个词根都是属于同一类别，同为名词性、动词性、形容词性词根等等。

构成联合式复合词的两个词根之间的语义关系比较复杂。具体分析起来有以下四种：相同、相关、相反、兼并。

语义相同：海洋　途径　朋友　追赶　阻拦

语义相关：骨肉　眉目　血肉　纺织　宇宙

语义相反：呼吸　始终　矛盾　纵横　大小　多少

语义兼并：动静　好歹　褒贬　国家　窗户　忘记

语义兼并类联合式复合词称之为偏义复词。

"洗澡"、"睡觉"这类复合词本来是联合结构，但是在现代汉语中，这类词经常呈离合状态，后面一个词根逐渐名词化。这种变化可以解释为由动作行为转化为动作行为的方式或类型。

第四，缩略语。为了语言交际的经济性，对一定的语言形式（一般为短语）进行压缩、删略，得到一个短于该语言形式、但在语义、功能上基本相同的语言形式，得到的这个较短的语言形式就是缩略语。缩略语一般用以下方法形成：

A. 选取法。选取全称中有代表性的语素构成。例如：

中华人民共和国——中国　美利坚合众国——美国

政治协商会议——政协　知识青年——知青

环境保护——环保　高等院校——高校

B. 截取法。截取全称中有区别性的部分。例如：

中国人民（解放军）　（新疆）维吾尔自治区

（半导体）收音机　（清华、复旦）大学

C. 提取公因式法。把几个词中相同的部分提取出来，把不同的部分合并：

（大中小）学　　　　（离退）休人员

（中青）年学者　（寒暑）假

D. 数字概括法。把几个词中相同的部分提取出来，把不同的部分概括为数字：

四季　四化　四害（蚊、蝇、臭、鼠）

双手　三海　四肢　五官　六神　七窍　八面

十二属相

为了保证交际的正常进行，词语缩略时要遵循一定的原则。

首先是显义性原则。显义性原则包括两层意思：一是缩略语同原语言形式（以下简称“原式”）在语义内容上要基本一致；二是缩略语要有高区分度的代表性语素，具有显示原式语义的语素结构。例如：

四川大学——川大/＊四大。

南开大学——南开/＊南大。

其次是无歧义原则。无歧义原则要求缩略语要能够有效地代替原式，而不会发生歧义、歧解。因此，下面的缩略都是不允许的：

外语学校——外校

电影学院——影院

戏剧学院——戏院

中医学院——中院/中学/医院

中国人民大学——人大

再次就是习俗性原则。当一个原式有两个或两个以上的缩略形式都可以接受时，我们一般把体现了习俗性的形式作为正体。例如，“邮政编码”一般以“邮编”为通用形式，而以“邮码”为辅助形式；“彩色电视机”以“彩电”为通用形式，少用“彩视”；“航空拍摄”以“航拍”为通用形式，而以“航摄”为辅助形式。

缩略语在语义、功能上应当同原式保持一致。但是有些词语缩略后功能发生了变化。这一现象主要表现在一部分定中短语、述宾短语或主谓短语缩略后成为区别词。例如：

科学教育——科教	程序控制——程控
涉及外事——涉外	播放录像——录播
私人经营——私营	环境保卫——环卫

第八章　现代汉语词汇语义论

8.1　现代汉语词汇的语义系统概貌

词语具有概括能力，而且根据词语所标示的概念的不同，词语的概括能力也不相同。在概括能力上，词语既有概括对象上的差别，也有概括范围上的差别。前面我们所引用的心理学的实验材料，证明人类大脑具有按意义对词语进行编码、储存的能力，而且按意义编码还是大脑长时记忆系统中一种主要的编码方式。实验材料也证明了人们对大脑中储存的词语的检索方式是“‘类—层’结构 + 激活扩散”。因此我们认为，词语根据其概括能力和概括对象的差别而形成的语义系统是一种“类—层 + 激活扩散”结构。这种结构就是我们所要描述的现代汉语词汇的语义系统。

语义层级和语义类别——这是词汇语义系统的基本结构。

8.2　词义的构成

词义的构成可以从以下两个层面来分析：

8.2.1　词义的构成分析

对词义的全部成分进行分析，可以看出，词义是由概念意义、事物色彩意义、感情色彩意义、语体色彩意义等各种类型的意义复合成的一个混合体。这是因为，在词义形成的过程中，不仅有关于事物的概念意义的形成，而且事物的某些非本质的、但是较为突出的、鲜明的特点也会形成事物色彩意义，附着在概念意义上，成为词义的一个组成部分；同时，人们主观上对事物的感情态度也逐步渗透到词义中去，形成了词义中的感情色彩意义；最后，词语因适用于不同的交际场合、不同的语体而具有特殊的风格色彩，词语经常出现的语境及其氛围也会在词义中留下一定的痕迹，这些风格色彩和痕迹共同形成了词义中的语体色彩意义。

8.2.2 概念义的分析

对词义的核心——概念义进行分析，可以看出，概念义是由内涵义（本质属性义）和附加义构成的。内涵义是概念的内涵通过语言表达转化而来的意义，附加义则是概念的非本质属性通过语言表达转化而来的意义。以“农民”为例，其内涵义是“在农村从事农业生产的劳动者”，其附加义是“勤劳，朴实，憨厚，固执，比较保守，文明程度较低……”它们可以分别显现在不同的语境之中。例如：

小张是一个农民。

他的觉悟还不如农民。

在“小张是一个农民”中，“农民”显现的是内涵义，在“他的觉悟还不如农民”中，“农民”显现的是附加义。

8.3 词义的特点

由于词义的形成是一个复杂的过程，由于词义的形成涉及多方面的因素，因而词义也具有多方面的特点。

词义具有客观性。这是因为词义是人的思维反映客观世界，并运用语言表达的结果。事物的客观性通过思维的概括，成为概念中的客观性的部分；概念中的客观性部分再用语言表达出来，就成为词义中的客观性的部分。

词义又具有主观性。这是因为人的思维在反映客观世界的同时，还加入了主观上的认定和评价。例如褒贬意义、道义意义、模态意义、非现实意义等就是词义主观性的体现。

词义具有概括性。这是因为词义来自于概念的内涵，是概念内涵的语言表达形式。概念的内涵概括了事物的共同的、一般的、本质的属性，舍弃了事物的个别的、特殊的、非本质的属性，因而具有高度的概括性。当词义把概念的内涵用语言表达出来时，同时也就具有了内涵的概括性。

词义具有系统性。词义的系统性主要来自于客观世界的系统性和概念的系统性，同时同词义自身的特点有关。客观世界是一个系统，人们的思维的概念系统在反映客观世界这个系统时，由于受到客观世界的制约，因而必然具有系统性；而词义则是概念内涵的语言表达形式，词义在表达概念内涵的同时，还把概念间的相互联系转化为词语之间语义上的联系。因此，一个词汇系统中的词语都处在相互联系之中，词语在语义上的相互联系共同形成了词义系统。层级性和类别性及其间的联系是词义系统性的最基本的体现。

词义具有模糊性。词义的模糊性也是来自于客观世界和思维系统。客观世界中的事物、现象的连续性和不确定性反映到思维系统中就形成了概念间的模糊性和不确定性，而词义在表达概念的内涵的同时，这种模糊性和不确定性也就渗透到了词义中。

词义具有全民性。这是因为语言这个系统就是全民约定俗成的结果，词义也是约定俗成的，自然具有全民性。

词义具有民族性。这是因为词义是客观和主观的结合。不同的人们在主观上的认识有所不同，所处的环境的也不尽相同，风俗文化也不尽相同。这些不同反映在词义中，就形成了词义的民族性。词义的民族性主要体现在具体的语义场中，如颜色语义场、亲属语义场等等都有民族性。此外，词义的民族性也体现在词义的感情色彩、语体色彩上。例如，中国的白玉牙膏出口美国，译名为"white jade"。"white jade"在美语中意为"轻佻的白人女子"，与汉语中的隐喻意义"洁白如玉"相去甚远。这是因为"玉"在汉语中象征纯洁、坚贞、美好等，如"宁为玉碎，不为瓦全"，"一片冰心在玉壶"等等。而"jade"在美语中常用来比喻荡妇，带有轻佻的意味，二者的文化价值大不一样。

由上述可知，客观性、概括性、模糊性、全民性是词义共同的、一般的特点，而民族性、系统性则具有较强的个别性和特殊性。

8.4　词汇的语义单位

词汇的语义单位分为如下层级：

8.4.1　义素

义素是词语意义的构成成分。义素可以分为两类：内涵义素和非内涵义素。内涵义素是构成词语的理性意义的语义成分，它是概念的内涵的组成成分的语言表现形式；非内涵义素是构成词语的非理性意义的语义成分，它是对词语所具有的感情色彩、语体风格、义域等因素所作的语言说明。

8.4.2　义项

义项是词义的基本单位，是由内涵义素和非内涵义素组成的语义单位。一个多义词的意义由若干个义项组成。

8.4.3　词项

词项是一个义项同词语的形式的结合体，是一种“词汇—语义”双重性质的单位。从形式上看，它是一个词语的形式；从意义上看，它是一个义项。因此，词项既不同于词语，也不同于义项。因为义项是一个意义，它必须借助于一定的形式才能存在；而词项则是一个词形同若干个义项的结合体。词项同词语有时有重叠现象，例如单义词既是一个词，也是一个词项。我们平常所说的某一个词是什么意思，实际上是以词项为单位的。

词项是概念的表现者。一个多义词是若干个词项的综合体，表示若干个概念，组成一个多义词的若干个义项可以分别标示为“词$_1$、词$_2$……词 n”。下面我们对词项所标示的“词$_1$”、“词$_2$”等都是根据《现代汉语词典》中义项的划分而标注的。

根据“词项”这一概念，我们就有了“义位”和“词位”这两个概念，并对它们分别规定如下：

义位

义位是若干个理性意义相同的词项在词汇的语义系统中所共同占据的位置，共同占据这一语义位置的若干个词项则是这一义位的义位变体。例如“医生”、“大夫”、“先生$_4$”这三个词项的理性意义相同，它们在词汇的语义系统中处于同一位置，它们分别作为这一义位的三个义位变体。“马铃薯”、“土豆”、“山药蛋”、“洋芋”四个词项的情况也同样。义位和义位变体是根据词项的理性意义确定的。

词位

词位是具有相同的词形并且在意义上有着内在联系的若干个词项在词汇的语义系统中所占据的位置的总和。一个多义词是若干个词项的复合体，这些词项根据其反映的事物不同、表现的概念的不同和意义的不同，在词汇的语义系统中分别分布于不同的类别、层级之中的位置上，这些位置的总和就构成了一个词位。如，构成“苹果”这个词的两个词项“苹果$_1$”（一种落叶乔木）和“苹果$_2$”（这种植物的果实），它们反映的事物不同，表现的概念也不同，意义也不同。因此，在词汇的语义系统中，“苹果$_1$”是“苹果$_2$”的整体词项，“苹果$_2$”是“苹果$_1$”的部分词项，二者处于不同的层级，构成“整体—部分”语义关系。这两个处于不同位置上的词项分别作为“苹果”这一词位的两个词位变体。

义位变体之间的关系是形异义同，词位变体之间的关系是形同义异。几个词项占据同一义位的条件是理性意义相同，一个词项构成一个词位的条件除了形式相同外，在意义上还要有内在的联系。

义位变体和词位变体之间有一定的联系。一个义位变体可以同时是一个词位变体，一个词位变体也可以同时是一个义位变体。例如“打$_9$”这一词项是“编织”这一义位的义位变体，也是“打”这一词位的词位变体；“跑$_2$”这一词项既是这个词位的词位变体，也是“逃跑”这一义位的义位变体。

义素构成义项，义项同词形结合起来构成词项，词项构成义位和词位以及其他的词项结构，这样就构成了词汇语义系统的复杂结构。

8.5　词汇语义系统中的语义关系和语义场的类型

同概念体系中的各种关系相对应，词汇语义系统中也存在着各种语义关系。

词项作为构成词汇语义系统的“词汇—语义”双重性质的单位，并非散沙一盘。它们根据各自的语义特点不但可以分为不同的类别、范畴，而且还可以分成不同的层级。词项以概念间的各种关系为基础的，相互间形成各种语义关系。这些语义关系使得词项相互联系起来，共同构成了词汇的语义系统。同时还形成了各种类型的语义场。下面我们就对现代汉语词汇系统中的语义关系和语义场的类型进行简要的描述。以下描述中举例都是以词项为单位，不再用数码一一标出。

8.5.1　类义关系和同类语义场

反映同一类事物、表示同一类概念的词项叫做类义词项，其间的语义关系叫做类义关系。例如，“生物”、“动物”、“昆虫”、“螳螂”等就是一类属于“事物”语义范畴的类义词项，其间是类义关系。如图 8－1 所示。

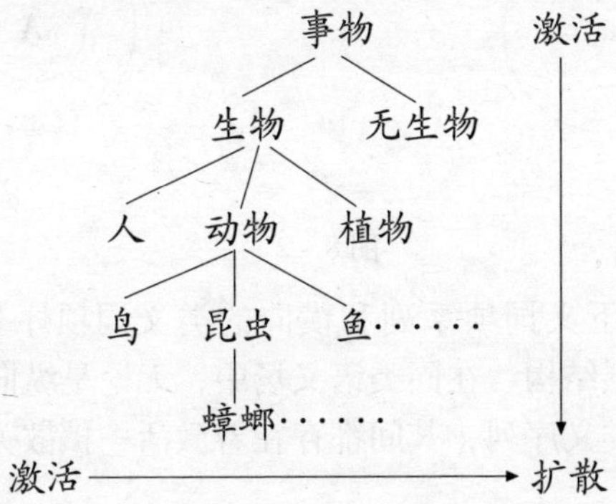

图 8－1

从上面的图示中我们可以看到：类义词项之间不仅具有类义关系，而且还有层级性。在表示同一类概念的类义词项之中，标示上位概念的词项是上义词项，标示下位概念的词项是下义词项，其间是上下义关系。在词汇的语义系统中，上义词项处于较高的层级，下义词项处于较低的层级。上义词项、下义词项是相对而言，一个词项可以既是某一词项的下义词项，又是若干个词项的上义词项。这是由于词项的概括能力相对大小而形成的结果。

上义词项和下义词项在语义概括范围上是包含和被包含的关系。下义词项的语义概括范围包含在上义词项的语义概括范围之内（如图 8 – 2 左所示）。这是问题的一个方面。另一方面，在词项的语义内容上，下义词项的语义则蕴涵着上义词项的语义，或者说，上义词项的语义内容都包含在下义词项的语义内容之中（如图 8 – 2 右所示）。

图左：词项的语义概括范围　　　　图右：词项的语义内容

图 8 – 2

纵向的上下义词项系列和横向的类义词项序列结合起来，就形成了类—层结构。在同类语义场中，无论是纵向的上下义序列还是横向的类义序列，其间都存在着激活—扩散关系。

8.5.2　同体关系和同体语义场

表示人或事物的整体概念的词项叫做整体词项，表示部分概念的词项叫做部分词项，二者之间是整体—部分语义关系。例如：

人体——头、躯干、上肢、下肢

上肢——上臂、前臂、腕、手

整体—部分语义关系从词典的释义中可以看得很清楚。例如：

人体——人的身体。

身体——一个人或一个动物的生理组织的整体，有时专指躯干和四肢。

上肢——人体的主要部分之一，包括上臂、前臂、腕和手。

上臂——胳膊上由肩至肘的部分。

前臂——胳膊上由肘至腕的部分。

（引自《现代汉语词典》）

部分是对整体进行分解所得到的。所以部分词项也是对整体词项进行分解而得到的。分解整体词项所得到的若干部分词项同属于一个整体，所以我们把部分词项之间的语义关系叫做同体关系。也有人把部分词项之间的语义关系叫做分解语义关系或平解语义关系。如图 8－3 所示。

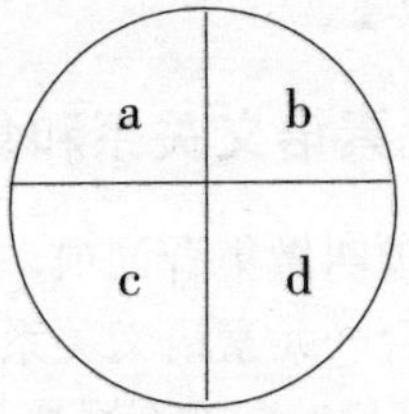

图 8－3

“人体”这个词项所反映的事物是一个整体，它由各个组成部分构成；构成人体的各个组成部分又由更小的部分组成。所以，整体词项、部分词项是相对而言，一个整体词项可以同时是另外一个词的部分词项，一个部分词项也可以同时是另外几个词的整体词项。这也是由于词项概括能力相对大小而形成的，因而整体词项和部分词项也具有层级性。具有层级性的整体词项和部分词项形成的词项聚合我们称为同体语义场。如图 8－4 所示。

纵向的整体—部分词项系列和横向的同体词项序列结合起

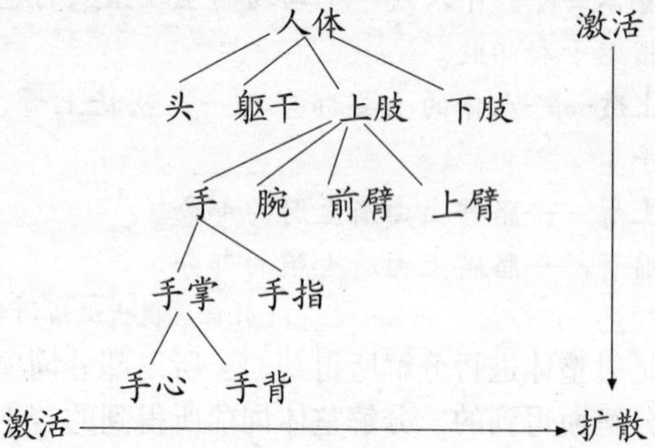

图8-4

来，就形成了类—层结构。在同体语义场中，无论是纵向的整体—部分序列还是横向的同体序列，其间也都存在着激活—扩散关系。

8.5.3 集合—元素语义关系和集合—元素语义场

表示集合概念的词项叫做集合词项，表示元素概念的词项叫做元素词项，其间是集合—元素语义关系。例如：

书籍——书/马匹——马/枪支——枪/部队——士兵/党——党员

集合—元素语义场可见图8-5。

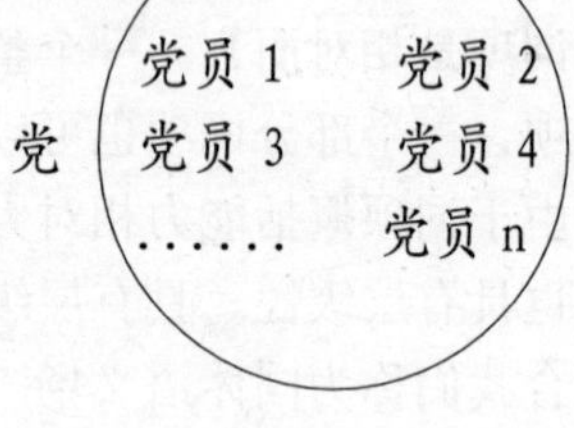

图8-5

集合—元素语义关系、上下义语义关系、整体—部分语义关系是三种不同的语义关系。当我们用它们构成判断句时，这三种不同的语义关系就显示出来了。例如：

蟑螂是昆虫。（上下义语义关系）

上肢是人体的一部分。（整体—部分语义关系）

党员是政党的基本成员。（集合—元素语义关系）

同类语义场、同体语义场和集合—元素语义场是词汇在语义上的体系性的表现，它们反映了词项在语义上的系统性的联系和制约。我们对于词项意义的理解和解释，都是根据它们所标示的概念、反映的事物，以及与它们互相联系、制约的词项的语义关系来确定的。

8.5.4 层序语义场和层序语义关系

一组类义词项，根据它们的意义及其相互间的关系，可以形成一个层序结构，这样的类义词项的聚合我们称为层序语义场，其间的语义关系叫做层序语义关系。

层序语义关系同类属语义关系有一定的区别。类属语义关系指的是上下两个平面之间的语义关系，层序语义关系指的是同一平面上的语义关系。

常见的层序语义场有表示军阶、编制、行政机构、职称职务、年龄、数量等方面的词项构成的词项聚合。例如：

军—师—团—营—连—排—班

军长—师长—团长—营长—连长—排长—班长

老年—中年—壮年—青年—青少年—少年—儿童

爷爷—伯伯—爸爸—叔叔—哥哥—弟弟—儿子—侄子—孙子

一—二—三—四……十……百……千……万……

秒—分—刻—小时—天—周—旬—月—季—年……

省—市—县—区—乡—村

股长—科长—处长—厅长—市长—省长

助教—讲师—副教授—教授

寒—冷—凉—温—暖—热—烫

走—小跑—奔跑—飞跑

稍微—有点儿—比较—相当—很—十分—特别—非常—极其—最

一根—一把—一抱—一捆—一车

一滴—一杯—一碗—一瓶—一桶—一缸

小女孩—小姑娘—少女—大姑娘—小媳妇—老太婆

等等

层序词项聚合是有序双向序列。它们各自形成层级语义关系的音素是多种多样的。例如级别的高低、年龄的大小等。总的可以概括为数量的多少。

层序词项序列在词汇体系中比较普遍。这是因为客观世界本身就是一个具有层序因素的系统，并且存在着量的差别。词汇体系中的层序语义场正是客观世界层序性的反映和表现。

8.5.5　循环语义场和循环语义关系

一组类义词项，根据它们的语义及其相互间的语义关系，可以形成一个循环序列，这样的词项聚合我们成为循环语义场，其间的语义关系为循环语义关系。比较常见的循环语义场是表示“时间”的词项聚合。例如：

表示“时间”语义范畴的词项，以其层级性和循环性，表达了时间的无始无终的特点。

其他表示月份、季节、节气、节日等时间概念的词项也同样可以形成循环语义场。

早晨 → 上午 → 中午
↑　　　　　　↓　　　　　　　　日
凌晨 ← 半夜 ← 晚上
　　　　　　　　　　　　　　　↓
星期一 → 星期二 → 星期三 → 星期四　　周
↑　　　　　　　　　　　　↓
星期日 ←—— 星期六 ←—— 星期五
　　　　　　　　　　　　　　　↓
元月 → 二月 → 三月 →…… 六月　　年
↑　　　　　　　　　　↓
十二月…… ← 十月……← 七月
　　　　　　　　　　　　　　　↓
…………　　　　　　　　　　　干支
　　　　　　　　　　　　　　　↓
…………　　　　　　　　　　　世纪

8.5.6　同心语义场和同心语义关系

一组类义词项，根据它们的语义及其间的语义关系，可以以一个词项为中心，形成一个同心结构词项聚合，这样的词项聚合我们称为同心语义场，其间的语义关系是同心语义关系。常见的同心语义场就是表示“空间”语义范畴的词项。例如：

表示“性状”范畴的词项也可以结合起来构成同心语义场：

其他如：浓—淡、冷—暖、软—硬、粗—细、强—弱、优—劣、好—坏、穷—富、快—慢等等，也都可以以“适中、正好、一般、合适”等这样的词项为中心坐标形成同心聚合。

同心聚合的性质是综合性的。例如，“上—中—下”、“大—正好—小”，其间既有对立关系，也有层级关系，而且还有同心

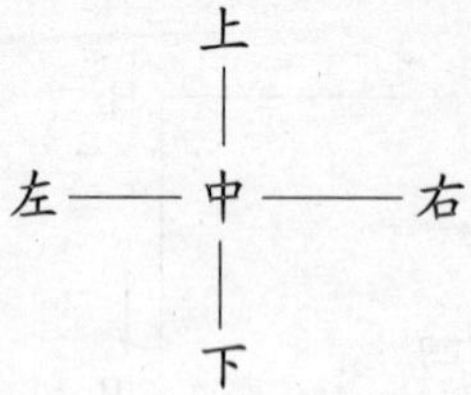

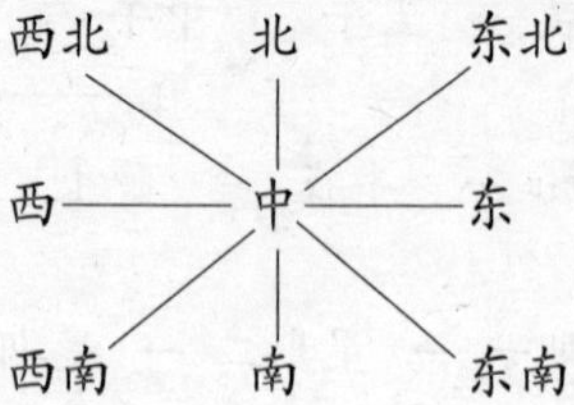

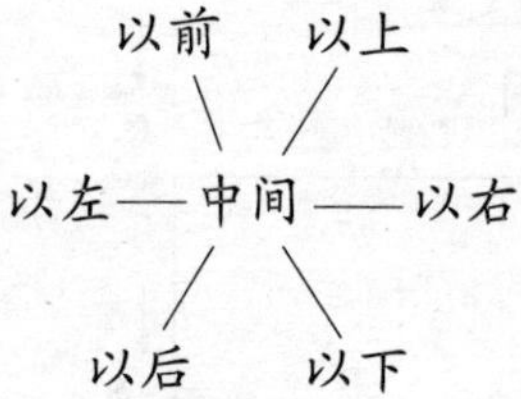

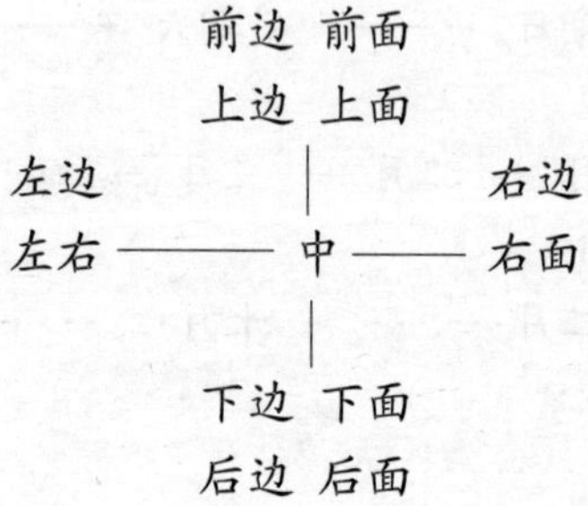

关系。这样的聚合反映了词项在意义上联系的广泛性和多样性。这样的词项的聚合的研究不仅对词义的演变、引申现象可以作出合理的解释，而且对解释艺术作品中的“通感”现象也有较强的解释力。例如，上面的性质词构成的同心聚合可以看成一个“性质场”。在这个性质场中，性质词项相互作用，因而它们不仅在历时演变中相互转化，而且在共时的运用中也相互影响。同心聚合这种词汇—语义现象的研究，对于现代汉语词汇语义学乃至于现代汉语句法语义学，可能有着更大的意义。

8.5.7　典型语义场和典型— 一般语义关系

一组类义词项同属一个词项的下义词项，但是这一组词项隶属于这个上义词项的程度却不相同。根据隶属程度的不同，这一组词项可以分为典型下义词项和一般下义词项。典型下义词项处于语义场的中心部分，而一般下义词项则处于语义场的扩展部分或边缘部分。其间的语义关系是典型— 一般语义关系。例如，“老鹰、燕子、鸵鸟、企鹅”等词项同属于“鸟”的下义词项，构成“鸟”这个词项的关键义素是“［有翼］、［有喙］、［有羽毛］、［会飞］、［卵生］的［动物］”。同时具备“［有翼］、［有喙］、［有羽毛］、［会飞］、［卵生］”这五个义素的词项（如“老鹰、燕子”）对“鸟”的隶属度最强，是“鸟”的典型的下义词项；不同时具备这五个义素的词项（如“鸵鸟”不具备［会飞］这个义素，“企鹅”不具备［会飞］、［有羽毛］两个义素）对“鸟”的隶属度就弱一些，是“鸟”的一般的下义词项。如图 8 – 7 所示。

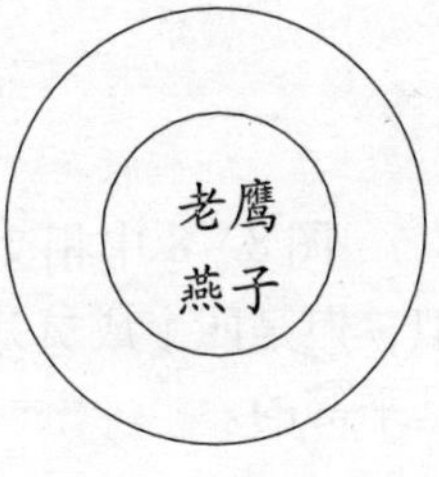

图 8 – 7

典型词项和一般词项之间的语义关系是典型——一般关系。

8.5.8　“家族”语义场和同族语义关系

一组类义词项同属一个词项的下义词项，但是这一组类义词项之间并没有太多的共同语义成分，就好像同一个家族的各个成员之间没有共同特性，而只有相似性。例如，同属于“家具”这一词项的下义词项“桌子、椅子、柜子、橱子、箱子、床、沙发、凳子、衣架”就是这种情况。它们外形各异，质料不同，功能各有所用。它们之所以聚合为一个语义场，就是因为它们都是“家庭用具”这一点而已。英语中属于“game”这一词项的下义词项也是这种情况，有的“game”只是为了娱乐，如 hide-and-seek；有的“game”则有输赢，如 match；有的要凭运气，如 dice；有的则要凭智谋，如 chess；有的既凭运气又要凭智谋，如 poker；甚至 Olympic 也是 game！这些活动只有相似点而没有共同点。这种语义场结构如图 8－8 所示。

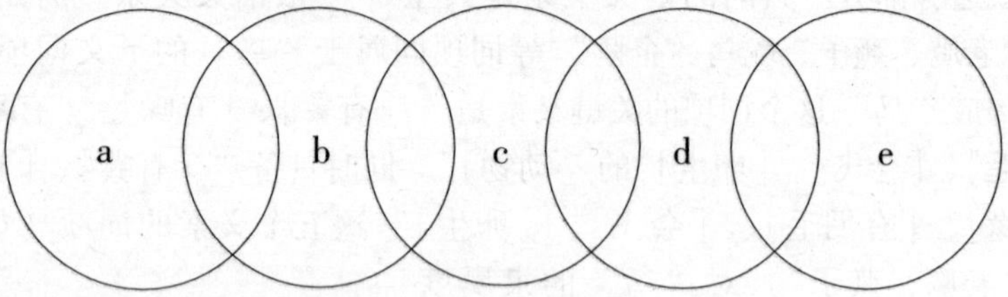

图 8－8

图 8－8 中相交的部分表示一个成员同另一个成员有某种相似，但是四个成员并不存在什么共同点；同时，每个成员的地位是平等的。

8.5.9　重合语义场和重合语义关系

一组类义词项，如果它们的核心意义相等，那么这种词项聚合就是等义词项聚合，等义词项聚合形成的语义场我们称为重合语义场，即是说，它们重叠在词汇语义系统中的一个义位上。在重合语义场中，词项之间的语义关系是重合语义关系，这种语义场就是传统词汇学中所说的等义词。举例从略。

8.5.10　叠交语义场和叠交语义关系

一组类义词项，如果它们的核心意义部分相同，在语义上有重叠交叉现象，那么这种词项聚合就是近义词项聚合。近义词项聚合形成的语义场我们称为叠交语义场。在叠交语义场中，词项之间的语义关系是叠交语义关系。常见的近义词项聚合是以一个词素为中心构成的词项聚合，即同位同素聚合。例如：

热爱　疼爱　怜爱
抚爱　喜爱　溺爱

改善　改良　改进
改正　改革

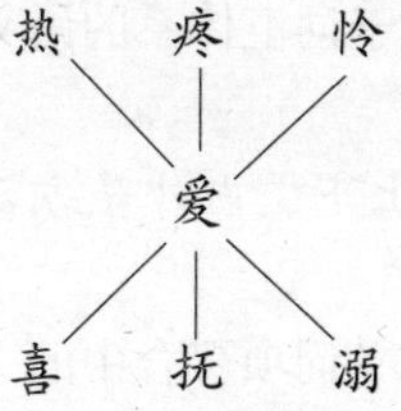

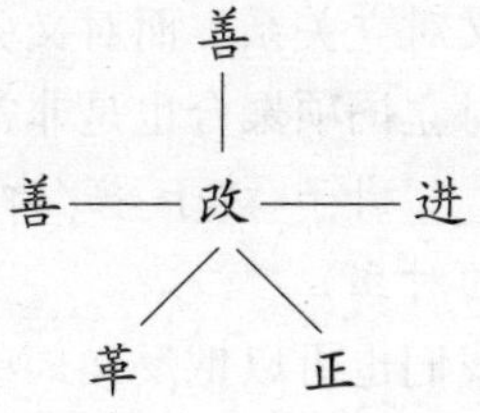

叠交语义场在现代汉语词汇的语义系统中是大量存在的。

8.5.11　对义语义场和对立语义关系

一组类义词项，如果它们的意义之中包含着相互对立的部分，构成对立关系，这样的词项聚合我们称为对义语义场，其间的语义关系是对立语义关系。

"对义"是一个很广泛的概念。对义关系不仅包括核心意义之间的对立关系，而且也包括附加意义之间的对立关系。因此一个词项可以根据其语义中的不同成分，同若干词项构成对义关系。以"父亲"这一词项为例：

父亲——祖父（辈分单项对立）

父亲——祖母（辈分、性别双项对立）

父亲——母亲（性别单项对立）

父亲——儿子（辈分单项对立）

父亲——女儿（辈分、性别双项对立）

父亲——伯父、叔父（长幼单项对立）

父亲——姑父、舅父（血缘单项对立）

父亲——爸爸、爹、老子（语体单项对立）

父亲——家父、令尊（称呼单项对立）

反义词项的语义对立大部分是一对一（也有一对二、一对三的，如多—少、寡，宽—窄、狭），而对义词项之间的语义对立则绝大部分是一对多。词项可以根据不同的语义成分构成不同的语义对立关系，而对义关系也广泛存在于词汇体系的语义系统中，对立词项聚合也是非常普遍的。如：

褂子/裤子 头/脚 背心/裤头（上下、内外等方面的对立）

我们也可以把反义词项聚合看作是对义词项聚合中的一种类型，把反义关系看作对立语义关系的一种。这样反义聚合就包括在对义聚合之中了。

对义词项聚合在词汇的语义系统中是普遍存在的，因为客观现实中也普遍地存在着对立现象。语言作为现实的反映和思维的表现，也必然反映并表现出这一事实。

对义词项聚合具有综合性，其间既有类义聚合，也有同义聚合等。这种词项聚合表现了词汇语义系统中语义联系的多样性、普遍性和复杂性，也证明了任何事物都是对立统一的这一基本原理。

8.6　词汇系统中的语义组配关系

词汇语义系统中的语义关系不但存在于不同层级之间和各种

词项聚合之间，而且也存在于不同的语义范畴、语义类别之间，即是说，不同类别的词项语义聚合之间也存在着各种语义关系，这就是语义组配关系。

语义组配关系是以“事物”语义范畴和“变动”语义范畴为两大核心分类建立起来的。

在各种实体语义范畴中，事物语义范畴处于核心地位，其他语义范畴都依附于事物语义范畴，并同事物语义范畴发生直接的或间接的语义联系。

在各种关系语义范畴中，变动语义范畴处于核心地位，其他相关的语义范畴都依附于变动语义范畴，同变动语义范畴发生直接或间接的语义联系。

在词汇体系的语义系统之中，语义组配关系如下：

8.6.1　事物—性状组配关系

世界上的事物都具有一定的性质和状态，因而表示事物的词项同表示性状的词项之间具有语义组配关系。由于不同的事物具有不同的性质或状态，因而表示事物的词项同表示性状的词项之间的语义组配关系具有选择性。例如：

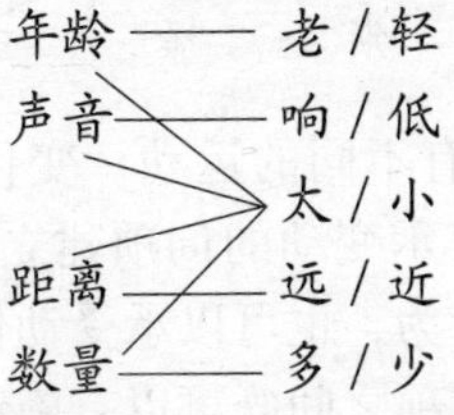

由于不同的事物可以具有相同的性质，因而表示不同的事物的词项和表示同一性状的词项之间也可以具有语义组配关系。例如：

红＋花/布/砖/头发

由于一事物可以具有多方面的性质，因而一个表示事物的词项可以同多个表示性状的词项具有语义组配关系。例如：

房子＋大/坚固/漂亮/宽敞

当然，上述语义组配关系都是有条件的，有一定基础的。语义组配的条件是组配的词项在语义上要有兼容关系，语义组配的基础则是人们的认知及其结果。

8.6.2　事物—变动组配关系

世界上的事物都是在不断地运动、变化的，因而表示事物的词项同表示变化、运动的词项之间具有语义组配关系；不同的事物，其运动、变化各有自己的特点，因而表示事物的词项同表示变动的词项之间的语义组配关系也是有选择的；不同的事物，其运动变化都有某些相同的地方，因而表示不同事物的词项可以同表示同一动作、变化的词项建立组配关系。例如：

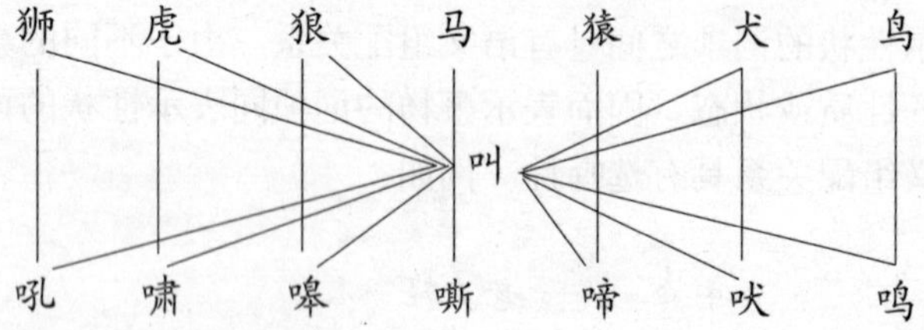

由于同一个事物可以有不同的运动、变化，因此一个表示事物的词项可以同若干个表示变动的词项建立起语义组配关系；由于事物既可以发出动作行为，也可以承受动作行为，因而表示事物的词项同表示变动的词项之间既可以有施动关系，也可以有受动关系。例如：

张三——打——李四

“事物—变动”语义组配关系同“事物—性状”语义组配关系一样，以词汇语义兼容关系为条件，以人们的认知及其结果为基础。

8.6.3　其他的语义组配关系

词汇体系的语义系统中的语义组配关系还有如下：

事物——数量组配关系　例如：桌子一张/椅子两把

事物——时空组配关系　例如：春天的雨/院子里的树

变动——性状组配关系　例如：快跑/重打/轻轻地摸/慢慢儿地走

变动——程度组配关系　例如：非常喜爱/特别关心

变动——范围组配关系　例如：全体出发/世界震惊

变动——时空组配关系　例如：八点开会/去北京

变动——数量组配关系　例如：打一拳/吃三碗/等一天

性状——程度组配关系　例如：很好/坏透了

……………………

在上述每一种语义组配关系之中都还可以再分为更具体的语义组配关系。因为词项既有层级性，也有类别性。词项的层级性、类别性同其间的语义组配关系是相互联系的，所以词项之间的语义组配关系也体现出一定的层级性和类别性。词项之间组合的选择性就是语义组配关系的具体化。

这里需要说明的是，词项之间的语义组配关系同语法上的组合关系并不是一回事儿。语义组配关系是语法组合关系的基础。语义组配关系具有决定性。两个词项之间具有语义组配关系，这决定了二者可以组合起来，否则就不能组合。例如“石头”和

"读"，二者之间不存在语义组配关系，所以不能组合。但是，具有组配语义关系的词项怎样组合起来，构成一定的句法形式，则要受到语法规则的强制性的支配。例如，"书"和"读"之间只有一种语义组配关系（"受事—动作"），但却可以通过语法规则的支配构成述宾、主谓两种句法关系（读书/书读了）。所以说，词项的组合要受到语义组配关系和语法规则两个方面的控制。

上面所列出的语义组配关系在词的配价状况上、句子中的格关系上、句子成分的语义指向上等各个方面都得到了体现。这不仅说明词项之间的语义组配关系确实是客观地存在的，而且这种语义组配关系还是多样的。这同时还给我们另外一个启示：词项之间的语义组配关系的研究对于汉语语法的研究有着非常重要的意义，因为汉语语法是一种语义句法，而词项的语义组配关系正是语义句法建立的基础，也是语义句法研究的重要内容。

8.6.4　语义句法和语义组配关系

自从结构语言学兴起以后，大多数语言学家都把语言看成是一个能够进行形式运算的数学系统。这种看法在后结构主义那里发展到了极点。这种看法的出发点是好的，对以后的数理语言学、计算语言学的出现也有创导意义。但是语言学家们大大忽视了语言这个系统运算的复杂性（因为语言系统负载的信息量要比数学系统多得多，即使日常语言交际传递的信息量不算，就书面语言的信息量而言，也远远超出数学系统；而且信息量越多，运算的复杂程度也就越高，要求的智能也越高），所以西方语言学家一开始把语义排除在语言研究的大门之外，而采用形式运算的数学方法。TG 语法（transform-generative grammar）的出现把数学运算的研究方法推到了顶点，认为依据少数的语法规则就能生成语言中全部合乎语法的句子。结果是，物极必反，根据 TG 语法的运算规则，虽然能生成合格或能接受的句子，但生成更多的是合乎生成语法规则，但语义上说不通的荒诞的句子。例如：

Tomorrow the sleeping table married its jumping lake.

(明天那睡着的桌子嫁给了它的跳跃着的湖)

这个句子的荒谬性是显而易见的，主语同谓语、修饰语同中心语在语义上都不能组合，时间状语同谓语动词的时也互相矛盾。这种情况表明：根据纯形式的运算规则而建立的语法系统，并不符合语言生成的实际机制。

为了解释上面这种情况，美国语言学家（兰姆）S. M. Lamb认为应当区分两种句法，即词位句法（lexemic syntax）和义位句法（sememic syntax）。在词位句法中，人们碰到的范畴是名词、动词、形容词、介词等等，要解决的是这些范畴如何组合为NP、VP、S等。例如转换生成语法中的转写规则（短语结构语法）可以认为是词位句法的代表。而在义位句法中，人们碰到的是“分类等级所给予的范畴”，亦即更具体的次范畴，诸如生物名词、非生物名词、述人名词、非述人名词、工具名词、抽象名词等等。义位句法规定哪些义位的组合是允许的，哪些是不允许的。例如动作义位的等级（次范畴）和事物义位的等级（次范畴）就有联系。义位句法规定：只有某些类事物才能施行某些类动作，只有某些类事物才能作为某些类动作的对象。具体地说就是，“只有生物才能死，只有食物可以吃，只有歌儿可以唱”。兰姆认为：符合词位句法规则的句子不一定符合义位句法，只有句子的词位句法同义位句法的规则相符合时才能成为显示语言的真实句子。这两种句法模式是各自独立存在的，应分别加以独立的研究。

通过上面的叙述，我们不难看出，兰姆所指出的“只有生物才能死，只有食物可以吃，只有歌儿可以唱”这些内容，正是语义组配关系的研究内容。因此，对汉语词汇系统中的语义组配关系进行深入的研究，是汉语词汇学研究者的一项重要任务，也是汉语语法学取得进展的一项基础工程。

8.7 成语、惯用语、歇后语的语义分析

成语、惯用语这样的词汇—语义单位，根据它们的语义内容和语义性质的不同，分属于词汇语义系统中的不同范畴和不同层级。它们之间以及同单词词项之间也同样存在着各种语义关系。

例如，成语“聚精会神”、“全神贯注”、“一心一意”、“专心致志”和“三心二意”、“心不在焉”、“心猿意马”、“魂不守舍”都表示一种状态，彼此之间是类义关系，它们同时又同“专注”、“专心”、“凝神”、“分心”、“走神儿”等词项构成类义或近义关系。这一组成语相互之间又构成同心、近义、对义等语义关系，它们一般都同表“人”或表示“状态”的词项进行组配。这是其语义组配关系。

再比如，惯用语“拍马屁”、“抱粗腿”、“吹喇叭”、“抬轿子”、“灌米汤”、“戴高帽”等词项之间是同义或近义关系，它们同“捋虎须”、“唱反调”、“唱对台戏”等构成对义或反义关系。这两组惯用语都表示“行为”，因而它们又是一组类义词，相互之间是类义关系。它们同其他词语词项之间的也有着各种语义联系。例如“拍马”、“拍马奉迎”、“奉承”、“阿谀奉承”、“讨好”、“吹捧”、“巴结”……和“顶撞”、“冲撞”、“冲犯”、“冒犯”、“触犯”、“得罪”、“以下犯上”等，前面举出的惯用语的例子同上面列举的这些词语词项之间的语义关系是显而易见的事实。

现代汉语词汇是非常丰富的，每一个意义几乎都有许多词语来表示，或者说，每一个义位上都分布着许多同义、近义词项。《同义词词林》中的事实是我们这一说法的最好的注释。

成语、惯用语之所以同其他的词项在语义上相互联系、相互

制约，这是因为它们也是处于现代汉语词汇体系之中，而不是在这之外。其一，成语、惯用语的意义也只能用同一词汇体系中的其他词语的意义来形成或说明。其二，它们的意义也是对客观现实的反映和对思维的表现，或表示事物，或表示性状，或表示数量，或表示变动，等等，因而也必然属于词汇语义系统的相应的范畴或层级，因而也就必然处于一定的语义关系和语义结构之中。

歇后语这一类词汇单位具有两面性。从形式上看，它是定型语句；从语义上看，它则是词语。这一点在谐音双关歇后语的语义上表现的尤其明显。例如：

王奶奶和玉奶奶——差一点。

外甥打灯笼——照舅（旧）。

石头蛋子腌咸菜—— 一盐难进（一言难尽）。

歇后语的语义内容虽然比较复杂，但它的语义也只能用同一词汇体系中的其他词语的意义来形成，而且也同样不会脱离现实和人类思维。因而歇后语根据它们的语义内容和语义性质也同样属于词汇语义系统的不同范畴和不同层级，也同样处于一定的语义关系和词项结构之中。为了证明这一点，我们从《歇后语词典》中随机抽取了十个条目，通过观察、分析和联系，我们发现它们都可以同其他词语构成各种语义关系和词项结构。下面是我们抽取的条目和与之有着同义、近义、类义关系的其他词项。

A. 半边铃铛——响（想）不起来。

忘记　遗忘　忘却

B. 长虫钻竹筒——硬逼着走这条路。

身不由己　不由自主　迫不得已

C. 甘蔗命——吃一节算一节。

得过且过—乐天知命—应付—凑合—对付

D. 好媳妇抓豆芽——说几根就几根。

听从　顺从　言听既从　俯首听命

E. 脚趾缝里长草——荒（慌）了脚。

慌乱　忙乱　手忙脚乱　心慌意乱

F. 老鼠尾巴——发不粗长不大。

有限　不成器　不成材　没出息

G. 茅坑里睡觉——离屎（死）不远了。

行将就木　死到临头　朝不保夕　气息奄奄

H. 浅碟子盛水—— 一眼看透。

一目了然　洞察　看穿　洞烛其奸

I. 傻子扛房梁——顶在这儿了。

到头　到家　登峰造极　无以复加

J. 天上的风筝—— 一根线在人家手里。

受制于人　俯仰由人　仰人鼻息　身不由己

上面歇后语的反义词项、对义词项没有列出，不过那是显而易见并且确实存在的事实。此处从略。

8.8 义项联结、语义层级和义类之间的联结和词义的网络结构

词义的网络结构是通过词位、义位、形位以及词项之间的形式、语义、结构、功能等方面的联系共同构成的。

从一方面讲，不同的词项反映的客观事物不同，表现的概念不同，因而它们在概括的对象、范围、程度上有所区别，从而可以形成不同的类别和层级；从另一方面讲，某些词项在语义上又包含着一定的共同的语义成分，所以我们又可以对它们加以概括，从而形成不同的语义范畴。不同类别、不同层级的语义范畴及其间的联系，就形成了词汇语义系统的基本结构。

词汇语义系统的这种类别—层级结构是以客观世界和思维概念体系的类别—层级结构为基础的。但是这并不妨碍词汇的语义

系统在反映、表现客观世界的体系和思维的概念体系的同时表现出自己的特点。例如，概念同词项之间的一对多和多对一关系，词项的各种特有的附加意义，词项之间各种特有的语义关系，等等。

下面，我们对现代汉语词汇的语义系统作一简要描述，以勾勒出现代汉语词汇的语义系统的概貌。这一概貌可以看作现代汉语词汇体系的语义系统的一个缩影。

首先，现代汉语词汇体系中的全部词项，根据它们的语义概括能力和语义性质的不同，可以分为实体词项和关系词项两大类。这两大类词项分别形成实体语义范畴和关系语义范畴。

在实体语义范畴中，根据词项的语义概括能力和语义性质，可以分为事物词项、时空词项、数量词项、性状词项、情态词项、程度词项、范围词项、变动词项、声音词项等类别；在关系语义范畴中，根据词项所表示的逻辑语义关系和联结的语言成分的性质，可以分为实体关系词项和事件关系词项。上述这些类别的词项分别形成相应的更低一层的语义范畴。

上述每一具体的语义范畴中，根据词项的语义概括能力和语义性质，可以作更细的分类。

在事物语义范畴中，可以再分为物体词项和现象词项，形成“物体”“现象”两个语义次范畴，下面还可以再分为有生物词项、无生物词项和自然词项、社会词项等类别，形成更低一级的语义范畴。如此层层分析，一致分到具体的词项语义聚合。其他语义范畴的分类情况与实体语义范畴类似。

在关系语义范畴中，主要是根据词项所表示的逻辑语义关系进行分类。

在实体关系语义范畴中，可以分为同类关系、依凭关系、对象关系、起始关系、附加关系、施受关系、领属关系等等类别，并形成相应的语义次范畴；在事件关系语义范畴中，可以再分为并列关系、承接关系、因果关系、条件—目的关系、条件—结果关系等，并形成相应的关系语义次范畴。

总之，根据词项反映的事物和关系的不同，根据词项表现的概念的不同，根据词项的语义概括类别、概括范围和语义性质的不同，我们可以逐层分下去，直至最低的层级。

高一层级和低一层级的词项之间是类属语义关系和整体—部分语义关系，同一层级的词项之间存在着类义、对义、同义、近义、反义等多种语义关系，并形成层级、循环、向心、同心、对立等词项结构。这些不同范畴、不同层级、不同类型的词项结构和词项之间的各种语义关系，以及词项之间丰富的联想关系和联想场，共同构成了概念语义系统的网络结构。

8.9 现代汉语词汇的事理语义系统

谚语、格言这样的词汇单位在形式、结构上属于定型语句，它们的语义表达的是“事理”，所以它们的理性意义可以称为“事理意义”。谚语、格言的语义中也包含着附加语义成分（如风格、感情等），例如格言显得庄重、文雅，多用于书面语，谚语则显得活泼、通俗，多用于口语。

8.9.1 定型语句的语义特点

谚语、格言这样的定型语句表达的语义有这样一个特点，即它们的语义有表层意义和深层意义这两层语义。表层意义是定型语句的构成成分直接传达、听话人根据话语形式直接接收到的意义，深层意义则是通过表层语义的中介及其间的各种语义联系而传达的、听话人根据表层语义的理解和引申、比喻而理解的意义。例如：

饥时糠如蜜，饱时蜜不甜。

这一谚语的表层语义是：人们在饥饿的时候会觉得糠也像蜜一样甜；而在饱暖的时候，连蜜也不觉得甜。而这句谚语的深层语义是：人们的思想、认识、品德等是随着环境、条件的变化而变化的。

正是由于定型语句的意义有表层和深层之分，所以尽管定型语句的构成成分、结构关系和构成形式差别较大，而且它们的表层语义差别也比较大（比较“千里长堤，溃于蝼蚁之穴”和“小洞不补，大洞难堵”），但是，它们在深层语义上却有着密切的联系。这种深层语义上的联系正是事理语义系统建立的基础。

8.9.2 定型语句之间的语义关系

定型语句所表达的事理同词语所表示的概念一样，也是我们的思维活动和语言活动的成果。它们的表层语义虽然说明的是不同方面的事物、现象、关系、方法等，但是它们的深层语义都说明了深刻的哲理或方法，因而定型语句的语义也有概括性，并且在概括的对象、范围和程度上也存在着区别。因而事理语义系统同概念语义系统一样，其间也存在着各种语义关系。

8.9.2.1 类义句和类义关系

表示同一事理意义的定型语句叫做类义句，其间的语义关系叫做类义关系。例如：

A. 一把钥匙开一把锁。
一把钥匙难开两把锁。
得什么病，吃什么药。
毒病毒药医。
钓鱼要稳，捉鱼要狠。

B. 按人口做饭，量身体裁衣。
出门看天色，炒菜看火色。
到什么火候使什么锤，到什么山上唱什么歌。

船到弯处须转舵。

闭门造车难合辙。

——引自《汉语谚语小词典》

A 组谚语说明的事理是：不同性质的矛盾要用不同性质的方法去解决。B 组说明的事理是：解决矛盾要根据客观实际。它们说明的事理都是“方法事理”，它们是类义关系，它们互为类义句。A 组的谚语和 B 组的谚语又各自构成同义句和近义句。

8.9.2.2 **上义句、下义句和上下义关系**

在同一类定型语句中，概括程度高、范围大的定型语句叫做上义句，而概括程度较低、范围较小的定型语句叫下义句。其间的语义关系是上下义关系。例如：

a. 牵牛要牵牛鼻子。

b. 穿针要看鼻，买马要看蹄。

c. 药要敷在疮口上，钢要用在刀口上。

d. 浇水要浇根，帮人要帮心。

e. 射人先射马，擒贼先擒王。

f. 打蛇要打头，杀鸡要杀喉。

g. 打蛇打七寸。

上面这一组定型语句说明的事理都是：解决问题要抓住主要矛盾（关键、要害）。不过通过分析我们可以看出：a、b、c 三个定型语句由于不包含或较少包含附加意义，所以概括的范围较大，概括的程度也较高；d 句侧重于说明非对抗性矛盾的方法，e、f、g 三句侧重于说明解决对抗性矛盾的方法。这一点从它们带有的较为明显的感情色彩上也可以看出来，这样 d、e、f、g 四句中的附加意义使它们所表示的事理意义相对具体化，因而也就影响了它们的语义概括的范围和程度。

在上面一组例句中，a、b、c 三句是同义句，d 和 e、f、g 是对义句，e、f、g 三句又是同义句。

8.9.2.3　整体句、部分句和整体—部分语义关系

一个或一组定型语句，它们说明的事理只是某一个或一组定型语句所说明的事理语义内容的一部分，那么这一个或一组定型语句就是部分句，相对应的定型语句叫做整体句。二者之间的语义关系是整体—部分语义关系。例如：

尺有所短，寸有所长。

A. 秤砣虽小压千斤，胡椒虽小辣人心。
初生之犊不怕虎。
小斧头也能砍倒大树。
人小鬼大难招架。
新出野猫强似虎。
小塘能养大鱼，软绳能套猛虎。

B. 大树也有枯枝。
太阳也有黑点。
智者千虑，必有一失。
圣人也有错。
猛虎也有打盹时，骏马也会失前蹄。
英雄不怕战，只怕暗中箭。

“尺有所短，寸有所长”说明的事理是：任何事物都是一分为二的，都各有长短。A 组谚语说明的事理是“寸有所长”，B 组谚语说明的事理则是“尺有所短”。A 组、B 组谚语是“尺有所短，寸有所长”这一谚语的部分句，“尺有所短，寸有所长”则是 A、B 两组谚语的整体句。A、B 两组之间是对义关系，A 组和 B 组的谚语又各自构成同义或近义关系。

以上关于定型语句的语义关系的分析是举例性的，而不是详细地描写。不过通过我们的举例分析，可以大致看到定型语句之间语义关系的类型和状况。详细的分析描写有待于进一步的努力。

8.9.3　事理语义系统的基本结构

谚语所表达的事理是人们长期实践、认识的结果。它们既有关于事物的事理，也有关于方法的事理，还有关于人类认识的事理，等等。因而事理语义系统同哲学基本原理的系统很相似。从基本结构看，事理语义系统是同哲学基本原理又相似而又区别的一个系统。它以哲学基本原理系统为基础，同时又以其特有的语言属性而区别于哲学基本原理系统。这正像词汇的概念语义系统同概念系统又相似而又区别一样。

8.9.3.1　事理语义系统同哲学基本原理系统的区别

事理语义系统同哲学基本原理系统的区别表现在以下几个方面：

第一，定型语句同哲学基本原理之间有着一对多的关系，即一个哲学基本原理可以用若干个定型语句来表达，例如上面所举出的“具体矛盾具体解决”这个例子。一般来说，哲学基本原理是高度概括的，而定型语句所表达的事理则相对具体，是通过具体的事理所蕴含的深层语义来表达哲学基本原理的。

第二，定型语句在表达事理时运用了多种修辞手法，如比喻、借代、双关等，而哲学基本原理的表述则是直陈的。

第三，定型语句的事理语义中还包含着附加语义成分，如风格、感情等色彩，这些语义成分也是哲学基本原理表述中所不具有的。

因此二者只是相似，而绝不是等同。

下面我们把现代汉语事理语义系统的结构简要地描述一下。

首先，现代汉语词汇系统中的定型语句，根据其事理语义概括的类别、范围和性质的不同，可以先分为“事物事理”、“方法事理”、“认识事理”三大类别，并形成相应的三个事理语义范畴。这三大类别之中，根据定型语句更具体的语义内容，继续分出更小的类别；

在“事物事理”范畴中，可以再分为“事物属性论”、“事物关系论”两个次一级的事理语义范畴；

“事物属性论”范畴中可以进一步分为如下更低一级的范畴：

质量规定论（即事物有其固有的质和量）

例如：狗到天边吃屎，狼到天边吃人。

小毛驴使不出黄牛劲。

事物变化论（事物是在不断变化的）

例如：十年河东，十年河西。

长江后浪推前浪，世上新人胜旧人。

一分为二论（任何事物都是一分为二的）

例如：尺有所短，寸有所长。

人无完人，金无足赤。

一把刀没有两面利。

等等。

“事物关系论”范畴中可以进一步分为如下更低一级的范畴：

普遍联系论

例如：一枝动，十枝摇。

相互制约论

例如：卤水点豆腐，一物降一物。

相互对立论

例如：豪门不入地狱，穷户难进天堂。

水火不相容。

相互依存论

例如：红花还得绿叶扶。

公不离婆，秤不离砣。

相互差别论

例如：十个指头不一般齐。

等等。

以上这些范畴中还可以分为更低一级的范畴或类别。例如，“质量规定论”中就可以再分为“质的规定论”（如“天下乌鸦一般黑”）和“量的规定论”（如“巴掌再大也遮不住天”）；“事物变化论”中可以再分为“新陈代谢论”、“质量互变论”、“曲折发展论”等；“一分为二论”中也可以再分为“主要次要论”、“本质现象论”、“形式内容论”、“各有长短论”等。这样就逐层建立起“事物事理”语义范畴的层级结构。

在“方法事理”范畴中，可以分为“尊重客观论”和“主观能动论”两大类。

在“尊重客观论”范畴中，可以再分为如下低一级的范畴：

实事求是论

例如：看客下菜，量体裁衣。

对症下药论

例如：得什么病，吃什么药。

抓住关键论

例如：牵牛要牵牛鼻子。

循序渐进论

例如：一口不能吃个胖子。

等等。

在“主观能动论”范畴中，可以再分为如下低一级的范畴：

坚持行动论

例如：只要有恒心，钢梁磨绣针。

勇敢行动论

例如：下得汪洋海，才得夜明珠。

行动预见论

例如：兵马未动，粮草先行。

多种方法论

例如：戏法人人会变，巧妙各有不同。

团结齐心论

例如：人心齐，泰山移。

等等。

在“认识事理”范畴中，也可以分为如下低一级的范畴：

认识源泉论

例如：实践出真知，斗争长才干。

认识发展论

例如：走不尽的路，说不尽的理。

认识目的论

例如：学了不用，等于耕田不种。

认识因素论

例如：师傅领进门，修行在个人。

坚持学习论

例如：刀儿不磨要生锈，人不学习要落后。

等等。

以上这些类别和范畴，都可以根据定型语句更具体的语义内容，分成更低层级的类别，形成更低一级的语义范畴，一直分到最低层级为止。

8.9.3.2　**关于事理语义系统，有两点要说明一下**

第一，以上分出的事物事理、方法事理和认识事理范畴是就定型语句的深层语义所表达的一般事理而言的。对定型语句观察的结果告诉我们，定型语句表达的事理还有社会事理（包括生活事理、生产事理、道德事理、交往事理等）。对于这部分定型语句，我们把它们归入相应的事理范畴。例如，说明节约事理的定型语句，我们就归入质量互变论中，说明交际事理的定型语句，我们就归入相互关系论中，等等。

第二，有些定型语句说明的事理是落后的或错误的。对于这部分定型语句，我们把它们作为正确事理句的反义句，归入相应的类别之中。例如，“秀才不出门，全知天下事”，就归入认识源泉论中，作为“实践出真知，斗争长才干”这一类事理句的反义句。

8.10　词语的联想意义和词语的联想场

词义是人们对词语表示的事物、关系的特点以及词语在言语中使用的情况进行概括抽象，并用语言形式表达、固定下来的结果。一般认为，词义可分为理性意义、情感意义和风格意义等几种类型。此外还有另外一种类型的意义，即词语的联想意义，也有人称为附加意义。

联想意义同理性意义的关系很密切。理性意义是人们对词语所表示的事物、现象的普遍特征进行概括抽象的结果。在这一概括抽象过程中，人们要把一些非普遍性的属性，以及事物在各种情势、状况下所表现出的特点排除在理性意义之外，以保证词语的理性意义的概括性和准确性。例如“狗”的理性意义是：“哺乳动物，嗅觉和听觉都很灵敏，毛有黄、白、黑等颜色。是一种家畜，有的可以训练成警犬，有的用来帮助打猎、牧羊等。”（见《现代汉语词典》）这一理性意义从狗的类属、感觉特点、颜色、功用等几个方面概括了狗的特征。至于有的狗倚仗人势、欺侮外人的“势利”特点，有的狗为了保护主人奋不顾身的“忠诚、勇敢”的特点，狗在发疯时胡乱咬人的“不分好歹、不认人”的特点，野狗的“贪婪、残忍”的特点等等，就都没有概括在内。像上述“势利、忠诚、勇敢、贪婪”等非本质的特点和不同情况下的状态，虽然也是狗的特征中的一部分，有的甚至还比较突出，但由于不具有普遍性，因而在人们概括、抽象

“狗”的理性意义的过程中就未能进入概念的内涵而转化为“狗”这个词的理性意义。但是，这并不是说，狗的“势利、忠诚、贪婪”这些非本质特征以及在各种情况下的状态、表现，经过人们的概括、抽象以后就消失了。它们虽然未能进入概念的内涵而转化为“狗”这个词的理性意义，但却作为概念内涵的附加特征而转化为“狗”这个词的意义中的附加意义成分。当我们使用“狗”这一词语时，我们根据其理性意义确定了所指对象，同时也会联想起这些附加的语义成分，即是说，这些附加的语义成分同理性意义一起进入到话语中，并且在一定条件下显现出来。例如：

斗转星移，岁月流逝，人们常常慨叹：日月如梭，光阴似箭哪！

“日月如梭，光阴似箭”这句话并不是说，“太阳和月亮像梭子那样是织布的工具，时间像箭那样是一种兵器”，而是说，“太阳和月亮像梭子那样往复运行，去而复返；时间像箭矢那样飞快流逝，一去不回”。像梭子的“往复运行，去而复返”，箭的“飞快流逝，一去不回”这些特点只有在它们运动时才表现出来，这些特点虽然没有转化为理性意义而只成为附加的语义成分，但当我们在使用“梭”、“箭”这两个词的时候，仍然能够联想起这些特点。在上面这个例子中，这些附加的语义成分显然起了更为重要的作用。由于这些附加的语义成分要借助于联想而显现在话语中，因而我们称之为联想意义。

词语的联想意义同理性意义相比较，具有如下特点：

第一，理性意义是词语所必有的，而联想意义则是非必有的。即是说，词语一般都具有理性意义，但不一定都具有联想意义。例如，“暖水瓶”一词既有理性意义（“用来保存热水的保温瓶”），也有联想意义（“外冷内热”，所以人们把那些表面冷淡严肃，而内心对人关心体贴的人比做暖水瓶）；而“茶杯”一词则只有理性意义，而没有联想意义。

第二，理性意义是词语意义的核心部分，联想意义则是词语意义中的游离部分。理性意义在进入话语时即显现出来，而联想意义则需要在一定的话语结构中才能显现出来。例如，"猪"这个词有很多联想意义，如"肥胖"、"蠢笨"、"肮脏"、"懒惰"、"贪吃"等等，但是这些联想意义必须借助于一定的话语结构才能显现出来。例如：

a. 你一天到晚什么都不干，跟猪差不多。

b. 看你弄得一身泥，简直像个猪。

c. 这点小事都干不了，笨得像个猪。

d. 他那个胖样儿，活像一头猪。

在上述四例中，"猪"分别显现出"懒惰"、"肮脏"、"蠢笨"、"肥胖"这些联想意义，这些联想意义的显现是借助于话语中的比喻结构而实现的。而在"猪多肥多"、"多养猪多打粮"、"这个养猪场共养猪一千头"等语句中，这些联想意义并不显现出来。

第三，词语的理性意义相对简单，而联想意义则相对丰富。理性意义由于是由事物的普遍特征经过思维的概括抽象转化而成，因而理性意义把事物许多次要的特征以及在各种情况下的状态、表现都排除在外，所以要相对简单；而联想意义则是由事物多方面的特征和多方面的状态经过思维的中介转化而成，因而要相对丰富。例如"火"这个词的理性意义是"物体燃烧时所发的光和焰"，而"火"的联想意义则是多方面的。请看下面的例子：

a. 如火如荼。（盛壮、热烈）

b. 朝霞似火。（赤红、绚丽）

c. 性烈如火。（暴烈）

d. 天如火，水似银。（炎热）

e. 青春似火。（旺盛、灿烂）

f. 军情如火。(急迫)

g. 激情如火。(热烈、跳荡)

h. 心急如火。(灼热、焦躁)

一般来说，事物的形态、变化等方面的特点越是多样，指称该事物的词语的联想意义就越是丰富。

第四，词语的理性意义是稳定的，而联想意义则是可变的。这里所说的可变有两种意思。

其一是说，同一个词语的联想意义是因人而异的。例如"狗"这个词的联想意义对于不同的人来说是不同的，有的人会联想到"忠诚"、"勇敢"，有的人则可能会联想到"凶狠"、"势利"。

其二是说，联想意义在话语中的显现也是随表达目的的不同和语境的不同而变化的。由于联想意义比较丰富，而人们在交际时又不可能同时使用词语的各种联想意义，因而必须采用一定的手段，从丰富的联想意义中滤取所需要的联想意义，这样就使联想意义的显现呈现出可变性。滤取联想意义最常用的手段就是比喻。例如：

a. 力大如牛。

b. 脾气倔得像条牛。

c. 俯首甘为孺子牛。

d. 体壮如牛。

以上四个例子通过比喻分别滤取"牛"这个词的"力大"、"倔强、固执"、"任劳任怨"、"健壮"这些联想意义。

第五，词语的理性意义是显性的，联想意义则是隐性的。由于语言符号具有透义性（即是说语言符号的意义与人们的思维密切相连，人们在接收语言符号的同时也就直接理解了语言符号所传达的意思），因此，人们对话语中词语的理性意义的理解是直接的，而人们对话语中词语的联想意义的理解则是间接的。人们只有理解了词语的理性意义，确定了词语的所指事物，然后才能在这个基础上联想到词语的所指事物的各种形态和变化。

词语的理性意义虽然稳定、明确，但是毕竟显得简单了一些，单调了一些。人们要用语言表达整个世界，表达内心的一切感受和体会，要把极抽象的东西化为鲜明的形象，要把极深奥的哲理化为通俗的事件，要达到这样的目的，词语的理性意义显然是不够了。因此，人们在交际中还大量地运用词语的联想意义。

一个词语含有多方面的联想意义，不同的词语也含有相同的联想意义。因此，一方面，人们既可以从一个词语中滤取不同的联想意义描景状物，充分发挥词语的表达功能，使表达经济、简明，收到“言有尽而意无穷”的效果。例如：

a. 柔情似水，佳期如梦，忍顾鹊桥归路。

b. 君子之交淡如水。

c. 离愁渐远渐无穷，迢迢不断如春水。

d. 月光如水照缁衣。

e. 阿里山的姑娘美如水。

f. 眉似远山，目若秋水。

在上面的例子中，a 句滤取的是“水”这一词语“缠绵、交溶”的联想意义，b 句滤取的是“净洁、素雅”的联想意义，c 句滤取的是“无穷无尽、缠绵不绝”之义，d 句滤取的是“清冷、弥漫”之义，e 句滤取的是“纯洁、柔美”之义，f 句滤取的是“晶莹、清澈”之义。表达的目的不同，语境不同，词语联想意义的显现也各有变异。正所谓“横看成岭侧成峰，远近高低各不同”。上面这些多角度、多侧面滤取出来的联想意义较好地实现了特定的表达目的，如果换用理性意义来表达（例如，不说“阿里山的姑娘美如水”，而说“阿里山的姑娘纯洁柔美”），那表达效果就要差一些了。

另一方面，人们也可以从不同的词语中滤取相同的联想意义，使表达丰富多彩。比如，形容“快”，我们有“如箭”、“如鹰隼”、“如流星”、“如闪电”、“如疾风”、“如脱兔”、“如子弹”等等；形容“慢”，我们又有“如蜗牛”、“如乌龟”、“如老牛”、“如肥鹅”等等。丰富的联想意义，表达了事物千姿百态的形貌，绚丽斑斓的色彩，细致微妙的情感，千差万别的特性，可以让人们对事物进行多侧面、多角度的立体描绘。例如：

她站在山冈上，就像一杆新竹；她站在小溪旁，就像一棵水柳；如果她偶尔戴起红色的盘头帕，站在公社大门口，远远望去，就是一株开放的美人蕉了。

“新竹”使人联想起“挺拔、清秀、俊俏”，“水柳”使人联想起“柔曼、婀娜多姿”，“开放的美人蕉”使人联想起“鲜艳夺目、光彩照人”。这些联想意义的滤取，使我们形成“她”的鲜明形象。

试问闲愁都几许？一川烟草，满城风絮，梅子黄时雨。

“闲愁”太抽象了，看不见，摸不着，不能计数，不可丈量。而诗人运用词语的联想意义，把“闲愁”表现得那样形象、具体、可感。“一川烟草，满城风絮，梅子黄时雨”除了使人们联想到“无限之多、不可计量”以外，还各有不同的联想意义：“一川烟草”可以使人联想起“迷茫、广漠、无垠”；“满城风絮”则使人联想起“飘忽不定、难以捉摸”；“梅子黄时雨”则使人联想起“绵绵不断，乍晴又雨”，恰如“闲愁”那样缠绵不绝，“才下眉头，又上心头”。

一定的事物可以唤起相关的联想意义，一定的主题也能唤起相关的联想意义，形成一个联想场。例如，以“春天”为主题形成的联想场：

春天
春风　春雨　春雷　春水　蓝天　丽日　白云
青山　碧野
杨柳　青草　桃花　杏花　李花　迎春花
麦苗　油菜花
燕子　蜜蜂　蝴蝶　小鸟　青蛙　风筝
春天　孩子　姑娘　小伙子　农民　耕牛
冰雪消融　春风拂面　春雨淅沥　阳光灿烂
春水迢迢
青山含黛　碧野如烟
杨柳飘拂　桃李争艳　青草麦苗如茵
油菜迎春金黄
燕子筑巢　鸟语呢喃　金蜂采蜜　彩蝶戏花
万类竞自由　风筝入云端
姑娘小伙子欢笑　孩子们游玩　农民耕作
春色满平原

这样的主题联想场在中学生的作文中是经常可以见到的。

小　结

现代汉语词汇语义系统可分为概念语义系统和事理语义系统两个分系统。词语语义系统、词素语义系统是以概念体系为基础的，定型语句所表达的事理语义系统是以哲学基本原理系统为基础的。

概念语义系统和事理语义系统之中都存在着多种语义关系。词汇语义系统中的各种单位都可以根据其语义形成各种聚合和各种词汇语义结构。这些相互联系、相互区别的类别、层级、聚合、词群共同构成了现代汉语词汇的语义系统。

关于现代汉语词汇的功能系统，我们在第一章中已经作了简要的描述，此处从略。

第九章　词义的发展和演变

一种语言的词义是一个系统。词义演变是在词义系统内进行的。因此，分析词义演变的类型及其机理，理应在词义系统的背景下进行。再者，由于词义演变既涉及词义的变化，也涉及语义关系（组合关系和聚合关系）的改变，因而应对词义演变作进一步深入的分析。词义演变理论的发展，有赖于系统观念和新的语义分析方法的引进。

本节以汉语词汇系统为分析对象，并把分析讨论的范围限制在事物词、动作行为词、时间词、空间词、性质状态词、数量单位词等这些范畴之内。

9.1　原义和新义、引申义和比喻义

一个义项，通过引申或比喻，可以在这个义项的基础上产生出新的义项。新产生的义项称为新义，产生新义的义项称为原义。

从新义同原义的关系来看，新义可以分为引申义和比喻义两类。从一个意义出发，通过相关性联想而产生的意义叫做引申义，通过相似性联想比喻而产生的意义叫做比喻义。原义和新义之间的各种相关性和相似性联系是从原义到新义的各种途径，而相关性联想和相似性联想则是从原义产生新义的动力。

9.1.1　引申义

事物的相关性是普遍存在的。事物和动作行为、事物和性质等之间都存在着各种各样的联系。这种多样的联系通过词语反映出来，就形成了词义之间的相关性联系。这种联系一旦形成，就为词义的引申发展开通了道路。

相关性联系包含的内容非常广泛，词语意义之间的相关性关系主要有以下几种：

第一，包容—被包容关系。包容—被包容关系包括元素—集合关系、类属（上下义）关系、部分—整体关系。这是三种不同的包容—被包容关系。（见图 9 –1）

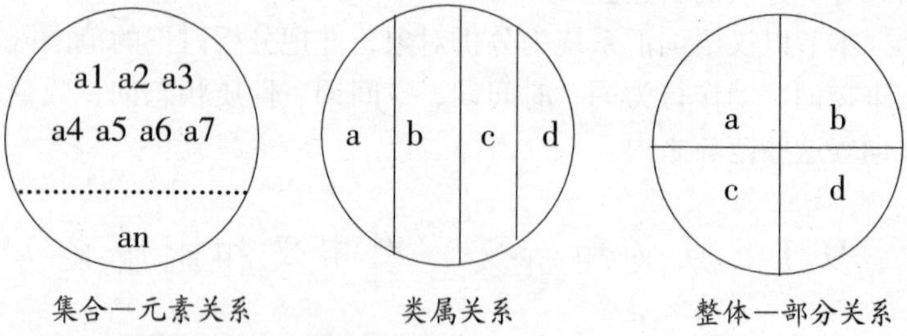

图 9 –1　三种不同的包容—被包容关系

上述这三种关系在词义的发展和演变中都有体现（详见后面的论述）。

第二，同属关系。同属关系包括同类关系、同体关系。同类关系是图 9 –1 中类属关系图示中“a、b、c、d”的关系。同体关系是图 9 –1 中整体—部分关系图示中“a、b、c、d”的关系。这两种关系在词义的发展和演变中也都有体现（详见后面的论述）。

第三，主体—属性关系。主体—属性关系包括两种关系：一种是主体⟶属性关系。一种是属性⟶主体关系。如果对属性⟶主体关系、主体⟶属性关系作最广泛的理解，那么凡是事物总是具有一定的属性的，或动作行为，或性质状态，或标志记号，或处所方位，如此等等；而另一方面，一定的属性总是依附于一定的主体的。这样的话，此类语义引申关系包括的范围就非常广泛。这类关系在词义的发展和演变中有较多的体现（详见后面的论述）。

第四，原因—结果关系。原因—结果关系在词义的引申中主要表现在动作行为意义向动作行为的结果的引申。这种词义引申我们将在后面的论述中给以描述。

9.1.2 比喻义

事物的相似性也是普遍存在的。所谓相似性联系，指事物现象之间不同类，不相属，只是在某些方面有相似之处。不同的事物、不同的动作行为、不同的性质状态之间都存在着不同程度的相似性。这种相似性通过语言联系起来，就把事物之间的相似性转化为词义之间的比喻关系，也就为比喻义的产生提供了可能。

事物之间的相似表现在各个方面：或外部的形状相似，或内在的性质相似，或所处的部位相似，或相互间的关系相似，或作用相似，或运动变化的方式相似。这些相似关系都可能建立起联系原义和新义的桥梁，使比喻义的出现成为现实。这些相似关系及相关的比喻义的出现，我们将在后面的论述中给以描述。

9.2 词义发展演变的类型

关于词义的发展和演变，传统的词汇学有“三类型”说，即词义的扩大、词义的缩小和词义的转移。这种词义发展演变说没有把词义的发展演变放在整个词汇的语义系统中来考察，而只是孤立地分析一个词项的意义如何发展变化为另一个意义，缺乏系统观念。因此，我们不准备采用这种理论来分析描述词义的发展变化。

按照本书的观点，把词汇的语义系统看成是由若干个语义范畴构成的一个系统；语义范畴内部又分为若干语义层级，范畴与范畴之间、层级与层级之间又存在着各种各样的语义联系。以这样一个词汇语义系统为背景来观察词义的发展和变化，我们可以看到，词义的发展和变化总的来说可以分为两大类型：即范畴内的词义变化和跨范畴的词义变化。范畴内的词义变化指的是词义在一个特定范畴内的发展变化；跨范畴的词义变化指的是词义的发展变化跨越两个语义范畴。这两大类型下面根据词义发展的具体状况还可以再分为不同的类别和层次。

词义的发展变化无论属于什么类型，其具体都表现为词项出现的词义环境的移动、词义环境的复现、词义环境的固定和词义环境的分裂，这个过程也正是词项的新义的萌芽、发展、确定、裂解的过程。在这个过程中，词项的原义的语义成分在逐步发生变化，或增加，或减少，或替换为别的语义成分，最终固定为新义的语义构成。这也正是词义发展变化的基本机制。在下面对各种类型的词义的发展变化的描述中，我们都将始终贯彻对词义发展变化机制的分析说明。

9.2.1 范畴内的词义发展变化

范畴内的词义变化指的是词义在一个特定范畴内的发展变化。根据词义发展的具体状况，范畴内的词义发展变化还可以分为如下类型：

9.2.1.1 层级变化

词义在发展变化中的层级变化分为两种情况：词义扩大和词

义缩小。

第一，词义扩大。词义扩大这种词义变化共包括三种情况：词义上升、词义扩展、词义扩散。

词义上升　在这种词义变化中，词项的意义由下位义孳生出上位义，亦即原来处于较低层级的义项孳生出处于较高层级的义项。词义上升的机制是词义的概括能力逐步扩大，词义中表示类别限制的语义成分逐步减少。最终新义同原义分裂，进入更高的一个语义层级。下面是词义上升的例子。

机：织布机⟶机器。

金：铜⟶金属。

头：人的顶部⟶事物的顶部。

脚：人的底部⟶事物的底部。

墨水：黑墨水⟶各种颜色的墨水。

词义扩展　在这种词义变化中，词项的意义由部分义孳生出整体义，也是由原来处于较低层级的义项孳生出处于较高层级的义项。词义扩展的机制也是词义的概括能力的扩大，词义中表示物体限制的语义成分逐步减少。最终新义同原义分裂，进入更高的一个语义层级。下面是词义扩展的例子。

手：人体的一部分⟶人。

脸：脸蛋⟶脸面。

腿：小腿⟶腿部。

头：头部⟶头领。

刃：刀口⟶刀。

舌头：说话的主要器官⟶能提供情报的俘虏。

词义扩散　在这种词义变化中，词项的意义由元素义孳生出集合义，由原来处于较低层级的义项孳生出处于较高层级的义项。词义扩散的机制也是词义的概括能力的扩大，词义中表示个体限制的语义成分逐步减少。最终新义同原义分裂，进入更高的一个语义层级。下面是词义扩散的例子。

江：长江⟶河流。

河：黄河⟶河流。

兵：士兵⟶军队。

第二，词义缩小。词义缩小这种词义变化也包括三种情况：词义下降、词义收缩、词义集中。

词义下降 与词义上升相对的词义变化是词义下降。在词义下降中，词项的意义由下位义孳生出上位义，亦即原来处于较高层级的义项孳生出处于较低层级的义项。词义下降的机制是词义的概括能力逐步缩小，词义中表示类别限制的语义成分逐步增加。最终新义同原义分裂，进入较低的一个语义层级。下面是词义下降的例子。

宫：人的住所⟶帝王的住所。

臭：气味⟶臭味。

金：金属⟶金子。

词义收缩 与词义扩展相对的词义变化是词义收缩。在这种词义变化中，词项的意义由整体义孳生出部分义，由原来处于较高层级的义项孳生出处于较低层级的义项。词义收缩的机制是词义的概括能力的缩小，词义中表示物体限制的语义成分逐步增加。最终新义同原义分裂，进入较低的一个语义层级。下面是词义收缩的例子。

世界：宇宙⟶地球。

国：国家⟶国都。

桃：桃树⟶桃树的果实。

牡丹：一种植物⟶这种植物的花。

词义集中 与词义扩散相对的词义变化是词义集中。在这种词义变化中，词项的意义由集合义集中为元素义，由原来处于较高层级的义项孳生出处于较低层级的义项。词义集中的机制是词义的概括能力的缩小，词义中表示个体限制的语义成分逐步增加。最终新义同原义分裂，进入较低的一个语义层级。词义集中这种词义变化在理论上是存在的，但是例子很少。下面这个例子可以算是词义集中的例子。

朕：人的自称⟶皇帝的自称。

9.2.1.2　义域变化

我们把词项根据其词义而确定的组合范围叫做一个义项的义域。词义的发展变化也影响到词项的义域。根据词义的变化在义域中的反映，这方面的词义变化可以概括为三种情况：义域扩大、义域缩小、词义转域。

第一，义域扩大。义域扩大这种状况指的是词项的词义适用的范围扩大，适用的对象增多。词项的义域扩大的机制是词项在使用过程中词义发生泛化，并且这种词义泛化随着词语的使用而巩固下来，从而导致组合范围的扩大；在组合范围扩大的同时，词义则从具体向抽象化发展。下面是义域扩大的例子。

洗：洗（脚）⟶洗（脚、手、脸……东西）

酸：（味道）酸⟶（味道、感觉、心情）酸

亮：（光）亮⟶（光、声音、眼睛、嗓子等）亮

漂亮：（相貌）漂亮⟶（相貌、技艺、办事、服饰、文章等）漂亮

在表示感觉、评价的词语中，义域扩大的现象较为常见。其他如“高、大、冷、暖、厚、薄、美、好、坏”等等。

第二，义域缩小。义域缩小这种状况指的是词项的词义适用的范围缩小，适用的对象减少。词项的义域缩小的机制是词项在使用过程中词义发生窄化现象，从而导致组合范围的缩小；在组合范围缩小的同时，词义则从宽泛向具体化发展。下面是义域缩小的例子。

结婚：（国家、民族）结好，（男女）结为夫妻⟶

（男女）结为夫妻。

皎洁：（花、月、感情等）明亮、洁白、纯真⟶（月亮）明亮、洁白。

恶：（相貌、行为、衣食、草木等）丑、劣⟶（人）凶恶。

善：（人、行为、计策、版本、态度、方式）好⟶（人）善良。

第三，词义转域。词义转域这种状况指的是词项的词义使用的范围和对象发生了改变。词义转域的机制也是词项在使用过程中词义发生了泛化现象，不过这种词义泛化并不是均衡的，而是仅仅向某一义域泛化。当这一泛化固定下来之后，词项的词义不再回到原来的义域，这样就形成了词义转域。在词义转域中，词义中表示义域的语义成分一般都发生替换。下面是词义转域的例子。

健康：（身体机能）正常⟶（事物、思想等）正常。

成熟：（植物果实）完全长成⟶（事物发展）完善。

闻：听（声音）⟶嗅（气味）。

收获：收取（庄稼）⟶取得（成果）。

剪裁：取舍（衣料）⟶取舍（写作材料）。

缠：用绳、带扎束（东西）⟶用言语、行为等纠缠（人）。

疏通：清理（河道的淤塞）⟶排除（思想、关系方面的障碍）。

9.2.1.3 词义转类

词义转类指的是：在同一个语义范畴内，词义从一个类别转移到另一个类别。我们以事物范畴内的实例来说明词义转类这种词义变化。

事物范畴内的词义转类大致可以分为两种情况：人→物，物→人。这两类之中又有各种具体的情况。

第一，人→物。例如：

行李：使者→行装。（领事→属事转类）

杜康：造酒者→酒。（施事→结果转类）

工：工匠→工作。（施事→受事转类）

第二，物→人。例如：

巾帼：女性特征服饰→女子。（特征→主体转类）

红领巾：少先队员标志→少先队员。（特征→主体转类）

兵：兵器→士兵。（属事→领事转类）

粉黛：女子化妆品→女子。（属事→领事转类）

便衣：平常人的服装→穿便衣执行任务的军警人员。（特征→主体转类）

9.2.1.4 **词义转象**

词义转象这种词义变化指的是：在同一个语义范畴的同一个语义类别中，词义概括的对象发生了转移或变化。词义转象是比词义转类范围更小的词义变化。这里我们以事物范畴内的词义转象的实例来说明这种词义变化。

通过对事物语义范畴内的词的词义分析，我们觉得，表示事物的词的词义构成主要可分为“形（形态）”、“质（性质）”、“用（功用）”、“体（附属的主体）”四个方面的语义成分。词义转象的词义变化也可以从这四个方面来分析。

第一，异态类质转象。在这种词义变化中，词义变化前后的所指事物形态不同，但是性质类似。例如：

烈士：活着的刚烈之士→牺牲的刚烈之士。

包袱：肩负裹物之包⟶思想上的压力。

动作词“走”的词义变化（跑⟶行走）也可归入此类。

第二，类态异质转象。在这种词义变化中，词义变化前后的所指事物形态类似，但是性质不同。例如：

羹：以肉菜煮成之食物⟶汤食。

汤：热水或沸水⟶汤菜。

涕：眼泪⟶鼻涕。

动作词“跪”的词义变化（跪坐⟶下跪）也可归入此类。

第三，类态异体转象。在这种词义变化中，词义变化前后的所指事物性质上有类似之处，但是所属主体不同。例如：

节：竹子之节⟶动物之关节。

鸡眼：鸡的眼睛⟶人体一种皮肤病。

第四，类形异质异用转象。在这种词义变化中，词义变化前后的所指事物形态类似，但是性质、功用不同。下面是这种词义转象的例子：

枪：武器⟶像枪的用具。

钟：乐器⟶计时用具。

牢：牲畜圈⟶牢狱。

钱：农具⟶钱币。

刀：武器⟶刀币。

伞：挡雨遮阳的用具⟶伞状物或用具。

第五，异形异质同用转象。在这种词义变化中，词义变化前后的所指事物形态、性质都不同，但功用类同。例子如下：

布：布帛⟶货币。

币：礼物⟶货币。

渠道：（水流的）通道⟶（信息或其他物质通过的）途径。

资本：（用来获利的）本钱⟶（用来获取其他利

益的）条件或凭借。

烟幕：（用于防守的）烟雾⟶（掩盖真相或本意的）言行。

第六，异形类质异用转象。在这种词义变化中，词义变化前后的所指事物形态不同，性质类似，功用不同。例如：

术：道路⟶方法。

池：护城河⟶池塘。

博士：精通、传授经学的官员⟶精通特定技艺或职业的人⟶获得博士学位的人。

文字：书写符号⟶文章。

面：面粉⟶面条。

第七，类形类质异用转象。在这种词义变化中，词义变化前后的所指事物形态类似，质地类似，功用不同。例如：

简：竹简⟶信件。

策：马鞭⟶筹策。

第八，异形类质类用转象。在这种词义变化中，词义变化前后的所指事物形态不同，性质类似，功用类似。例如：

主角：演出中担任主要任务的人⟶担任主要任务、起主要作用的人。

配角：演出中担任次要任务的人⟶担任次要任务、起辅助作用的人。

臣：男奴⟶臣子。

相：辅助盲人行路者⟶朝中辅佐大臣。

词义转象还有其他类型。例如“同胞”的词义变化（同一父母所生的人⟶同一个国家或民族的人）应属于“类形类质类体转象”，“骨肉”的词义变化（人体中的骨和肉⟶家庭里的亲人）应属于“异形类质类体转象”，“脚”的词义变化（小腿⟶足）应属于“异形类质同体转象”，而“案”的词义变化（几案→案卷）则应属于“类形异质异用异体”。因此，词义转象有待于进一步的分析研究。

范畴内的词义演变还有两种比较特殊的情况：

A. 词义更新。词义更新指的是：词项的所指对象不变，但词义更换为新义。例如：

心：旧义：思维器官→新义：血液循环器官。

牛：旧义：大牲也→哺乳动物的一种。

B. 词义对转。词义反转指的是：词义反转为相对或相反的词义。例如：

后：帝王→帝王之妻。

市：买→卖。

迁：升迁→贬谪。

爪牙：武臣→帮凶（褒贬反转）。

9.2.2 跨范畴的词义变化

跨范畴的词义变化是以范畴之间的词义组配关系为基础而发生的。由于语义范畴的多样化，因此跨范畴的词义变化的情况更为复杂。这里我们以事物范畴、动作行为范畴、性质状态范畴三大范畴间的词义转变的情况为例来说明跨范畴词义变化的状况。

9.2.2.1 事物→动作行为

根据词义变化前后原义和新义之间的关系，事物→动作行为这类词义转变还可以再分为如下类型：

第一，工具→动作行为。在这类词义转变中，原义事物义表示具有一定功能的工具，所转变的新的词义表示凭借该工具的动作行为。例如：

锁：锁门之工具→使用锁锁门之行为。

犁：耕地之工具→使用犁耕地之行为。

漆：油漆→用油漆涂抹器物。

药：药物⟶用药物药杀。

其他同类的例子还有“网”、“策”、“锄”、“磨”、“锯”、“锤”、“锉”等。

第二，部位⟶动作。在这类词义转变中，原义事物义表示发出动作的部位，所转变的新的词义表示该部位发出的动作。例如：

指：手指⟶用手指点。

目：眼睛⟶用眼睛看。

顶：头顶⟶用头顶物。

手：持物之部位⟶用手持物。

第三，主体⟶行为。在这类词义转变中，原义事物义表示行为的主体，所转变的新的词义表示由该主体发出的行为。例如：

主：主人⟶主持、主张。

蠹：蠹虫⟶蛀食。

风：流动之气⟶风吹。

电：电流⟶电击。

第四，物体⟶动作行为。在这类词义转变中，原义表示具有一定特征的事物，所转变的新的词义表示具有该事物特征的动作行为。例如：

弓：弓⟶腰、背弯曲如弓形。

板：板⟶脸下沉如板状。

其他还有：铁⟶铁了心；猫⟶猫着腰；虎⟶虎着脸；猴⟶猴在那儿，等等。

物体⟶动作行为这种词义变化是否还有其他类型，有待于待进一步的思考考。

9.2.2.2　**动作行为⟶事物**

这种词义转变是由动作行为义转变为事物义。根据词义转变前后原义和新义之间的关系，动作行为⟶事物这类词义转变情况可再分为如下类型：

第一，动作行为⟶主体。在这类词义转变中，原义表示动作行为，所转变的新的词义表示发出该动作行为的主体。例如：

寇：侵犯⟶敌寇。

贼：伤害⟶贼人。

盗：盗窃⟶盗贼。

其他如“经理”、“董事”、“导演”、“编辑”、“裁判”、“领导”、“调度”、“翻译”等。

第二，动作行为⟶客体。在这类词义转变中，原义表示动作行为，所转变的新的词义表示受该动作行为影响的客体。例如：

树：种植⟶树木。

虏：俘获⟶俘获之人。

鼓：敲击⟶敲击之物。

囚：囚禁⟶囚禁之人、囚犯。

第三，动作行为⟶凭借物。在这类词义转变中，原义表示动作行为，所转变的新的词义表示该动作行为所凭借的事物。例如：

刷：刷洗⟶刷子。

刨：刨削⟶刨子。

通知：通知⟶用于通知的文字。

证明：证实说明⟶证实、说明之材料。

其他如报告⟶报告、报道⟶报道等。

第四，动作行为⟶结果。在这类词义转变中，原义表示动作行为，所转变的新的词义表示该动作行为所产生的结果物。例如：

画：绘画⟶图画。

书：书写⟶书信、书籍。

建筑：建造⟶建筑物。

计划：筹划⟶计划。

其他还有“设计”、“组织”、“发明”、“总结”、“记录”等。

9.2.2.3 主体—性状

“主体—性状”这种跨范畴词义变化包括两种情况：一种是从主体向性状变化，一种是从性状向主体变化。分别举例如下：

A. 主体⟶性状

鬼：狡猾机灵之物⟶狡猾机灵。

油：油腻之物⟶油滑。

典型：有代表性的人或物⟶有代表性。

标准：准则⟶合乎标准。

道德：做人的准则和规范⟶合乎道德。

B. 性状⟶主体

香：芳香⟶燃烧发出香味之物。

生冷：未成熟未加热⟶未成熟未加热的食物。

先进：进步快，水平高⟶进步快、水平高的人或集体。

秘密：隐蔽而人不知晓⟶隐蔽而人不知晓的事情。

性质状态义还可以向动作行为义变化。下面是几个常见的例子：

C. 性状⟶动作行为变化

松：松散⟶松开。

紧：紧固⟶使变得紧固。

热：温度高⟶加热。

稀罕：稀奇⟶认为稀罕而喜爱。

麻烦：烦琐、费事⟶让人费事，增加别人的负担。

亮：光线强，看得清⟶显露，显示（亮红牌儿）。

以上我们举例分析了汉语词汇语义系统中词义发展变化的类型。我们的做法主要是引进系统的观念，在词汇的语义系统的背景下考察词义的发展变化。通过对汉语词汇语义系统中词义发展变化的描述分析，我们进一步看到词语在语义联系上的复杂性。共时上的词语之间的语义联系使词义的发展变化有可能进行，而已经完成的词义发展变化所形成的语义关系又成为新的词义发展变化的基础。词语及其在共时平面上的各种语义关系，以及在历时发展中的各种语义联系，共同构成了词汇的语义系统。我们的任务之一，就是早日揭开这个系统的奥秘。

应该坦率地承认，我们的工作做得是很不够的。首先，我们的描述分析只涉及了汉语词汇的事物范畴、动作行为范畴和性状范畴，其他范畴中的词义发展变化就没有论及。特别是从实体词的各个范畴到关系词的各个范畴的词义变化我们没有论及。其次，我们的描述分析是举例性的，而不是系统的、全面的。因此，尽管我们对汉语词义的发展变化的描述分析比传统的“三类型”说丰富、创新了很多，但大家对这样的结果仍然是很不满意的。由此可见对汉语词义发展变化的研究是多么薄弱和不足！对汉语词汇体系中词义的发展变化给出系统的、全面的、精细的描述是一项巨大的工程。这项工程的完工还有待于汉语词汇学界的共同努力。

结束语　现代汉语词汇体系总述

一、现代汉语词汇体系的层级—类别结构

现代汉语词汇体系的层级结构由三个层级构成：词素层、词语层、定型语句层。

词素层由词素形式系统、词素意义系统、词素功能系统组成。

词语层由词语形式系统、词语意义系统、词语功能系统组成。

定型语句层由定型语句形式系统、定型语句语义系统、定型语句功能系统组成。

上述每一个层级中的各个系统都由更小的分系统组成。

现代汉语词汇体系的类别系统由三个分系统组成：形式类别系统、语义类别系统、功能类别系统。

形式类别系统由词素形式系统、词语形式系统、定型语句形式系统组成。

语义类别系统由词素语义系统、词语语义系统、定型语句语义系统组成。

功能类别系统由词素功能系统、词语功能系统、定型语句功能系统组成。

上述每一个类别系统中的系统都由更小的分系统组成。

二、现代汉语词汇体系中的联想系列结构

每一个词汇单位都是形式、意义、功能三要素的综合体，因而每一个词汇单位既处于形式系统中的一个位置，又处于语义系统中的一个位置，同时还处于功能系统中的一个位置。所以，每一个词汇单位可以以自己为中心坐标，根据自身包含的各种要素同其他词汇单位相联系，形成众多的联想系列。

联想系列可分为两种：聚合联想系列和组合联想系列。

词汇单位形成聚合联想系列的条件是具有共同的要素，因而聚合联想系列可以统称为同素系列。

聚合联想系列可分为三种类型：形式联想系列、意义联想系列、功能联想系列。

形成形式联想系列的条件是具有共同的形式要素，比较常见的、重要的形式联想系列有：

同声系列：根据共同的声母形成的联想系列。

同韵系列：根据共同的韵母或韵尾形成的系列。

同词素系列：根据共同的词素（首素或尾素）形成的系列。

同构系列：根据共同的结构形成的系列。

音序词典、逆序词典、韵书、联绵词典以及对偶、对仗、同尾等修辞格证明了上述联想系列的存在。

形成意义联想系列的条件是具有共同的意义要素。比较常见的、重要的意义联想系列有：

类属系列：根据类属语义关系形成的联想系列。如：

事物—生物—动物—人—女人—少女

整体—部分系列：根据整体—部分语义关系形成的系列。如：

人体—四肢—下肢—脚—脚趾头

类义系列：根据类义关系形成的系列。如：

赤、橙、黄、绿、青、蓝、紫、黑、白

桃、李、杏、梨、苹果、橘子……

类义系列中还包含着同义、反义、对义、近义等各种系列。

主题系列：根据某一表达主题展开的联想系列。如以“球赛”为主题展开的联想系列。

各种义类词典以及心理学方面的有关实验材料证明了上述系列的存在。

形成功能联想系列的条件是共同的功能要素。词类的研究、语义—语法范畴的研究证明了功能系列的存在。

除了聚合联想系列之外，词汇体系中还存在着组合联想系列。这些联想系列在现实的语言中都得到具体的体现。此外，词语的配价状况、词义发展变化的状况也证明了词语的组合联想系列的存在。

每一个词汇单位都含有形式、意义、功能三种要素，因而它同时处于三种系统之中。因此，词汇系统中的各种联想系列都以词汇为环节联结起来，形成辐射式和连锁式相结合的联想网络。这种联想网络就是大脑词库的网络结构。这种网络结构不仅保证了思维的系统性，而且还保证了思维的灵活性和迅速性，从而保证了语言以无可替代的功能成为人类最重要的思维工具和交际工具。

附录一　词的内部形式

一

大千世界，无奇不有。世界上的事物多种多样，它们的名称也各不相同。那么，世界上的事物是怎样获得它们各自的名称的呢？换句话说，人们是怎样命名事物的呢？

人们对事物的命名，一般是用词语来表示的。从这个角度来说，事物同名称的关系，也可以看作事物同词语的关系。按照现在较为一致的观点，用词语来表示事物是任意的，约定俗成的，也就是说，人们之所以用这个词语而不用那个词语来表示某一事物，完全是约定俗成的结果，是人们任意规定的，没有什么道理可讲。这也就是所谓语言符号的任意性。如果事物的命名都是这样的话，那么可能有人要问：我们为什么不把“猫头鹰”叫做“向日葵”，不把“向日葵”叫做“猫头鹰”呢？也就是说，为什么约定俗成的结果偏偏是这样而不是别的结果呢？如果我们把事物的名称同事物的特点联系起来进行分析，我们就会发现，事物的命名还是有道理可言的：“猫头鹰”的得名是由于它的形体特点（首如猫头）；而“向日葵”的得名则是由于它的生长特点：花盘总是向日光。这样看来，人们对事物的命名又不是不可解释的，而是有一定的理据可说的，也就是说，事物和事物的名称之间有着一定的内在联系。这种联系就是事物的得名之由，或称之为词的理据，又叫做词的内部形式。[1]

事物同名称之间的这种联系，亦即词的内部形式，在现代汉语中用复合法构成的合成词里是显而易见的。如“电灯”这种照明工具得名于它用电能发光的特点（区别于“油灯”），“飞机”这种运输工具则得名于它的运行特点（在空中飞行），“黄豆”得名于它的颜色，“砂锅”则得名于它的制作原料。上面所举的“猫头鹰”、“向日葵”的命名理据也是这样的例子。由此我们可以看出，事物的命名既是约定俗成的，又是有一定的理据可言的。如果从世界上的各种语言中的事物的命名的角度来看，那么事物的命名应该是约定俗成的；如果我们就一种语言中对事物的最初的命名的情况来看，那些用来命名事物的最原始的词的出现，也应该是约定俗成的；但是，当人们用已有的语言材料（词语的、语音的）去命名事物时，则是非任意的，而是有一定的理据的。当代认知语言学认为，语言和它所记录并表现的客观世界之间存在着一种相似性（iconicity），语言符号并非完全是任意的。因此，我们认为，在事物的命名中，约定俗成中有着一定的理据，在任意中又有着非任意。我们既要看到问题的这一面，又要看到问题的另一面。这样才能比较全面地解释事物得名的原因。

但是，在古代汉语里，由于单音节词占多数，人们用已有的语言材料去命名新发现的事物时，常常借助于语义构词法和语音屈折构词法。运用这两种构词法，一个单音词所能孳乳的新词往往仍是单音词。例如：

虐⟶疟　　族⟶簇

再加上历史的演变，这样的词的物名的理据就不像现代汉语里的合成词那样显豁。不过，如果我们汇集了与之有关的同族词

---

① 参见张永言：《关于词的内部形式》，载《语言研究》，1981 年第 1 期。

或同源词，通过分析其间的语音上的联系和语义关系，探求出其间在语音和语义上的相同或相近之处，同时再结合对客观事物的观察和分析，那么，像这样历史较长、年代较为久远的物名的理据，我们仍然可以考求出来。

早在我国古代，人们就开始了对事物得名之由的探求和研究。东汉的刘熙、唐代的颜师古、宋代的王圣美，特别是清代训诂大师戴震、段玉裁、王氏父子，以及近人刘师培、章太炎、黄侃等学者，都给我们留下了非常宝贵的材料和可贵的方法。随着汉语音韵学和训诂学研究的深入，运用科学的方法来解释古代的物名的理据也成为学科发展的必然。王力先生和严学窘先生都对这个问题作了精辟的论述，张永言先生则对这个问题给予进一步的阐述。① 王力先生的《同源字典》的问世，为物名理据的探求提供了丰富而宝贵的资料。探求词的内部形式，对于文化语言学、认知语言学、词典学等学科的理论建设和实践，都具有十分重要的意义。因此，我们将对这一问题作一些粗浅的探求。

二

世界上的事物都具有一定的特点，或形体各异，或色彩独殊，或各具特技，或用途不同。这些不同的特点，往往就成为人们对事物命名的根据。

先看根据事物的形体特点对事物进行命名的例子。

《尔雅·释地》："东方有比目鱼焉，不比不行，其名谓之

---

① 参阅王力：《同源字论》，载《中国语文》，1978 年第 1 期；严学窘：《论汉语同族词内部屈折的变换模式》，载《中国语文》，1979 年第 2 期；张永言：《关于词的内部形式》，载《语言研究》，1981 年第 1 期。

鲽。”(832 页)①

比目鱼为何谓之“鲽”？单看这一个词是无法解释的。然而我们汇集了同“鲽”有关的同族词，我们就可以来回答这个问题。

枼 《说文·木部》:“枼，楄也；枼，薄也。”段玉裁注：“凡木片之薄者谓之枼，故葉、牒、鍱、箑、偞等字皆用以会意。”(269 页)

葉 《说文·艸部》:“艸木之葉也。”段注：“凡物之薄者，皆得以葉名。”(37 页)

牒 《说文·片部》:“牒，札也。”段玉裁注：“按厚者为牍，薄者为札。”(318 页)《汉书·司马相如传上》：“上令尚书给笔札。”颜师古注：“札，木简之薄小者也。”(57 卷，2533 页)。

鍱 《说文·金部》:“鏶，鍱也。”段玉裁注：“此谓金铜铁椎薄成叶者。”(705 页)。

褋 《说文·衣部》:“褋，南楚谓单衣曰褋。”段

① 现将本节所引著作及版本一并列于下方，注明简称，正文中只标明页码。其他所引著作，则另加注释。又，本节所引古籍均为繁体字版本，为了印刷方便，除必要时，引文全部使用简体字。

郝懿行著：《尔雅义疏》，上海，上海古籍出版社，1983 年影印本，简称《尔雅》。

段玉裁著：《说文解字注》，上海，上海古籍出版社，1981 年影印本，简称《说文》。

王念孙著：《广雅疏证》，上海，上海古籍出版社，1983 年影印本，简称《广雅》。

《宋本广韵》，北京，中国书店，1982 年影印本。

《宋本玉篇》，北京，中国书店，1982 年影印本。

《汉书》，北京，中华书局，1983。

《文选》，北京，中华书局，1977。

《新编上古音韵表稿》，上海，《汉语大字典》编纂处编，内部交流本，简称《表》。

注："葉者，薄也。单衣故从之。"（391 页）

　　膘　《说文·肉部》："膘，薄切肉也。"段注："云薄者，取从葉之意。"（176 页）

以上诸字，在上古同属叶部[①]，而且都有"薄"义。"鲽"字从"枼"得声且得义，而且与"膘"同音。[②] 因此我们推断："鲽"的内部形式是"薄"，"鲽"这种鱼的得名与"薄"有关。这种推断是否有道理？我们不妨来看一看新版《辞海》和新版《现代汉语词典》对"鲽"的解释：

《辞海》："鲽，……比目鱼的一类。体侧扁，不对称，两眼都在右侧。"

《现汉》："鲽，鱼类的一种，身体侧扁像薄片，长椭圆形，有细鳞，两眼都在右侧。"

上面的材料证明我们的推断不是臆测，而是符合客观事物的实际情况的（形体特征）。因此，比目鱼"鲽"之得名就是由于其形体特点——扁而薄。此外，今人呼盘子小而薄者为"碟"，盖也由其形体特点而得名。

"鳙"之得名也是由于其形体特点。

　　《广雅·释鱼》："鲢，鱮也。"王念孙曰："其头尤大而肥者，徐州人谓之鲢，或谓之鳙。"

关于"鳙"之得名，有下列同族词可证：

　　𧳜　《说文·豸部》："𧳜见《上林赋》。郭璞曰：𧳜似牛，领有肉堆，即封牛也。"按封牛即大牛。《山海经》中有"封豨"，封豨即大猪也。[③]。

---

① 见《表》，260～262 页。

② 《尔雅释音》"释地第九"中"鲽"后标直音字"膘"。见《四部从刊》，线装本卷中 17 页。

③ 参见《尔雅义疏·释畜》"犦牛"条，1330 页。

镛　《说文·金部》:"镛，大钟谓之镛。"（729页）

肿　《说文·肉部》:"肿，痈也。"段注:"按凡膨胀粗大者谓之瘇（臃）肿。"（172页）

颙　《说文·页部》:"颙，大头也。"段注:"引申之，凡大者皆有是称。"（417页）

这一组字皆有"大"义，并属上古"东"部（见《表》，125～126页）。故可知"鳙"的内部形式是"大"，"鳙"之得名是由于其"头大"的形体特点。再看现代辞书的解释：

《现汉》:"鳙，鳙鱼，身体暗黑色，鳞细而密，头很大。"

《辞海》:"鳙，鱼名。……头大。"

成语有"鹬蚌相争，渔人得利"。然则"蚌"之得名又是为何呢？我们下面来对这个问题作一探讨。

収　《说文·部》:"収，竦手也。"段注:"按此字谓竦其两手以有所奉也。"又，"奉，承也。"（103页）

挬　《说文·手部》:"挬，奉也。"（603页）《广韵·肿韵》:"捧，两手承也。"（218页）按两字异体实同，皆"捧"字也。

共　《说文·共部》:"共，同也。"（105页）

拱　《说文·手部》:"拱，敛手也。"（595页）

拲　《说文·手部》:"拲，两手共同械。"段注引玄《周礼》注曰："拲者，两手共一木也。"（610页）按"两手共一木"之"木"指古代木制的手铐。

夆　《说文·夆部》:"夂，牾也。"段注:"午部曰：'牾，逆也。'夆训牾，犹逢、迎、遇、逆互相为训。"（237页）

逢　《说文·辵部》:"逢，遇也。"（31页）《尔雅·释诂》:“逢，遇也。”郝懿行疏:“《说文》云:‘遇，逢也。’《释言》云:‘耦，遇也，二人相对遇也。’然则‘遇’亦二人相对耦矣。”（198页）

缝 《说文·糸部》:“缝，以针紩衣也。”(656页)

按収 （今音gǒng）作两手相对形，“奉、共”皆从収，会意兼声；“捧、拲、拱”则是后起字，“奉、共、捧（拲）、拱、拳”皆由双手交合意孳乳而来。

“丰”即缝合之缝的本字[①]。缀合两衣片谓之缝，故“丰”也有交合意；“夆”乃相逢之逢的本字，其所以从“丰”，盖亦取“丰”之交合意也，会意兼声。

“捧”原作“拲”（《说文》无“捧”字），后又作“捧”。可见“奉、丰”意本相通。“蚌”又作“蜯”，也可证“丰、奉”相通。《说文·玉部》:“珠，中阴精也。”段注:“蜯，或蚌字。”（17页）

观上列诸字，皆有“交合”意，且同在上古“东”部（见《表》，124～125页）。由此我们可以断定:“蚌”之得名是由于它的两片蚌壳能够开合关闭之特征。请看《现代汉语词典》的解释:“蚌，软体动物，有两个椭圆形的介壳，可以开闭。”

大自然的事物，色彩斑斓。因而事物的颜色也往往称为人们命名事物的根据。如“虾”得名于熟后变红的色彩变化，“鹤”得名于其雪白的羽毛，“蝇”得名于它的黑色，“铜”则得名于它的红色[②]。人们日常食用的蔬菜“葱”也是得名于它的色彩。请看下面这一组同源词:

---

① 此取康殷之说。见康殷:《文字源流浅说》，527～528页，北京，荣宝斋，1979。

② 见《春秋左传集解》，第四册，1214～1215页，上海，上海人民出版社，1977。

葱 《说文·艸部》:“葱，菜也。”(45页)

繱 《说文·糸部》:“繱，帛青色也。”段注:“《尔雅》:‘青谓之葱。’葱即繱也。谓其色葱葱，浅青也，深青则为蓝矣。”(651页)

骢 《说文·马部》:“骢，马青白杂毛也。”段注:“白毛与青毛相间则为浅青，俗所谓葱白色。”(962页)

璁 《说文·玉部》:“璁之似玉者。”(17页)

以上诸字，同在上古“东”部，且同音（见《表》，123页），皆有“青色”之意；“青”“葱”二字旁转，声母、韵尾皆同。因此，我们认为，“葱”这个词的内部形式应是“青”，“葱”这一植物的得名也是因其上青下白的色彩特点。今歇后语“小葱拌豆腐——一青二白”也正是按葱之色彩而构成。

“葱、蒜”在古代同称为荤菜。“葱”之得名是由于其色彩，那么“蒜”又是因何而得名呢？在回答这个问题之前，我们先来看下面一组字：

祘 《说文·示部》:“祘，明视以祘之。”(8页)

筭 《说文·竹部》:“筭，长六寸，所以计历数者。”(198页)

算 《说文·竹部》:“算，数也。”(198页)

篹 《汉书·艺文志·论语》:“夫子既卒，门人相与辑而论篹，故谓之‘论语’。”颜师古注:“‘篹’与撰同。”(1717页) 按 为纂集之义。

纂 《文选·笙赋》:“咏园桃之夭夭，歌枣下之纂纂。”注曰:“攒，聚貌。纂与攒古字通。” (261页)《广韵·缓韵》:“纂，集也。”(266页)

篹 《汉书·司马迁传》:“自古书契之作而有史官，其载籍博矣，之孔氏篹之。”颜师古注:“篹与撰同。”（2737～2738 页）按此亦纂集之义。

钻　《文选·西都赋》：“尔乃期门佽飞，列刃钻鍭。”注引《仓颉篇》曰：“攒，聚也，钻与攒同。”（28 页）按期门指汉武帝，佽飞是掌弋射之人。

攒　《文选·西京赋》：“攒珍宝之玩好，纷瑰丽以奢靡。”薛综注：“攒，聚也。”（48 页）《广韵·换韵》：“攒，聚也。”（384 页）

欑　《说文·木部》：“欑，……一曰丛木。”段注引《仓颉篇》云：“欑，聚也。”（264 页）

灌　《庄子·秋水》：“秋水时至，百川灌河。”成玄英疏：“凡百川谷皆灌注黄河。”① 《广韵·换韵》：“灌，聚也。”（383 页）

以上所列诸字同在上古元部（见《表》，171～173 页），而且均有聚集义。“算、筭、祘”实为一字，“算”亦有累积之法（加和乘），故“算”亦有聚集义。从“算”得声之字与从“赞”得声之字互通。综观以上诸例，我们认为，“蒜”之得名亦与聚集义有关。再看现代辞书的解释：

《现代汉语词典》：“蒜头，蒜的鳞茎，略呈球形，是由许多蒜瓣构成的。”

今之谜语“弟兄七八个，围着柱子坐”是对“蒜”这一特征的形象的描绘。

观察词义的引申演变也可以帮助我们探求事物的得名之由。例如“天”之得名。

“天”为指事字，本指人头，“大”像人形，上加一指示符号，表示人头之所在；《山海经》中有神话人物“刑天”。《山海经·海外西经》：“刑天与帝至此争神，帝断其首，葬之常羊之

① 《庄子集释》，第 3 册，561 页，北京，中华书局，1982。

山。乃以乳为目，以脐为口，操干戚以舞。”“刑天”之名即由于其为断首之人①。由此可知，“天”乃人体之最高部位，引申之，人们便把心目中至高无上的地方叫做“天”。这一点可由与“天”有关的同族词可证：

天《说文·一部》：“天，颠也，至高无上。”段注：“颠者，人之顶也，以为凡高之称。”（1页）

颠 《说文·页部》：“颠，顶也。”段注：“引申为凡物之顶。”（416页）

顶 《说文·页部》：“顶，颠也。”段注：“引申为凡在最上之称。”（416页）

巅 《广韵·先韵》：“巅，山顶也。”

以上诸字皆有“高”义，语音相同或相近，可证“天”的内部形式确实是“最高”——人头是人体最高之部位，上天是最高的地方。

宋王圣美创“右文说”，曾有“水之皮谓之波”之说，后人笑之。笑则笑矣，然则“波”之得名如何依然不明。今试为探求之。

波 《说文·水部》：“波，水涌流也。”“涌，滕也。”段注：“滕，水超踊也。”（548～549页）按“滕”今用“腾”字。

陂 《尔雅·释地》：“陂者曰阪。”郭璞注：“陂陀不平。”（841页）《说文·阜部》：“阪，坡者曰阪。”（731页）《广韵·阮韵》：“阪，大陂不平。”（261页）

颇 《说文·页部》：“颇，头偏也。”（421页）《左传·昭公二年》：“君刑已颇，何以为盟主？”杜预注：

① 见《山海经校注》，214页，上海，上海古籍出版社，1980。

“颇，不平。”①

跛 《说文·足部》：“跛，行不正也。”②

簸 《说文·箕部》：“簸，扬米去糠也。”（199 页）

以上诸字，皆属上古歌部唇音字，且都有“起伏不平”义。因此，我们认为，“波”之得名是由于其形成之因和它的状态：水面上因动荡起伏不平而形成的现象。再看《辞海》的解释：“波　水的起伏现象。”这可以从一个方面证明我们的推断是合理的。

“肉”之得名，不是根据其形体特点。那么人们是根据什么来命名“肉”的呢？汇集了同“肉”有关的同族词，我们也可以对这个问题给出回答。

肉 《说文·肉部》：“肉，大胾也。”又“肌，肉也。”（167 页）按析言之，“肌、肉”有别，统言之，则“肌、肉”为一。

柔 《说文·木部》：“柔，木曲直也。”段注：“柔之引申为凡 弱之称。”（252 页）

煣 《说文·火部》：“煣，屈申木也。”（484 页）

鍒 《说文·金部》：“鍒，铁之耎也。”段注：“耎，犹偄；偄者，弱也。”（714 页）

鞣 《说文·革部》：“鞣，耎也。”段注：“耎同偄，弱也。”（107 页）

畷 《说文·田部》：“畷，和田也。”（695 页）按“和田”即土质松软而肥沃之田地。

① 见《春秋左传集解》，第四册，1214～1215 页，上海，上海人民出版社，1977。

② “跛”字见中华书局，1979 年 10 月版单行本，《说文解字》，47 页。段玉裁在其所著《〈说文解字〉注》中删。

“肉”上古读音属觉部，“柔”等字皆属幽部。上古韵部觉、幽对转（见《表》，81页、93页），语音相近，且都有柔软之义。因此，“肉”之得名当是由于其柔软可屈申之特征。《现代汉语词典》对“肉”的解释是：

肉　人或动物体内接近皮的部分的柔韧的物质。

“肉”之得名是因其柔软，那么“骨”之得名是不是因其坚硬呢？这当然是一个假设。要证实这个假设，我们还需要语言事实的支持。我们先来看下列一组词：

骨　《说文·骨部》：“骨，肉之覈也。”段注：“西部曰：‘覈，实也，肉中骨曰覈。’……按覈、核古今字。”(169页)

核　《尔雅·释木》：“桃李丑，核。”(1114页) 朱骏声曰：“按如人之有骨也。”①

骸　《说文·骨部》：“骸，胫骨也。”(166页)《广雅·释器》：“骸，骨也。”王念孙曰：“骸之言亦核也。”(961页)

覈　《说文·襾部》：“覈，实也。”(357页) 朱骏声曰：“凡物包覆其外、坚实其中曰覈。”②《广雅·释器》：“骸，骨也。”王念孙曰：“骨之言骸也。”(961页)

以上诸字，上古音近并义通，皆有“中实”义。因此，我们原来的假设并不合理，而需要进行修改：“骨”之得名并不是因其坚硬之特征，而是因其被皮肉包裹，如“果中之核”的特点。

①② 王力：《同源字典》，249～250页，北京，商务印书馆，1982。

附录二　儿童词汇和语义发展的理论

同儿童的语音的习得、语法的习得相比，儿童的词汇和语义的习得对儿童语言习得的影响是比较大的，因为早期儿童最先习得的就是语言成分的语义及其之间的语义关系，但是关于儿童的词汇和语义习得的研究取得的成果则相对较少。儿童的词汇和语义的习得涉及语言系统内部自身的发展和语言系统之外的广泛知识的获取。近20年来，在儿童词汇的习得、语义的习得和儿童语义系统的发展、儿童早期的概念发展特征和语义发展的关系方面取得了不少进展，并获得了一些有价值的结论。

一、儿童概念的习得

1.1　概念的特征及其作用

概念是人类思维的一种重要形式，是进行一切认知活动的基础。概念反映客观事物的一般的本质特征。人类在认识客观世界和事物的过程中，把某些事物所共同具有的本质特征抽取出来，加以概括，就形成了概念。因此，概念既是存在于人脑中的一种知识内容，又是主体的一种认知加工过程。它具有静态和动态的双重特点。概念对其他认知活动（如感知觉、语言、记忆、推理等）发生影响作用，同时概念本身又受到其他认知活动的影响。个体概念的发展水平在一定程度上反映和决定了个体思维的发展水平。

概念在儿童的认知发展和语言发展中具有非常重要的作用。儿童通过概念可以对具有共同特点的不同事物进行认知，形成记忆；同时，儿童通过概念还可以帮助他们认识尚未实际感知的事物和没有经历过的事件。儿童在认识一个新的事物的时候，借助于概念，可以节省许多心理能量和时间。当儿童掌握了某种概念后，他对这个概念反映的事物和所表达的内容就很容易进行回忆，这一过程有时甚至是在完全自动化的状态下完成的。

概念的发展是儿童认知发展中的一个重要方面。最新的研究表明，概念的发展在儿童婴儿期就已经开始，学龄前儿童已经能掌握了许多不同的概念，如动物、树、桌子、椅子、冬天、时间、简单的数、电话、友谊等。在学龄前儿童所获得的概念中，有的概念涉及的是事物，有的概念涉及的是事件；有的概念具有时间上的延续性，有的概念仅与儿童当前的生活相联系；有的概念具有空间的广泛性，而有的概念仅仅反映某一特定区域里儿童的生活内容。随着儿童年龄的增长、语言系统的发展以及其他认知活动的发展，儿童掌握的概念越来越丰富，越来越复杂。儿童借助于概念，能够使他们更好地认识世界，更有效地适应社会环境。

1.2 儿童早期的概念发生和形成

人们对儿童概念习得的研究很早就已经开始，在今天，这项研究仍然是心理学家关注的一个焦点问题。但在相当长的一段时间里，研究者对这方面的研究集中在儿童产生语言以后的各个阶段上，并且认为儿童语言的发展是概念发展的先决条件。儿童语言产生以前是否就完全没有概念？儿童产生概念的初始阶段是什么时候？这些问题是发展心理学家和心理语言学家十分感兴趣的课题。随着现代科学技术的发展，一些现代化的研究技术和手段在心理学上的应用，人们对这些问题进行了探讨，人们对儿童概念发生及其发展有了新的认识。

关于早期儿童的概念的发生和发展的研究认为，概念形成与概念同化是儿童获得概念的两种基本方式。奥苏伯尔分析了概念形成与概念同化这两种形式所包括的不同心理过程。概念形成实质上就是要理解一类事物的共同的本质特征，也就是说使符号代表一类事物而不是代表特殊的事物。某一事物也可能具有很多特征，其中既有本质特征（关键特征），它决定着事物的分类；也有无关特征，它不决定事物是否属于某一类。儿童最初习得的可能并不是本质特征，而是一些其他的特征。如儿童对“球”的认识，最初接触的可能是球的大小、颜色、形状等方面的特征，这些特征并不具有概念上的分类作用，因为它们并不能决定某一物体属于“球”这一类。有的事物的本质特征人们能观察到相关的物理变化或化学属性，如形状、颜色、大小、气味等特征可以直接观察到，容易识别，对于儿童来说也较容易习得；有的本质特征则不容易直接观察到，而是要在运用中才能掌握，因而对于儿童来说不容易习得。如“球”的功能（用于游戏和运动活动的功能）就是隐性的，儿童早期的认知结构对球的功能认识不能达到一个较高水平，因而不能很快地掌握这种特征，因此也就不能很快地习得球的一些本质特征。儿童在脱离了具体实物的情况下掌握了某一实物的本质特征，并且运用该特征将它与别的事物区分开来，即儿童具有了运用一类事物的本质特征进行反应的能力。学者们认为，只有儿童获得这种反应能力，才能说儿童习得了某一事物的概念。

早期儿童的认知结构简单，语言知识贫乏，他们只能从大量的他们所实际观察体验到的具体实物中，以归纳的方式抽取出一类事物的共同属性，这一过程包括辨别、抽象、分化、提出假设与检验假设和概括等，从而获得某些初级概念。由于这一过程是儿童自发地形成的，儿童这一阶段所形成的初级概念也称为自发概念。[1] 所以早期儿童习得概念的典型方式是概念形成。

在现实生活中，概念形成的时间很长，而且很少有固定不变的程式。例如“狗”这个概念的形成，儿童在实际生活中见到各种各样大小、形状、颜色不同的狗或其他动物，他在与成人的交往中，通过成人的肯定或否定回答来证实他所归纳的关于狗的本质特征，获得知觉上的分类，并最终形成“狗”这个概念。

关于早期儿童概念的发生和发展的研究还认为，处于前语言阶段的儿童没有形成概念的能力。皮亚杰认为，1 岁前的儿童对物体的分类属于感知运动式的分类，这种分类是非概念性的。而概念是这种感知运动图式的内化。儿童从非概念分类向概念分类的发展出现在感知运动阶段到前运算阶段过渡期内，至少要在 1.5 岁以后。但 20 世纪 70 年代以后，许多对婴儿期概念的发生进行的研究认为，在皮亚杰认为还未出现概念思维的时候，婴儿最初的概念形式就已经出现了。这促使研究者对儿童的概念形成的机制进行了分析，出现了一些新的观点。皮亚杰将知觉和概念作为两个阶段来进行描述，但最新的知觉分析机制理论认为，知觉分析是儿童对事物所进行的一种简单的再描述，它常常伴随着儿童知觉活动本身的进行而进行。通过知觉分析，儿童可将通过感知到的事物的某种信息重新编码为另一种形式，在重新编码的过程中，某些原始的信息被丢弃，而另一些原始信息经过浓缩后形成意象图式，这种意象图式的初始形式主要是有关信息的空间结构形式，这就是婴儿期粗略的概念形式。由此可见，知觉和概念虽然是对客体进行的两个不同加工过程，但两者有着密切的联系。有证据表明，儿童在形成概念时，知觉起着非常重要的作用。

---

① 所谓初级概念指的是：儿童从具体的实际经验中获得的概念。由于这种概念是儿童自发形成的，所以又称为自发概念；维果斯基认为这些概念是儿童在日常生活中获得的，因而把这种概念叫做日常概念。

最新的研究认为，婴儿期的儿童就表现出了一定的知觉辨认能力。儿童的这种知觉辨认能力来自于对事物差别性的感知和认识。儿童对事物差别的认识，是儿童分类能力发展的基础，而分类又与概念的产生和发展相联系。研究者运用视觉偏爱和刺激呈现的方法对婴儿的知觉辨认能力（主要是视觉辨认）进行研究，研究结果发现，3 个月的婴儿已经具有了分辨简单图形和刺激物的能力。不仅如此，通过儿童实际接触刺激物的动作模式（包括体态、面部表情、抓取动作、注视方向等）的研究还发现，虽然婴儿并未见过或接触过一些事物（刺激物），但却能够通过简单的知觉分类将未见过的东西归为已知的某个类别，并对此做出恰当的反应。这说明早期儿童具有简单的归类能力。

儿童早期概念发生的另一个表现就是分类能力。科恩（Cohen）等通过“习惯化/去习惯化”反应技术①对七八个月的婴儿识别成年女性面孔照片的研究发现，处于前语言阶段的儿童在辨认刺激时，已经能忽略某一个面孔与另一个面孔在一些具体细节上的差异，而把握作为人类成熟面孔的某种最本质的特征，进而将形形色色、具有细微差异的女性面孔作为同一类刺激物去进行感知和反应。由此人们推测，在婴儿的大脑中已经形成了有关“人的面孔”这一客体类别。其他的研究还发现，6～7 个月的婴儿具有比其年龄小的婴儿在相对较短的时间里学会对物体进行知觉分类的能力；3～4 个月的婴儿能根据物体的形状进行分类，而不受物体摆放位置和方向的影响。2～4 个月的婴儿对某些几何图形的角度变化注意力程度高，而对这些几何图形摆放位

① 习惯化是指反复给婴儿呈现一个刺激后，婴儿对该刺激的注意程度就减低，形成习惯化；去习惯化是指当重新引入一个新的刺激时，婴儿对此的注意程度又会恢复原来的水平。见陈英和：《认知发展心理学》，142 页，杭州，浙江人民出版社，1996。

置的旋转角度的注意力程度低（即保持习惯化）。这些研究结果都表明，2~4个月左右的婴儿能在某种程度上感知和认知几何图形某些重要的特征。

虽然婴儿已经具有了简单的分类能力，但是他们是如何完成这种分类的呢？有关研究发现，婴儿在进行分类时依据的是“范畴原型”（category prototype）。“范畴原型”是一种对某类别的抽象表征，它反映的是该类别最典型的特征。具有较多“范畴原型”特征的具体事物是原型范例，而具有较少的“范畴原型”特征的事物是非原型范例。原型范例与非原型范例通过“家族相似性”相连接。有的学者通过婴儿识别人脸图片形成习惯化的研究发现，婴儿对“范畴原型”保持习惯化，尽管在形成习惯化阶段，婴儿从未见过真正的“范畴原型”。实际上，这种“范畴原型”是儿童经过对有关事物的感知后，从不同的范例中抽取出来的一些本质特征，并将这些特征贮存在记忆之中。安格林（Anglin）发现，与非原型范例相比，原型范例更易于婴儿形成“范畴原型”。罗伯茨等（Roberts & Horowitz）发现，当以鸟类的原型范例（麻雀、知更鸟、鸽子等）作为初始刺激使幼儿形成习惯化时，幼儿可以形成关于鸟类的“范畴原型”；而当以鸟类的非原型范例作为幼儿形成习惯化的刺激材料时，幼儿则不能形成关于鸟类的“范畴原型”。

婴儿识别“范畴原型”的研究表明，婴儿对于客观世界的某些事物已经具有分析、归纳的能力，虽然这种能力还处于知觉水平，还未达到成人的思维水平，但是，婴儿在分类过程方面与后期儿童及成人存在着某些相似性。如有关学者对婴儿颜色分类过程的研究表明，婴儿对颜色的分类表现出与成人分类的惊人的相似性。博恩斯坦（Bornstein）用“去习惯化”方法对儿童的颜色识别过程与成人的颜色识别过程比较发现，4个月的婴儿能够像成人一样对两种颜色之间30毫微米的跨波段波动做出反应，而对同波段内30毫微米变化却无动于衷。这说明4个月的婴儿对颜色的感知和辨认与成人表现出相似性，即4个月婴儿具有与成人的大致相同的颜色范畴性知觉。婴儿这种对颜色的感知和辨认的结果同时还印证了有关颜色词的普遍性理论。即不同文化背景的人对不同颜色的命名不同，但是他们对颜色的实际感知和辨认却表现出相似性。这一研究还说明，是否具有命名颜色的颜色词并不是构成儿童颜色识别的必要条件。德国眼科专家马格努斯（H. Magnus）1880年发表了《关于原始民族的色觉的调查》，反驳了盖格尔关于辨色能力决定颜色命名的论断。他认为，颜色的命名与感知能力并没有必然联系。一种“原始”的语言往往缺乏抽象颜色的名称，但这并不是因为使用这一语言的人们不能区分某些颜色，而是因为这些颜色的区分对他们来说并不重要。所以他们就不从语言上加以分辨。①

一些学者认为，儿童在掌握语言之前很难进行真正的分类，即使某些儿童可以分类，也只是一种具体的、感知的、不具逻辑性的初级分类，因为儿童所使用的分类依据完全是物体感知特征，而且只能是事物某一维度上的特征。有关学者对儿童的分类依据进行的研究发现，儿童在分类时使用三种不同的方式，一是儿童根据物体的部分特征，如将“手表”和“尺”分为一类，因为“手表”和“尺”上都有刻度；将“炉子”和“烟斗”分为一类，因为这两者都能冒烟；二是根据物体的某种功能联系，如将“人”和“手表”分为一类，因为“人”可以带“手表”；将“火柴”与“烟斗”分为一类，因为“火柴”可以点“烟斗”；三是根据事物的内在属性，而不是根据事物的外在特征，如将“小鸡”和“奶奶”分为一类，因为二者都是有生命的。

① 见姚小平：《基本颜色词理论述评》，载《外语教学与研究》，1988年第2期。

这三种不同的分类存在着年龄差异，其中前两种儿童早期使用较多。

1.3　概念习得的发展

维果斯基（Vygotsky）认为，概念形成是一种复杂的高级活动，在这个复杂活动中，儿童所有认知发展和智力功能都参与其中。他将儿童早期概念形成的发展分为三个基本方面，每一方面又分为若干阶段。

第一方面是无组织的聚集或堆积，即儿童语言中词的意义表现为把各个个别物体比较含糊的概念混合进行聚集。

第二方面是复合思维，即儿童不仅通过他的主观印象把个别物体聚集起来，而且通过实际存在于物体之间的联系把个别物体聚集起来。在复合体中，各组成部分的联系具体而实在。存在着联想型复合、连锁型复合、扩散性复合、假概念等类型。复合的主要功能是建立联系与关系，复合思维通过经验把互不关联的各个要素组织成一个类别，从而开始将分类的印象统合起来，并为后来的概括创造基础。这时儿童部分地超越了自我中心主义，认知水平也从低级上升到高级。复合思维及其特征是语言发展的基础。

第三方面是抽象，儿童通过对知觉综合特征进行肯定抽象和否定抽象，形成“潜在概念”（它以挑选某些共同属性为基础）。维果斯基认为，概念形成不是通过联想的相互作用而是通过一种智力操作来形成的，在这一过程中，一切的基本心理功能都参与其中。这种操作由词语的使用来指导，词语是积极集中注意、抽取某些特征、综合这些特征、并通过一种符号使它们象征化的工具。处于认知发展的感知运动阶段的早期儿童，由于他们的认知发展的局限，他们只能获得初级概念。[1] 这种概念不论是儿童自己发现的，或是由成人告诉的，儿童首先必须与多种多样的具有或不具有该事物本质特征的具体事物相联系，从多种多样的事物中来检验概念的本质特征，并理解概念的本质特征。有的研究证实，有时成人为儿童提供了概念的本质特征，但成人如果不能提供一些不具有该特征的事物让儿童来检验这些特征，儿童也不能理解和习得成人教给他们的概念。前运算阶段儿童的认识依赖于具体的实际经验，而限制了他们获得概念的范围，他们只能获得由可直接知觉的和熟悉的事物所构成的初级概念。如房子、狗等。维果斯基还指出，儿童在运用自发概念时，并没有自我意识，或者说并未意识到这些概念，因为他们的注意只是指向概念所指的对象，而不是思维活动本身。随着儿童的认知和语言的发展，儿童的概念变得更精确、更系统和富有灵活性，如 5 ~ 6 岁的儿童不仅获得了较抽象的概念，而且也能对紧密相关的概念（如狗和狼）作出较精确的分化，并在概念之内又发展了下位概念（如“鱼”这个概念中的“鲤鱼”和“鲫鱼”等下位概念）。只有当某一概念成为某个体系的组成部分时，它才能受到意识的随意控制。皮亚杰和维果斯基都认为，儿童习得概念过程中的认知运算的自我意识，要到接近青年期并且在受过系统的教学后才能发展。

对于儿童概念发展的趋势，学者们还存在不同的意见。布鲁纳和奥尔维（1963 年）认为，儿童习得概念的一个最基本的发展趋势是，从比较具体到真正的抽象。早期儿童按直接知觉的物体的属性，如非基本的偶然特征、空间与时间接近或者活动场所相似对物体进行分类。这时儿童以具体的形象代表一类可以知觉

---

① ［前苏联］维果斯基著：《思维与语言》，李维译，第五章，“概念形成的实验研究”，59 ~ 94 页，杭州，浙江教育出版社，1997。

到的物体，物体的各种维度上的特征（大小、形状、颜色）不能与儿童所经验到的物体分离。随着儿童年龄的增长和认知的发展，这些特征可以脱离具体事物而趋于概念化，具体的形象逐渐被较抽象的符号所取代。

布朗（Brouw）认为，概念的发展不一定从具体到抽象，即从下位的概念到上位的概念。如儿童不是从“鲤鱼”“鲫鱼”这些下位概念中来习得“鱼”这个上位概念的，可能同时习得“鱼”“鲤鱼”“鲫鱼”等概念，并从这些广泛性的概念中来区分“鱼”和“鲤鱼”、“鲫鱼”这些上位概念和下位概念。但是有人认为，虽然一部分概念是从一个较广泛的概念中来区分上下位概念的。但是这个广泛性概念本身的习得，必须经过一个概念化的过程。儿童语言中的“鱼”并不是一个与成人理解相同的上位概念，而是指称一两种鱼的一个特殊的术语，儿童当然不能从这样的特殊术语中发展上下位概念。他进一步认为，对儿童来说，对事物进行范畴化总是从特殊活动这一层次开始的，然后运用“想象力的成就”(achievements of the imagination) 向两个方向发展，向上到“上位范畴”(superordinate category)，向下发展到“下位范畴”(subordinate category)，因此，范畴化的第一层次具有如下一些特征：

（1）这一层次是特殊活动的层次。

（2）这一层次是最早被认识的层次，也是事物最初被命名的层次。

（3）这一层次所命名的词语名称最短，而且使用最为频繁。

（4）这一层次是范畴化的天然层次，与运用“想象力的成就”而产生的范畴化层次（上位层次和下位层次）正好相对。

从特征上说，基本层次范畴（category at the basic level）在范畴的层次结构中一般都是层次比较靠下的范畴，它的特征比上位范畴更复杂。范畴理论预测上位范畴的习得先于下位范畴。但有证据表明，上位范畴出现在儿童发展的后期，而且也滞后于基本层次范畴的习得，即基本层次范畴的习得先于其他层次的范畴。罗斯奇（Rosch）通过儿童识别基本层次范畴和上位范畴的实验也证实了这一点。罗斯奇等所进行的一项实验是这样的：先后给3岁的儿童分别出示一些玩具，但每一次只出示3个，要求儿童指出在这3个玩具中哪两个更相似。为了了解儿童对哪个层次的范畴更敏感，每次出示给儿童的玩具都有所变化。如在3个玩具中，有时其中的两个玩具是属于同一个基本层次范畴的（如两架不同的飞机），有时其中的两个玩具属于同一个上位范畴（如一架飞机和一辆小车，它们都属于“交通工具”这个上位范畴）；而在任何一次的玩具呈现中，第3个玩具总是属于另一个完全不同的类别（如一只玩具小狗）。研究发现，3岁儿童对基本层次范畴的识别完全正确，准确率达到99%，几乎没有错误；而对上位层次范畴的识别，3岁儿童的准确率只有55%，4岁儿童达到96%。值得注意的是，尽管3岁儿童还不能命名所呈现的图画中的物体的名称，即不能说明这样一个范畴化的理由，但他们的识别完全正确。因此，每个儿童基本层次范畴的突显完全符合罗斯奇的假设：即基本层次范畴是按照客观事物的感知的、功能的或客观世界存在的事物的其他属性来扩展的。这从另一个角度说明了早期的儿童对基本层次范畴最为敏感。

1.4 概念表征的方式

一般认为，成人对客观事物的表征方式大致有四种：①定义特征表征（defining-features representation），②可能性表征（probabilistic representation），③样例表征（example-based representation），④理论表征（theory-based representation）。儿童是否都具有以上四种表征方式呢？有关的学者对这些问题进行了研究。

定义特征表征的标准就是，能够理解一个事物的本质特征，并能根据事物的特征判断属于该事物的样例和非样例。一般认为，早期儿童还不能进行定义特征的表征。有学者认为，1岁左右的儿童虽然可以理解事物之间的某种类别关系，但是到4～5岁还不能进行真正的分类。原因有两个：一是儿童的兴趣而不是能力造成的。儿童的兴趣影响了他的分类的真正表现。二是儿童的知识和认知的局限。幼儿对于大部分事物的本质特征仍处于不了解或半了解的状态。这也阻碍了他们的真正分类。因此很难对事物进行定义表征。但是有的学者发现，5岁儿童对于"强盗"这个事物能进行定义表征，虽然儿童的实际生活中较少接触"强盗"，但在儿童的间接经验中对这个事物并不陌生，如电视节目、儿童读物以及很多的儿童故事中都有关于"强盗"的内容。因此，间接的知识也会帮助儿童认识事物的定义特征。还有学者对儿童日常生活接触的事物进行研究发现，很多儿童对于自己比较熟悉的事物的定义表征能力发展较早。但从总体上说，儿童对各种事物的定义表征能力随着年龄和认知经验的增长而不断发展。

可能性表征（原型表征）的基础就是原型理论。人们在实际生活中，常常根据事物的各种可能性关系进行表征。许多事物之所以被分为一类，所依据的并不是事物的本质特征，而是存在于事物之间的"家族相似性"（family resemblance），在概念的每一个范例之间存在着不同程度的相似性，而且事物的任何一个特征都不为所有的范例所共有。当儿童判断一个事物是否具有一个概念的范例时，要看这个事物所具有的特征对这个概念的表现程度以及对其他概念的非表现程度（暗示效应）。如"飞"这个特征对于"鸟"就具有很高的表现程度，对于其他概念如"椅子"则不具有很高的表现程度。因此，"飞"就被看成是"鸟"这个概念的典型特征。可能性表征可以解释儿童为什么有时会对两个具有同样定义特征（本质特征）的事物产生不同的反应，他们只将其中的某一个视为原型范例，另一个则不是。如“苹果”和“梨”都是“水果”的范例，但是儿童倾向于把“苹果”看作是“水果”，而“梨”则不是。这是因为“苹果”所具有的特点如大小、颜色、味道等更接近“水果”原型，因此具有很高的暗示效应。儿童在实际生活中，每接触一个新事物，往往要观察该事物的各种特征，通过比较分析，来决定哪个事物属于哪个概念的原型范例。这样儿童就会慢慢扩大所掌握的概念系统。

样例表征就是通过各种样例来归纳事物的本质特征。它是儿童早期习得概念的一种最重要方式。如，儿童可能是先见到一只“狗”，然后看到各种各样的“狗”，随后他们会慢慢发现“狗”在大小、外形、颜色等方面会有所不同，但是所有的狗都具有毛皮、四条腿、被人饲养用来看家或做宠物等本质特征。儿童会对“狗”进行表征。但在这一过程中，也有发生判断错误的时候。如学者们发现，有的儿童不把一只短毛狗称为狗，“不，那不是狗，长毛的才是狗。”这说明儿童还没有掌握“狗”的本质特征。有关的研究证实，样例表征对儿童早期概念习得的帮助更大。但是样例表征依据的是直接或实际的经验。因此，儿童不会仅仅依赖样例表征来习得概念。这也可以解释儿童早期概念范围狭小的原因。

理论表征就是主体依据已有的概念知识，对当前事物或事件进行分析、推理并得出结论的过程，即用已有的概念去解释新出现的概念。理论表征可以克服主体在认识事物时知觉的局限，而更关注事物内在的本质。一般认为，理论表征的难度较大，早期儿童不大可能具有这种能力。

儿童在概念习得过程中，并不是仅限于一种方法和途径，而是儿童在不同的发展阶段可能具有不同的概念习得能力。如早期儿童更倾向于通过对个别样例的特征进行感知和记忆来习得概念；当儿童具有对事物的各种特征比较、分析的能力的时，他们可能运用原型表征对事物所属的概念类别进行判断；当儿童了解事物的本质特征的时候，他们就会对事物进行定义表征。虽然儿童在不同发展阶段习得概念的方法和途径并不相同，但在习得概念的过程中，儿童始终会寻求建立事物各种特征之间的因果关系以及层级关系，以获得对事物意义的认识。

二、儿童语词的习得

2.1　儿童语义知识与概念知识

认知心理学认为，儿童具有进行习得单个符号或一组符号的意义的潜在能力，即习得符号代表什么的能力。没有这种遗传的能力，即使再多的经验也无法获得符号及意义。这已经为对人类以下的高级动物的实验所证实。黑猩猩虽然能够掌握某些代表客观事物的符号，但是要经过长期的训练，而且它们所掌握的符号也非常有限，真正有抽象概念的符号，黑猩猩并不能掌握。

儿童的语义知识与概念知识存在着差异，心理语言学家倾向于把儿童的语义知识与概念知识进行区分。布鲁姆主张对概念知识和语义知识进行明确的区分。他认为，儿童的语义知识包括词义和词之间的语义关系，而概念知识是一种深层的认知结构。儿童所形成的概念是对人、事物和事件之间关系的一种表述。儿童要学习客体的命名必须有一个客体的概念，这是一个语言学习的认知先决条件。因此，概念的习得是儿童语义习得的基础，而概念的习得又与儿童的认知相关。伦纳伯格认为，概念的形成是理解语义的关键，概念的形成是最基本的认知过程，获得事物的名称则是第二性的认知过程。布朗认为儿童语言习得是一个认知社会化过程，涉及语言范畴和非语言的客体范畴的相互协调。因此，儿童无论是对客体还是对社会系统的认识，都涉及概念的形成。但由于儿童语言是一个不断发展的动态的系统，同时又是一个不完善的表达系统，因此，儿童在语言习得过程中未必能准确地表达所形成的概念，同时概念知识本身也在不断地变化和完善。

2.2　概念的习得与语词的习得

对于概念的习得与词的习得的关系，现在还并不能假定儿童的语词习得任务就是和某些概念相匹配来发现语词标记。有关的观察指出，这种假设并不能解决词的习得问题，因为还不能对儿童如何处理语词概念的范围做出清楚的阐明。有证据显示，儿童如何界定词义的范围并不需要词与先前建立起来的概念之间的联系。相反，儿童界定词义的范围更可能是把词与词的所指相联系，词所指称的适应性范围是通过随后的进一步的语词的经验建立起来的。这种观点支持这样一种说法：概念的学习伴随着词语的使用和学习。布朗认为，儿童学习词汇是学习概念的充分条件。包尔曼（Bowerman）对这种看法进行了修正。他认为，儿童早期的词可能是儿童早先形成的概念的标签，但是某些词可能是作为一个认知诱因（lure to cognition）。尼尔森（Nelson）认为存在着这样一种发展倾向：儿童早期的概念先于儿童语言中的最早出现的词，但在以后的阶段，儿童的概念也可以通过语词来获得。在尼尔森看来，一个最初的概念可能是由一个单一的指示物组成，以后儿童的经验会调整他的概念。但是，现在的理论把两者视为一个单独的习得过程，即概念的形成伴随着语词的习得。安格林坚持认为，儿童是从特殊的样例中抽象出原型（prototype）或图式（schema）的，这些原型或图式代表着一个特殊样例的中心特征。因此，“狗”的原型是一个一般的“狗”。尼尔森认为，前语言的概念来自于儿童与环境的相互作用；福特

(Fodor) 认为，儿童的概念一点也不需要学习，儿童将词投射到内部编码的项目的能力是天赋的。

心理学家认为，对儿童来说，某个词代表什么，他们最初是完全无知的，他们必须学会这些单词代表什么，即儿童语言中的词与它们所代表的事物或观念在儿童的认知结构中建立了相应的等值关系。也就是说，当儿童说出一个词的时候，他是将语词所代表的事物在他的认知结构中建立表象的过程。儿童在早期认知发展过程中获得一种知觉，这种知觉使他认识到一个词与词所代表的事物在他们的头脑中引起的内容可以建立起等值关系。当一个新的词出现时，儿童就能把这个新词与他认知结构中与这个词有关的认知内容联系起来，建立某种新的等值关系。1 岁左右的儿童在与周围人们的交往中，听到人们用不同名词代表不同类的事物，用同一名词代表同一类事物，并通过直觉或非语言的概括来获得对语词的知觉能力，便能运用语词去指称他们所接触过的事物。例如，"狗"这个词，对早期的儿童来说是完全不具有意义的，在儿童多次见到狗的过程中，成人和其他年长的儿童多次指着狗（实物）说"狗"，儿童便逐渐学会用"狗"（语音）代表他们实际见到的"狗"。我们说，"狗"这个声音形式（符号形式）对某个儿童来说获得了意义，也就是说，"狗"这个声音符号引起的认知内容和他实际见到的狗所引起的认知内容是大致相同的，同为狗的表象。在儿童词汇习得的初期，词倾向于代表实际的未分类的事物。在意义上它与具体事物所引起的表象等值，简单命名是儿童词汇学习的最初形式。

2.3　儿童语言的语义特征

持认知论观点的人认为，儿童语言习得实际上是儿童认知发展的一部分，并且是与认知同时发展的。儿童从感知运动期向前逻辑运算期过渡的过程中，逐步理解和掌握语言符号的意义。通过与客观世界的接触发现事物的特征，通过与成人、与周围环境的接触了解社会的关系，儿童对所感知到的事物和社会现象依据其共同的属性进行划分，将丰富多样的客观世界纳入自己的认知结构并加以把握。这一过程被认为是范畴化的过程。儿童的认知活动和对词义的理解都离不开范畴化过程。

处在感知运动期的儿童的感知和认知经验具有不稳定性，他所获得的初级概念的范围和成分也具有不确定特点。自然状态下的概念习得是在复杂多变的事件中进行的。有研究证实，儿童的概念主要是从他与客体的交互模式中产生的，而不是从客体的静态特征中产生的。早期儿童在说话过程中经常评价事物变化特征，而对事物本身的静态特征很少关注。从这种感知对象的选择性可以看出，儿童较少注意那些仅仅是存在于现场而无任何行为表现的物体，如家具、树木、房舍；而对那些儿童自身可以支配的物体，如宠物、小动物、汽车、鞋子、食物、玩具等却表现出很浓厚的兴趣。儿童的注意力往往投向那些他们可以支配或具有变化性的物体，他们习得表示变化的物体的名词要早于其他静态物体的名词。

早期儿童的词语主要指称物体的变化性特征，如“热”“湿”“脏”，而不是稳定性的物性特征，如“圆”“红”，到了后期，才逐步吸收物体的稳定性特征。这足以表明：儿童语言是渗透在伴随着语言同时发生的一连串的活动或事件之中的。儿童在理解词义的时候，并不是孤立地判断词义，而是把词语出现时所发生的活动或现象等综合情境纳入自己的理解范围。儿童对词的理解受到他对整个情境理解的强烈影响。

儿童词义的发展有赖于概念形成的发展。儿童早期语言中的词义是在概念的基础上发展起来的，但由于认知能力的局限，难以达到概念的水平。儿童对词义的理解也有一个逐渐发展的过程，并表现出很强的倾向性。有证据显示儿童并不是被动地接受情境，而是有着明显的预期和认知倾向，对某些特征的认知尤其突出，而对另一些特征表现出忽视，这种倾向性影响他对词义的理解。儿童习得某一个词，尤其是物体及其特征的词，使儿童能够对再次出现的物体或类似的物体进行表述，儿童不断地接触事物，逐渐发现一些事物的共同性特征，并使用已经习得的词语进行表达。儿童最初是用语音形式通过事物的外形和功能的把握来指称个体事物，随后对事物进行类的归属。这一过程是儿童进行认知归类的过程。研究者通过观察发现了儿童几种基本归类方式：属性归类、简繁归类和主题归类。

通过属性归类，儿童发现事物的一般特征和具体特征。如儿童对物体颜色、形状的识别就表现出这种属性归类的认知方式(这种归类不是对词的词性进行归类，这个阶段的儿童认知水平还不能做到这一点)。儿童对放在一起的一组物体的颜色和大小进行识别归类，并且也可以对其中的每个个别物体进行描述：球是红色的，积木是红色的，裙子也是红色的。这说明儿童通过属性归类的认知方式不仅归纳出几个物体的共同特征，而且能够表达出每一个项目的所具有的特征。通过繁简归类，儿童对事物的相关属性进行归类，通过主题归类，儿童把事物的若干特征聚集在具有一定主题意义的故事中。

一个词通常表达某个事物的概念，而概念则可以包括类似事物的特征。如果没有关于一个现象的名称，儿童就不会注意这个现象。布朗认为，一个词可以作为“认知诱因”，所以语词标记有助于概念的发展。布朗通过进一步研究，对这个问题有了更深入的看法。当儿童听到一个名称或一个标签，会对所指称的事物的范畴性质进行假设。他会对属于同一类的新事物进行命名，以此检验自己的假设。他所处的社会环境会认同或否定他的命名。正如维果斯基指出的那样：儿童的词与标签之间的关系在语言习得过程中是双向的。在自发性学习过程中，个体自发地归纳概念所包含的属性，而语词标记会强化这一过程。例如，一个儿童自发地注意到：狗、猫、松鼠与奶牛具有一些共同特点，于是，“动物”一词会使儿童强化这种发现。自发产生的概念逐步向科学概念方向发展。在儿童语义习得过程中，词汇的发展阶段本身反映概念发展水平。关键的问题是：儿童对某一个对象是否有不同的标签，还是对同一个标签有着不同而又稳定的对象。

2.4　词义的泛化、窄化

儿童语言中的词并不与词典中的词的定义相同。一个词可以有多个不同的所指对象，它们在某些方面是相同的，而在某些方面是不同的。词的所指界限并非泾渭分明，儿童语言中的词所指称的事物在儿童自己界定的范围内具有指称意义。儿童可能会扩大或缩小指称范围，因为他还没有完全掌握他所在言语社团对该词语标签的原型特征范围。因此，他可能把奶牛说成马，儿童语言中的“马”远远超过了成人对这种动物的概念范围。儿童甚至不把一只短毛狗称为狗。儿童还没有在短毛狗与长毛狗之间抽取两者的共同特征，这就导致了语词标签的外延窄化。实际上，该语词应当包括所有种类的狗，但却被儿童限制在某一个子类。外延泛化对具体事物行为、关系的称谓都会发生。它们主要是空间关系形容词、时间关系形容词和物体维度和方向形容词。一般认为儿童语词的词义外延窄化早于外延泛化。儿童早期的语词在语义上是有限的，外延泛化则在后来出现，如儿童命名的发展模式就是一个外延泛化的过程。从物体最明显的动态特征开始，继而是静态特征，然后是关系特征，逐步走向较为全面的特征。这个过程也反映了儿童认知能力（注意力、记忆、知识、认知策略等）的局限性。儿童从某一事物中抽取概念，再把它推广到许多不同的事件中，得到验证或巩固。儿童对物体所形成的概念则具体地表现为他所使用的语言范畴：表示存在的物体（名词)；表示物体的特性（形容词)，表示物体的变化（动词）等。

儿童早期的语言形式表达出儿童一些初步概念和不完全的语义关系：如评说与招呼（给一个具体可感知的事件加上语言标记)；呼语（给一个具体人物加上语言标记)；施事（表示发出动作行为的人)；受事（表示动作行为的接受者)；动作行为的类型或状态；领属关系等。在这一时期儿童也逐步建立了以语言为目标的认知基础。此后，随着认识活动和交际活动骤增，认知能力也逐步发展，认知策略和方式逐步完善，儿童对概念范畴化所必需的感知属性的依赖逐步减少，儿童语言中外延窄化或泛化表现得越来越不明显，并逐步消失。儿童不仅对客观事物及其关系有了更深的认识，而且在语言能力方面得到迅速发展，由单词句向双词句、电报句过渡，并向语义关系更复杂的句法结构发展，儿童语言中语义系统逐步向成人语言的方向发展，并表达出更为复杂和细致的概念关系。

三、儿童词义习得理论

3.1　语义特征理论（Semantic Feature Theory)

范畴化的经典理论认为范畴习得的过程就是逐步习得范畴的充分必要特征的过程。泰勒（Taylor）认为，早期儿童所习得的范畴中是不完整的，即习得了范畴的部分特征，用来定义范畴的一个或多个关键特征没有出现（或丢失)。这种范畴特征习得不完整的结果就导致了儿童使用范畴的过度扩展（overextension)。如儿童的词义（词项）所指称的范围比成人的要宽，语法范畴所包含的内容也与成人的语法范畴的内容不同。随着儿童定义范畴的特征进一步增加，过度扩展将缩减，从而缩小了范畴的外延，逐步习得了所有的语义特征，达到与成人范畴的外延同一，儿童的范畴表征与成人的范畴一致，完成了范畴的习得，也就是完成了词义的习得。持这种看法的典型代表是克拉克（Clark）提出的语义特征假设。

克拉克的语义特征假设是在波斯塔尔（Postal）和比尔维斯基（Bierwisch）语义构成模型（即词义可分解为基本的语义元素或特征）基础之上而提出的。她认为词义是一系列人类感觉上所共享的语义元素而组成，是语义特征集合的概念化。而这些普遍的语义元素是按照不同的语言构成规则而结合在一起的，他们共同构成一个关于词的内涵的底层表征。一些词可能具有某些共同的语义特征，但每个词在各种特征的范围和组合上都具有自己的特点。语义特征从一开始就是抽象的，词义是抽象出的语义特征。儿童在词义习得的过程中，一个事物除了突出的特征外，一个词的所指其他方面均被遗忘，或者说对于学习过程来说是不具有功能的。

在克拉克早期的著作中，她论证了在儿童最初的言语产生过程中，儿童使用他们所不完全理解的词进行交际。最初的意义表征被假定为不完整的，只是成人语言相关的一个语义特征子集，而完整的词义是逐渐习得的，即把意义组成部分加在语言的底层语义上。儿童语词的习得就是与这些特征建立联系的过程，儿童语言中的词与这个集合中的一个子集相联系。定义范畴的特征组成了成人范畴特征的一个子集。在儿童语义发展的每一阶段，儿童先习得成人范畴的子集中的一个或一些特征，然后通过语义特征的过度扩展，逐渐习得该词语的一些区别性语义特征（distinguishing feature），这样在他们的心理词典中的每个词就会逐渐缩小所覆盖的对象范围，使范畴概念越来越精确，词义也越来越确切。换句话说，在儿童的词的不完整意义中，其范畴特征或语义组成部分会逐渐增多，直到他完全习得该词约定俗成的意义为止。在这一过程中，儿童的词的外延越来越小，最后与成人语言相同。如儿童最初习得“狗”这个词，可能只习得了狗的一些外部特征，如［四条腿］、［能行走］、［全身毛］等。因此，在儿童看到一只老虎时，可能也会称之为狗，因为在儿童看来，老虎具有和狗相同的一些特征。随着儿童获得了“狗”这个词的其他一些区别性语义特征以后，他便把狗和老虎区别开来。克拉克还通过一个名叫 Hildegard 的女孩的例子来解释儿童语义习得过程中的语义特征的过度扩展：Hildegard 先是用“tick — tock”（滴答滴答）来指称她父亲的手表，但她很快就扩展了这个词的词义，先是用这个词指称所有时钟，其后又是所有的手表，再后指称煤气表，再往后又指绕在卷轴上的水龙带，最后用它指浴室里的圆盘磅秤。她的观察是基于她对共同形状特征的观察：圆形、盘状等等。研究日记中记载的小孩对词义的过分扩展一般都是根据动作、结构、大小的相似性，最为常见的还是根据形状的相似性①。

克拉克使用很多关于儿童新词早期使用的日记记录的再分析及她在关于特定语义域词语（如空间形容词、时间表达法、指示词）的习得研究中所得到的发展资料来支持她的词义习得模型。克拉克认为以下实验发现可以支持她的理论所做的推论。

（1）在婴儿早期的语言中，存在着许多过度扩展的现象，而绝大多数过度扩展的样本均建立在同一个词可以指称几个不同的所指对象上，而这些对象存在着可见可感的相似点，其中最多的是关于事物属性方面的，如形状、运动、声音、大小、质地和气味。

（2）在同一语义域内，有的词具有较多的范畴特征，而有的词却很少。这些词一般是按由简单到复杂的顺序习得的。也就

① ［美］B. A. Moskowitz 著：《语言的掌握》，李平、李敏华译，载王士元主编：《语言与人类交际》，150 页，南宁，广西教育出版社，1987。

是说，由意义宽泛的词（即语义特征较少的词）到具体的词（语义特征更多或表述更精确的词）。

(3) 在反义词或语义相对的词的习得过程中，肯定义的词如“多”、“高”较否定义的词如“少”、“矮”、“低”先习得。克拉克运用了语言标记来解释她的这一发现。她认为，标记使语义更加复杂，否定义的词因为具有更多的语义特征，因此习得较晚。

语义特征假说提出后，引起了很多争论，也导致了对儿童语义习得更进一步的研究。K. 尼尔森对克拉克的语义特征假设提出了批评。她认为，克拉克的理论没有触及到人类认知组织最重要的部分即概念层次性。按照尼尔森的观点，概念层次作用于儿童的感官和他所习得的词之间，因此把词汇意义直接翻译为感觉是错误的。她认为，儿童观察事物是把它作为不可分析的整体来接受的，并按其功能而不是按照形式给事物归类。

包尔曼曾对她的两个女儿早期词汇发展进行了细致的记录，部分地支持了克拉克关于过度扩展是由于所指共享范畴特征（语义特征）的假说，但对语义特征假设无法解释“复合”过度扩展现象提出了置疑，而在她两个女儿身上，这种现象都存在。因此，包尔曼认为，语义特征假设缺乏概括力，无法解释已有数据。其他研究者也有类似看法。一些研究者还认为，克拉克 没有把关于这类现象的数据考虑进来，主要是由于她使用的数据是日记和选择性极强的例子。一些学者还运用其他研究者得到的但与克拉克相反的实验数据对语义特征假设的概括性表示怀疑。他们都证明意义宽泛的词比意义精确的词先习得并不是一贯如此。而她关于英语反义词的选用在实验中也具有明显的倾向性。

凯丽（Carey）也认为克拉克的语义特征假设经不起时间的考验，因为即使是有令人信服的成分分析，词义的义素分析也不成立。按照她的观点，早期语言的词不可能是由义素构成的，而是受自然概念的启发而得到的，自然概念不是由充分必要条件进行定义的范畴。

施莱辛格（Schelsinger）对该理论的属性的感觉共性决定词义的适应性范围提出异议。他认为属性的两分法太严格，不能反映儿童词义习得过程中的心理过程的真实面貌。他强调说，当儿童学习事物的名称时，他们必须注意这些属性的复杂性，相关的文化习惯和语言差异，并将其区别开来。他还认为，词义是由一系列的具有世界共性的两分特征的假说不能解释儿童是如何学习事物的名称的，因为这种假说太过于简单。

1983 年，克拉克对一些学者关于语义特征假设的主要批评作过一个总结，她本人也认为语义特征假设理论主要存在着四个方面的问题：

（1）究竟哪些语义元素可以进入儿童语言系统，语义特征假设提供的判断标准不够显豁。

（2）语义特征假设过分强调儿童语义习得过程中的语义特征的添加，虽然解释了儿童语言中词义外延变窄的现象，但无法解释外延更加宽泛的现象。

（3）语义特征总是由宽泛到具体而习得这样一种由上而下的模式，很明显是不正确的。

（4）儿童语言中词义的过度扩展现象更多的是发生在言语输出而非言语理解上，说明它不是底层语义表征不完整的结果，而是反映了儿童的一种交际策略。

尽管克拉克认为语义特征假设可以推断词义的习得顺序，但她同意这一假说应由更具解力和概括性更强的理论来替代，她在 20 世纪 80 年代提出了新的语义习得理论即词汇对比理论。

3.2　原型理论（Prototype Theory）

原型理论来自维特根斯坦（L. Wittgenstein）的哲学研究。

维特根斯坦发现，许多词，包括日常使用的一些词，它们并不能用一组共同的语义特征来包含所有的义项，而且其所指的范围的边界是不清楚的。他提出了“家族相似性”(fami1y resemblance)这个概念来解决多义词各义项之间的联系以及所指的边界不清的现象。他推测，人们是从一些事例出发，再根据相似性的原则类推到其他事例而学会了一个范畴的全部所指。20 世纪 70 年代，拉波夫（Labov）、罗斯奇（Rosch）及其同事对于自然范畴的结构的研究证实了维特根斯坦的看法。根据他们的研究结果，人们可以得出以下的结论：

（1）实体（entity）是根据它们的属性（attributes）来加以范畴化的，而这些属性并非是范畴理论中的那种二分的特征，而经常是个连续统。

（2 ）属性不是抽象的实体，而是说话人可以掌握的真实世界中的实体的性质；属性不局限于有形的、可感知的属性，也包括功能的（即物体的用处）以及相互作用的（即人们对物体的驾驭）属性；这些属性与文化紧密相关，并非是物体本身具有的，因而不可能是最基本的意义要素。

（3）在区别一个范畴时，没有任何一个属性是必要的；实体的范畴化是建立在好的、清楚的范例之上，然后将其他实体根据它们与这些好的、清楚的范例在某些或一组属性上的相似性而归入该范畴；这些好的、清楚的范例，就是“原型”，是非原型范例范畴化的参照点。

（4 ）范畴内的成员在说话人的心目中地位并不相等，有较好的与较差的范例之分，即成员资格有等级之分。

泰勒认为，原型的心理现实性表现在以下几个方面：

a. 人类与生俱来的感知的特性；

b. 原型的范例比较常见；

c. 原型的范例习得较早；

d. 原型具有该类事例的属性的平均值；

e. 原型的属性具有很强的突显性；

f. 原型具有较高的范畴化的效益，即既比较容易保持范畴系统的稳定性又有较大的伸缩性。

原型理论认为，儿童在习得原型范畴时，整个范畴围绕着某个原型，因而早期儿童习得范畴的成员少于应有的成员。最初是建立原型表象（mental representation），并使之具体化，这些原型表象组成了一个感知和功能属性的丛集（a cluster of perceptual and functional attributes），这个原型是作为一个整体的完形（holistic gestalt）存在于儿童的表象中；随后，儿童通过扩展，将原型同化到与原型具有感知相似性基础的范例。在进行扩展时，儿童所运用的相似性的那个（或那些）特征不一定与成人的相同，而且儿童心目中的原型也不一定与成人的相同，因此儿童出现的原型范畴不需要在每个阶段都包括成人的范畴。但是儿童在习得过程中，会逐步调整他的原型表象，使之与成人的范畴接近。在这同时，他还习得了选择决定成员资格的相似性标准。经过一段时间的扩展和与成人范畴的复合，最后儿童的范畴的外延与成人的大致相当。

对于原型中的家族成员相似范畴的习得，也与原型范畴的习得情况相似。早期儿童习得了典型成员。与成人的范畴相比，儿童的范畴成员少于成人的范畴的成员。随后，儿童会沿着成人的范畴中连接各个成员的语义链的方向发展。语义链指的是根据各个语义核心之间的关系的亲疏所连接而形成的一条链，它是家族成员相似范畴的一个意义核心，它以原型为出发点，通过语义扩展而形成的，但语义链上每一个核心不一定有共同的意义特征。当然，儿童也有可能沿着与成人不同的方向扩展。最终儿童掌握了与成人范畴中大致相同的成员以及它们的连接方式。

那么儿童是怎么习得词义的呢？认知语言学认为，意义是个认知结构，它植根于说话人的知识与信仰系统里。说话人的知识系统中包括纯语言的知识与百科的知识，亦即人们对周围世界的知识。说话人的知识系统和信仰系统不能截然分开。人们只有在其他认知结构中才能理解一个语言形式的意义。例如“星期一”这个形式至少需要“星期”这样一个概念才能得到理解。但词义并不等于人们对一个词所掌握的所有知识，而只是与其中的一部分相关。因此，可以把一个词义的相关背景知识看成为植根于文化和生活实践中的一个共享的、约定俗成的，或许甚至是理想化的知识网络。在描写一个词的意义时需要涉及这些认知结构（也称为认知领域或语义领域）。这些领域包括时间、空间、温度、颜色、味道、音高、材料、质地、各种心理状态、活动领域、社会制度等等。任何一个语言形式的意义只能联系某一个或一些合适的认知领域来刻画或理解。认知研究与儿童语言研究相互作用的一个最富成果的观点是关心儿童的现有认知发展状况与儿童语言的关系。儿童习得范畴的区别特征，需要事先对该特征赖以存在的认知领域有所理解。如儿童在早期的习得中，儿童仅仅根据对一个老人的感知属性来理解“老”的词义，经常误用“老”这个词，他们将“老”用来表示“大”。因为“老”只能用在生命领域，在儿童对“老”赖以存在的生命这一认知领域掌握之后，他才能理解一个人“老”，某个人“变老”或一个人“不老”等。又如，在没有掌握生育与父母的养育这些概念之前，儿童倾向于把分别“brother”（兄/弟）和“sister”（姐/妹）与分别“boy”（男孩）和“girl”（女孩）等同起来。

运用原型理论对儿童语义习得进行研究最著名的是M. 包尔曼。她认为，无论是克拉克还是K. 尼尔森关于词义习得的模型，其基本假设是只要所指在感觉或功能上存在着一些共有的属性或特征，儿童就会把运用同一个词来称说它们。但包尔曼通过自己的两个女儿在习得了一些词后，就把它们扩展到从表面上看来这不相关的所指这一现象进行考察，得出这样的结论。她认为，自己女儿身上存在的这种复合扩展行为与维果斯基所说的联想十分相似。在一个“联想家族”内，每个成员与其他成员通过或多或少的共有特征相互联系在一起。然而，却没有一个特征是所有成员共享的。按照包尔曼的观点，这些复合用法具有如下特点：儿童所使用的词的扩展用来称说一系列看似无关的所指，但在这些指称之中，必有一个所指或一组相似的所指，与其他所指共享一个或多个特征。具有复合扩展行为的词，它的所指至少与一个或一组相关所指共享语义特征，这个所指即成人使用该词时最常称说的那个所指。儿童在一段时间内，他所使用的一个词往往限制在称说最好样本上，随后会扩展到具有共性的其他所指上。这就是包尔曼所观察到的儿童习得过程中的复合用法。借鉴罗斯奇原型理论，包尔曼提出了词义习得的原型理论模型，这一模型可以解释复合扩展模式。她把对词义所进行的详细的、成系统的分析归因于儿童的心理能力。按照这一模型，从最好样本的底层表征中可抽取出语义特征，儿童可以对这些语义特征进行分解和重组，有时甚至是十分新奇的语义重组。由此可以推论，儿童在刚会说话之时起就能进行这种精细的分析。包尔曼认为，词义的这种复合使用是儿童早期语言发展过程中高度系统化能力的强有力的证据。布鲁姆（Bloom）和维果斯基（Vygotsky）认为复合使用源于范畴化行为的不稳定性表现，而包尔曼认为，词的复合使用只能说明儿童的范畴化行为具有相对的精密性，其基本程度与成人所使用的相同。根据这一理论，可以推断儿童最初把词用来称说特定的所指（即原型）或一定范围内的所指（即与原型具有共享特征的所指）；儿童的词义的最初使用，经常出现要么扩展不足、要么正好恰当等现象。每个词的意义是由原型的主要的感觉方面或功能方面的心理特征集构成的。这个阶段之后，才可能出现复合形式，有时儿童还可能会故意地将一个词用到极不相似的样本上，这一样本可能跨越成人的语法范畴或与范畴的其他成员都不具有任何相似性的地方。

包尔曼还认为，父母的言语输入在两个层面上发挥作用。①儿童倾向于学习在相同的非语言环境中最早模式化了的词；②最新习得的词，其最初使用往往限于称说该环境下最突出的、父母反复用同一个词称说的那个所指。

包尔曼的论述与认知心理学的理论框架相一致。这一理论被用来解释人类的范畴化行为。与经典范畴理论不同，原型理论提出范畴成员的地位是一个程度的问题，而不是“是与否”的问题。范畴成员有中心成员和边缘成员之分，中心成员是最好的样本，即原型，它代表了该范畴，而其他成员与中心成员共享或多或少的原型特征。与中心成员共享的特征越多，它在该范畴的地位就越高，反之则越低。通过所具有的原型特征数量的多少，范畴成员的地位可进行量化。

范畴理论和原型理论都用儿童语言习得过程中的语义扩展来解释儿童语义的习得，但二者的理论解释却不很相同。范畴理论认为，儿童先习得成人范畴的子集中的一个或一些特征，然后通过语义特征的过度扩展，逐渐习得该词语的一些区别性语义特征，最后与成人范畴相一致。原型理论认为，对于儿童语言中的范畴的过度扩展，一种更可能的解释是：儿童所用的扩展标准与成人的不同，并且不是成人所允许的标准，而不是儿童在更抽象的层次上来范畴化。原型理论还认为，儿童的范畴极端过度扩展的情况并不多见，只发生在儿童早期习得的词汇里。儿童的范畴扩展是一些很自然的扩展。因此，儿童学习成人的词的意义时，不仅是学会从原型向外做一些语义扩展，更多的是学会限制自然的扩展，使之与成人的相同。原型理论较好地解释了儿童词义习得中的一些独特现象，同时也得到了一些实验研究和实际观察结果的有力支持。因而成为目前儿童词义习得理论中影响很大的一种理论。

3.3 功能核心假说(Functional Core Hypothesis)

1974年,K. 尼尔森发表文章批评“语义特征假设”,并提出了自己的词义习得理论模型。尼尔森对儿童对事物进行详细的语义特征分析这一观点表示怀疑,她宣称事物最初是作为一个整体被儿童感知的,也就是说,儿童根据事物功能的差异,将事物归类(亦即,这个东西能做什么,人们拿它来作什么)。只有当儿童有机会进一步发现词在他参与的体系中所具有的功能之后,他才能将这个词归为某一范畴的成员。一旦核心功能概念形成后,儿童就会给它贴上一个标签。在由功能核心决定的范畴中,其成员的组成是具有层次性的,核心成员位于该层次的顶端。K. 尼尔森论证说,功能信息决定感知信息、情景信息和情感信息,也就是说,功能信息定义范畴,而感知信息只是帮助判断某个词该归在哪个范畴之下。

尼尔森主要的证据来自她对讲英语的18个儿童50个词汇使用情况所作的一系列实验的分析,这些实验是为测试功能特征在婴儿同类事物归类中的作用而设计的。尼尔森坚持认为,儿童使用的最早的词汇是功能性很强的词,如可移动的物体或婴儿可以通过自己来控制的事物。

这一观察隐含着一种结论,第一个词的使用是与已有概念连在一起的,这里所说的已有概念即功能核心。儿童只有抽象出定义事物的功能特征之后,如“球”可以扔,可以滚,能弹跳,才会对其形式特征进行抽象,形式特征在决定一个事物能否归入某个范畴时,只起第二位的作用。尼尔森的实验用事物说明了这一点及她的实验计划。受试儿童的年龄为15至20个月,在实验中,给儿童9个球状的东西,但它们在形状、功能或形状和功能等方面都与真正的球存在着差别,然后让受试儿童选择哪一个是

“球”。实验结果表明，受试儿童的最初选择是随意的，但使用这些东西玩过10分钟以后，他们的选择却十分相似，受试儿童选择哪一个是球，主要依赖于这些东西功能上的相似程度。研究者认为，一旦受试儿童有机会去发现事物的功能特征，受试儿童对该事物进行范畴归类时，可能就会改变自己原来的看法。很明显，儿童在进行范畴归类时，功能属性会压倒视觉特征，亦即事物的功能属性比事物的外在属性（形状等）具有辨认优先权。

尼尔森的理论受到其他研究者的挑战。包尔曼 批评该理论存在的第一个问题是：它只对事物词是如何习得做出了解释，而词义习得理论必须能够在一个共同的理论框架下解释各类现象。另一个问题是，就其他研究者收集的数据来看，并非所有的最早习得的词都是通过行动来习得的。包尔曼用自己女儿过度扩展的用例，如“月亮”一词有几个不同的用法来说明这一问题。她认为这些过度扩展是基于视觉属性相似，而不是由于功能相似，因为儿童并不关心不同所指之间在功能上有何差异，即使这些差异对于儿童来说已经了然于心。施莱辛格就尼尔森关于儿童在使用新词之前已有预存概念的假设提出了异议。他指出，没有任何独立的证据可以证明非语言的概念先于词的习得而存在。在他看来，词和概念是同时发生的，并且在很多情况下，词限制了特定概念的范围。麦丽曼（Merriman）也注意到尼尔森的模型忽略了语言输入的作用。麦丽曼坚持认为，许多最早习得的词是拟声词或是儿童对成人语音进行重塑努力的结果，因此，尼尔森把声音模型的规律性与真实世界经验相匹配完全排除在语言习得过程可能性的抽象之外，这种做法是不足取的。麦丽曼还指出了尼尔森理论上的一些缺点。她认为功能压倒形式的假说是有问题的。没有形式的抽象存在着范畴永远无法界定的危险。比如说，功能核心假设如何解释一个概念由一个物体的功能构成还是一个概念由许多不同事物所共有的功能构成之间的区别？很显然，婴儿识别的方法只能是抽象出那些反复出现的静态特征。

尼尔森关于功能比形式更突出的观点与人的直觉也相悖。简特纳（Gentner）认为，形式特征更稳定，也更容易从背景中识别出来。形式和功能是紧密联系在一起的，儿童依据功能的不同改变自己已有的判断，并不排除感觉特征参与其中的可能性。因此麦丽曼认为，尼尔森所得出的结论是不完整的，因为实验设计并没考虑到这样的情况，即儿童在获取事物更多的静态特征以后，是否会改变判断。通过积极参与获取功能特征之后而改变自己的判断不能作为充分的理由来排斥和拒绝另外的假说：感觉特征可能与功能特征具有相同的作用，也许会比功能特征具有更大的作用。形式和功能之间的差异本身对范畴归类的结论并不必然起决定作用，但验证的方式却直接影响着所得出的结论。形式特征是最直接的，而功能特征却需要进一步的观察并在儿童与事物的互动中才能得到。

对核心功能假设的批评还在于，它不能对以下两个问题做出明确的推论。①最早词汇的不同扩展行为的相对频率；②成人语词的内涵和儿童语词内涵之间的对应关系。因此，核心功能假设最主要的问题在于尼尔森和她的同事认为早期词汇使用不反映底层意义，词汇是与不变的预存概念联系在一起的，过度扩展只是类推的一种表征，儿童词汇的误用，如把“球”说成“那是圆的”，“滴答声”说成“它像钟表发出的声音”等的假说需要更多的证据来支持。事实上，安格林的数据已清楚地表明，无论是在言语理解还是言语输出中，儿童总会把同一个名称贴在完全不同的所指上。儿童往往把表示动作的词用来表示动作和与此相联系的事物。因此，类推假说不能解释这一现象。此外，尼尔森的功能核心假设完全忽视过度扩展和联想、过度扩展和词语的隐喻使用之间的区别问题。研究这一问题的方法之一是通过对同一个词误用的情况作全面的追踪研究，这样可以记录同一个词在不同交际环境下的使用情况，而不仅仅是作出陈述判断时的情况，从而反映过度扩展的真实情况。如果只是偶然的误用，那就是已知词的类推使用。如果误用具有一致性，则反映了范畴性的过度扩展。

3.4　词—所指匹配模型（Word-Referent Pairing Model）

1982年，以色列学者施莱辛格出版了《Steps to Language》一书，他在该书第五、六两章解释了词汇学习的过程和意义在儿童心理词库中建立的方式，从而提出了词—所指匹配的语义习得模型（WRP）。这个语义习得模型源于他与众不同的语言习得的哲学观和对词与底层概念的关系认识。

按照施莱辛格的观点，儿童的学习过程也许十分复杂，迄今为止人们虽然还根本不很清楚，但还是能够解释儿童如何从言语输入中来获取底层结构和语言规则的。他认为，儿童学习一个词，并不是把它看作预存的非语言概念或范畴的标签。相反，儿童的概念形成和词义习得是同时发生的，这二者是一个长期的互动的过程。

词—所指匹配模型是建立在奥古斯汀（Augustinian）的关于词汇学习的古老范式之上的。这是一个行为主义的模型，一词—所指相匹配是其核心特点。但进一步延伸之后，它不仅能解释一词一指相匹配的问题，而且能解释一词多指相匹配的复杂过程。施莱辛格指出，最初阶段，所有的匹配都是一词一指的，这种匹配的结果是将词与所指之间存在的内在的表征贮存于人的记忆当中。在此阶段，词并不代表概念，而只是与概念相联系的一个特定事例。至于儿童如何给每个词选择特定的所指，施莱辛格从心理学方面对此进行了解释。他的观点是，婴儿在学习过程中更多地关注事物的整体，而不是部分，关注复杂事件的最突出的方面和引起它们注意这些方面的刺激物，如“看这个”、“那是……”等。儿童逐渐通过反复的词—所指相匹配（这些匹配有时是一词多指的）的成功经验，由此会注意到这些所指之间存在着的相似点。

从特定实体的命名这一简单策略的使用到概括地指称范畴是一个关键性的过渡阶段。为了解释这一过渡，施莱辛格 采用了两步心理运算过程：识别学习和正特征提取。识别学习是儿童关于特定词意义的底层假设与成人语言相冲突的结果。比如说，儿童遇到一样东西，这使他想起了一个某个已匹配的所指，而成人却用一个新的词来称说它，这种情况就会导致儿童去观察之一事物与已知事物的内在表征之间最突出的区别是什么。这种区别可能是感觉上的，也可能是功能方面的，它对于一个词来说是负线索，而对另一个词来说是正线索。如从感觉上来说，“马”具有鬃毛而“狗”不具有，这一区别对于“狗”来说是负线索，而对于“马”来说却是正线索。

与克拉克、尼尔森不同的是，施莱辛格相信在语言习得的早期，儿童关注的不是具体的某一特征，也不是辨别一维物体的组成部分，而是许多复杂的相互关联的多维层面上和整体配置方面的差别才构成他们关于范畴成员的心理线索或特征。正特征的提取过程与识别学习相互补充，前者通过一词多指的反复使用而得到加强。当儿童注意到成人用一个新词来称说同一范畴的一个新事例时，他就会把二者作一比较，从而辨别出不同所指之间共有的相似特征，这些特征也就成了他现在所学词的正线索。

施莱辛格将一个词的底层范畴称作原始语言成素，原始语言成素的生成是将儿童置于该语言环境的直接结果。如上所说，儿童不会完成自觉语言习得的任务，这些任务预先装备了某些概念，而他们还没有找到合适的词来表达。原始语言成素在言语理解和言语输出这两个方面都起作用。在言语输出方面，儿童把某一旨在称说的所指派给某一原始语言成素，然后进行词汇搜索，找出一个与这一成分相关的词。在言语理解方面，一个词首先被指派给它原始语言成素，从而将词汇信息传递给听话人，原始语言成素是词与它们的所指之间的中介物。

原始语言成素可以假定是随时间而发展的，它们的成熟的形式由以下两部分构成：①已匹配的所指的内化表征；②由词和它们所匹配的所指中分离出来的一些线索。在整个发展过程中，原始语言成素可表现为形式①或②，一般情况下是这样的，在词汇习得的初期，原始语言成素只是一个已匹配的所指，后来，当线索逐渐分离出来以后，线索与所指在事例匹配中共同发挥作用。在施莱辛格看来，这些线索并不限于单个词，同一线索也会与几个范畴或词相关，并且这些关联可能存在着程度上的不同。这些线索的值并不是恒定的，而是与他们出现的频率和在不同事例中出现时所具有的不同程度的显著性相关。因此可以假定，一个具体的词是作为所有线索的总值的和而出现在特定的环境中的。施莱辛格还提出，每个原始语言成素的底层组织具有层级性。他坚信，某一匹配的所指位于这一层级系统的顶层，由于所拥有线索的多少不同，因此，范畴成员的地位也不同。线索值越小的词，越是位于这一层级的低端，而其区分也越精细。如：绒毛大尾巴起先只是“狐狸”的一个线索，但后来发现，其他名称的动物也有绒毛大尾巴，识别学习的心理操作就开始工作。儿童就会观察区别绒毛尾巴的特征，即为什么它可以是“狐狸”的线索，而又可以是其他动物的线索。这一解释与人类范畴的原型结构十分吻合，尤其是在范畴成员并不是“是与否”的问题这一点上极其相似。

施莱辛格本人并没有对他的模型作任何推论，然而，人们还是可以从他的语义习得模式看出两点：一是语言输入的性质在预测词义发展过程中占绝对优势，常规模式的词和定义明确的词是正确匹配的首选对象，事物词的习得应该先于动作词和关系词，基本层次的词要先于它的上位词或下位词，指示词语是词汇系统的次集，并且也是很难习得的一个次集。需要说明的是，在施莱辛格看来，语言输入不是一个简单的模仿模型，而只是一种假说，它对儿童积极分析起关键作用。二是词义习得由具体到一般，扩展不足是一种出现相当早而且经常发生的现象，而后来的泛化是一条规则而不是例外。儿童学习过程中新词的误用可能被记录下来，它们可能是相似性观察错误的直接结果，或词与所指的误配。施莱辛格 提出早期儿童的词语误用可能源于基于相邻性的错误泛化，也可能是儿童把词与情景的某一特定方面连接失败的结果。因此，范畴形成是一个长期的过程，这一假设可以得出这样的结论。克拉克和包尔曼所讨论的过度扩展应在较晚的阶段才会出现，只有当儿童习得原始语言成素的两个必要的组成部分之后，他们才能通过所观察到的相似的线索把已知词扩展到未命名的所指上。

词—所指匹配模型还需要通过实践来验证，它还有一系列的问题需要解答。如：儿童的母亲是否真的对儿童确定词的所指有帮助？她们是如何做到这一点的？儿童在最初阶段学习一个新词时所出现扩展不足的现象是否是一条规律？儿童在什么时候，用怎样的方式“决定”生成新的原始语言成素？儿童听到的每个新词是否都会为一个新概念的产生开辟一条路？儿童如何决定一个新遇到的所指是否就是已存的原始语言成素的成员？

3.5 词汇对比理论（Lexical Contrastive Theory）

克拉克在提出语义特征假设受到众多批评后，又提出了词汇对比理论（Lexical contrastive theory），她从词典编纂的原则出发，提出了词汇对比的概念。她认为，词典的任何两项都存在着相互对立。正因为它们在意义上的相互对立，才使本族语使用者用它们来标示不同的概念范畴。当然，也存在着一词多义现象，不过，这些意义往往也是相互对立的，并且与其他词的意义相对立。词汇对立的概念可以用下面两项规则来表达：

对立规则：任意两个词（或两种构词法）的约定俗成的意义都相互对立。

约定俗成规则：某些意义，在该语言社团内，由一个约定俗成的词或构词法来表示。

这两项规则只适用于词，而不适用于范畴。词义对立反过来依赖于语言使用者赋予它的约定的意义。在语言使用过程中，这两条规则起着关键性的作用。而在儿童语言习得过程中，这两条规则与某些附属理论（adjunct）可以共同来解释儿童词义习得所遵循的过程。这些附属理论包括：①词使用的合适性假说；②词义可接受性假说；③相关词义的习得顺序与如何开始；④构词法习得的策略。这两项规则与附属理论二者结合构成一个更加多样，更加完善的词义习得理论。

当说话人想传达给听话人一个特定的意义时，他必须选择自认为合适的词语和表达式并确信听话人领会其本意。因此，用于交际的系统——语言必须是说话人和听话人所共有的。语言的属性之一是本族语使用者都贮存着大量的已知的或部分已知的常规词汇及这些词汇在使用中存在着意义对立，语言的这一属性正好构成词汇对比假设的基础。

儿童在习得这一语言系统的过程中，应该会寻找两种东西，其一是寻找某一事物、情景或状态的约定俗成的表达法，并且认为这些表达法在所有场合下都具有一致性。婴儿阶段的语言习得就是这样开始的。他们尝试成人所使用的表达形式，并始终如一地用于任何场合。如果失败，他们会询问自己不熟悉的事物的名称，然后对自己所选择的选进行修正，如把“鞋”改为“凉鞋”等。其二是儿童在习得过程中假定词义之间相互对立，任何新词都与已知词在意义上相对立。这一假定有许多事例可资证明。如：儿童通过新学词汇与已知词汇的对比把以前使用过程中过分扩展的词义缩小。当儿童学习新词时，他们会认为这个词必须与以前所学的相同领域的词相对立。总之，从最初的语言阶段开始，儿童就会注意到词义的约定性和对立性。

克拉克认为，儿童学习词汇的目标就是填补词汇空缺，即当儿童想表达一个概念，但在他的词汇中还没有一个相应的表达法，他就会开始寻找合适的词。因此可以假定：

（1）当儿童意识到空缺存在时，就会寻找新词，也就是说，当儿童想与别人谈论某一概念，但在他的已有词汇中没有相应的词来表达时，他才会产生学习新词的欲望。

（2）当儿童听到新词后，他们会假定这些词与他们已知的词在意义上相对立，因此，儿童就将这些新词映射到目前为止还没有标注的概念或范畴上。

在儿童语言习得的早期阶段，儿童总是寻找词汇来表达那些最能引起他们注意的范畴成员。比如说，一个儿童如果对汽车感兴趣，他就会特别关注汽车方面的词汇。他们一旦习得一些词汇之后，词和范畴或概念之间就会相互影响。概念或范畴的对立会激发他们去寻找相应的词，而经常遇到新词又会激发他们去寻找相应概念或范畴。如一个儿童为了对动物进行分类，他就会寻找称说这些类的词。而另一个儿童却注意到称说动物的新词，他也会去寻找这些词所称说的概念或范畴。

克拉克认为，根据词汇对比理论可以对儿童词汇习得过程做出推论。儿童要填补词汇空缺，有以下三种方法可供选择：①超扩展；②泛指词如“这”“那”的使用；③生造词。其中前两种方法主要是婴儿期使用，目前还没有从理论上将这三者之间的关系搞清楚，但这三种方法可以弥补儿童现有词汇的不足。这种交际策略也为儿童观察词汇的约定性和相对性提供了证据。

在儿童语义习得过程中，始终存在着儿童词汇量有限而交际中不断出现的新概念这两者之间矛盾。要解决这两者之间的矛盾，儿童就必须将已有词汇延伸扩展来称说和表达新事物和新概念。这一过程用斯洛宾（Slobin）的话来说就是“用旧形式表示新功能（即新意义）”。因此，儿童语言中存在着大量的过度扩展的现象。

当儿童想谈论某个概念但又不具有相应的词时，他就会扩展已有词汇。如儿童会将表达事物种类的词“狗”会扩展来表示所有四足哺乳动物；将表情景的词如“开”会用来指动作“开启”或“移开”；将表状态的词如“热”会用来表示所有与此相似的温度状况。这些现象说明，儿童对经他们扩展使用的词的意义十分理解，也就是说，儿童的词义扩展具有很强的交际目的性。一旦他们完成了交际目的后，这个词就马上复位。按照这一观点，一个特定的词，可能被儿童用来表达与它相近的概念，这一情况也许只使用过一次，也可能会持续几个月，这取决于儿童对相近概念表达法习得的早晚。另外，同一个词会在不同场合下也可以称说相近的概念，因为这些相近或相似的概念与词的本义有着这样或那样的联系。如“狗”会被儿童用来称说“猫”，因为它们都是四足哺乳动物，也可能会被儿童用来称说“绒毛拖鞋”，因为它们的质地相似，也可能会被儿童用来称说某种包装物，因为包装物体上的那两只眼睛十分相似。这个词究竟用来指称什么，决定性的因素是儿童的交际目的是什么，原则上说，不存在任何约束力去限制过度扩展的种类，除非儿童具有了识别事物多层次上的相似性的能力。作为一个交际者，儿童学习词汇的目的是为了填补在某种特定情况下存在的某项空白，而通过已知词扩展来称说相邻概念，在最初的语言习得阶段这是最受关注的一种现象。词汇对比理论假定，在这种情况下，儿童会扩展已有的词汇来创造新概念，但一旦表达这一概念的词汇存在于他们的词汇里，他们就不会再使用这一策略。这种假设得到了很多实验数据的支持，确实有许多词汇但不是全部词汇都存在着过度扩展的现象，并且一旦儿童习得该领域的新词汇后，这种过度扩展就会中止。

克拉克认为词汇对比理论具有如下一些优点：

(1) 词义对比本身就是词汇习得的理据：意义相对立的词义表达相互对立的概念范畴。"对比"这一概念，无论对于概念还是语言组织都是最基本的。

(2) 义素分析得来的语义特征，是隐性的，而词汇对比能使语义特征得以具体化。词汇对比理论认为词不是特征系列或可增可减的意义组合体，而是一个标签，是用来表示某一特定的概念范畴。这一假定解决了为什么一个词可以表达某一概念范畴，而这一概念具有的众多特征的问题。在特定的语言或非语言的环境中、说话人和听话人共享背景知识，听话人就能依据不同的场合，从具有意义潜势的概念范畴中选择最直接的侧面进行理解。比如说，在刚刚谈论完体育运动之后，听到"狗"这个词，听话人就会把注意力集中到他所知道的关于狗的各项运动上，一旦发现上下文是谈论受过高级训练的狗，听话人就会重新寻找自己所有的相关信息，如马戏团的狗、牧羊犬、盲人犬等。说话人可以在不同的场合下使用同一个词去激活听话人概念范畴内的相关信息。这样做就没必要在"狗"这一词条下列出一系列复杂的但关联不是很大的内容来说明"狗"的特征属性。因此，"狗"只是一个简单的语言学装置——词，它标示着具有这一特征的概念范畴。

(3) 词汇对比理论在概念范畴和词义之间确立了一条明确的分界线。克拉克认为，概念范畴与词义不是等价物，不同语言之间或语言内部不同的习惯表达法不具有可比性；说话人也就无法创造表达法来填补空缺。而把概念和词义区别开来的做法不仅有利于对概念和意义的讨论，而且有利于分析为什么说话人为了实现不同的交际目的而使用的不同的语言表达形式。

(4) 词汇对比理论把交际置于首位，认为儿童语义习得是基于两条基本原则而实现的。其理论重点是在儿童扩大词汇量的原因上——即填补词汇空缺。这可以解释儿童早期的词汇使用的情况，如过度扩展、泛指词的使用和生造词现象，也可以解释为什么儿童随着具有对立意义的词汇量的增加，过度扩展现象会得到控制。这一理论框架还能够解释扩展不足和重叠现象，虽然儿童语义习得过程中扩展不足和重叠的现象还有待于证明。但是，儿童增加了具有对比意义的新词并不意味着他们就能恰当地运用，因为对新词所具有的约定性及词义对比的层次性儿童还需要一定的时间才能掌握。除此之外，不同领域词汇习得的研究还表明，形容词、空间介词、时间副词和连词及指称词的习得都具有阶段性，它们的意义是从其他词的意义映射而得来的。

(5) 词汇对比理论并不是独立操作的，它与其他理论如附加理论相结合可以解释儿童的语义习得问题。

克拉克还认为，词汇对比的习得理论可以对儿童和成人的词汇使用作出更进一步的推论：①儿童在缺乏语言表达形式的情况下，会求救于生造词，这是进行语言交流的源泉，这一源泉会随着语言知识的增长而更具活力，对儿童如此，成人也概不例外。②成人和儿童都会对已知词进行引申，这种引申不仅通过过度扩展，而且还依赖于比较，引申的外在表现形式就是明喻和暗喻。

四、词汇的发展

4.1 词汇量的发展

词汇量的发展是儿童语言发展的一个重要标志，也是衡量儿童认知发展的一个重要标准。国内外的儿童心理学家和心理语言学家都曾经对儿童在各个年龄阶段所掌握的词汇量进行了研究。考察儿童词汇量的发展主要采用两种方式，一是考察儿童在各年龄段的总的词汇量及增长方式。一是研究各年龄段各类词的比例及其发展。德国心理学家斯特恩（L. W. Stern）、美国心理学家史密斯（M. E. Smith）和德奥心理学家C. 彪勒（C. Buhler）等对早期儿童词汇量的发展进行了开创性的研究。

斯特恩对儿童词汇量的观察结果是：1.5岁时词汇量为100，2岁时为300~400，3岁时为1 000~1 100，4岁时为1 600，5岁时为2 200，6岁时达到2 500~3 000。

史密斯在1929年研究了说英语的美国儿童的词汇量发展情况，其研究结果是：8个月时为0，10个月时为1，1岁时为3，1岁3个月时为19，1.5岁时为22，1岁9个月时为118，2岁时为272，2.5岁时为446，3岁时为896，3.5岁时为1 222，4岁时为1 540，4.5岁时为1 870，5岁时为2 072，5.5岁时为2 289，6岁时达到2 562。

彪勒提出了儿童最高词汇量和最低词汇量的概念，她对儿童词汇量的研究结果是：

年龄	1.0~1.2	1.3~1.5	1.6~1.9	1.9~1.11	2.0~2.2	2.3~2.6
最高词汇量	58	232	383	707	1 227	1 509
最低词汇量	3	4	44	27	45	171

我国的学者从20世纪70年代初也开展了对汉族儿童词汇量的研究，但不同的研究者提供的数据差异较大。吴天敏、许政援的《初生到三岁儿童言语发展记录的初步分析》考察的结果是：1.5岁到2岁时的词汇量为950，2岁到2.5岁时的词汇量为

1 065，2.5 岁到 3 岁时的词汇量为 1 860。史慧中等对通过我国十省市 2 000 余名 3～6 岁儿童的词汇量的增长的统计，得出的结果是：3 岁时为 1 000，3～4 岁时为 1 730，4～5 岁时为 2 583，5～6 岁时为 3 562。①

上述儿童词汇量研究结果差异的原因主要有两个：①儿童词汇量的发展本身就存在着较大的差异；②研究者使用的研究方法（如语料采集和处理材料的方法）也有差异。

综合各类研究，可以看出，儿童词汇量的发展呈现出如下一些特点：

（1）儿童的词汇总量随着年龄的增长而增长。

（2）从词汇量的增长率上来看，3 岁以后呈递减趋势。

（3）在词汇量发展的过程中，3 岁左右是词汇增长的高速期。不论是国外的研究还是国内的研究，都表明 3 岁左右的儿童词汇量发展速度最快。

（4）从儿童词汇量中各类词的出现的频率来看，实词的发展自始至终处于绝对的优势地位。几乎在所有的年龄阶段，实词的比例都在 90% 左右；而实词尤以名词出现的比例为最高，其次是动词，再次是形容词。

词汇学习是早期儿童语言发展最值得注意的特征。儿童从知道“第一个单词”的时候起，在词汇的理解与产生两方面就一直稳固地发展。美国一项对 1 岁的儿童所作的调查的结果，显示了儿童在词汇发展方面的进展范围和速度：8 个儿童从掌握 10 个单词到 50 个单词所用的平均时间是 4.8 个月——大约每个月学会 10 个新单词。

在理解方面，儿童平均每个月能理解 22 个生词。18 个月的

---

① 史慧中等：《3～6 岁儿童语言发展与教育》，载朱智贤主编：《中国儿童青少年语言发展与教育》，100 页，北京，中国卓越出版公司，1990。

儿童大多数能说出大约50个单词，能理解大约5倍于此的词。不过，对1.5岁的儿童的调查较少，因此要得到比较全面而准确的资料比较困难。2岁的儿童可能会用200多个单词。关于此后年龄段的儿童词汇量的估计很不准确，存在着较大差异。但大部分研究认为，3岁孩子的词汇数量和种类明显地增加，以至于人们很难进行准确的统计，特别是儿童关于所理解的词汇理解的范围，更是差异很大；同时也很难统计出儿童所用词汇的出现频率。因此，对儿童词汇量的发展的研究一般只限于早期语言的统计。

4.2 儿童早期词汇的语义—功能类别

根据研究，儿童讲话内容多与身边发生的事情有关，儿童早期的词汇所表示的事物一般也具有“此时此地”的特点。根据早期儿童语言中的词汇的语义和表达功能对其进行分类，我们可以得到如下类别：

（1）以亲属和家庭的来访者为主的人物词汇，如：baba（爸爸），grandma（奶奶）。

（2）表示物体运动方式的行为词汇，如：kiss（吻），gone（去），give（给），jump（跳）；表示儿童日常行为的词汇，如：bye-bye（再见），hello（喂）。表示吃和食物的词汇，如：din-din（吃、吃），milk（牛奶），juice（果汁），drink（饮料），apple（苹果）。

（3）表示身体部位的词汇，通常首先会说表示面部的词，如：nose（鼻子），mouth（嘴），然后是表示其他部位的词：toes（脚趾），handie（s）（手指）和表示身体活动的词（wee-wee）。

（4）表示各种衣物的词，如：nappy/diaper（尿布），shoes（鞋子），coat（大衣）。

（5）表示动物的词，不管是真的，画里的，还是电视上的，如：doggie（小狗），cat（猫），horse（马），lion（狮子）。

（6）表示运载工具及其噪音的词，如：car（汽车），choo-choo（咻一咻）；表示各种玩具和游戏的词，如：ball（球），bricks（积木），book（书），dol1y（娃娃），peep—bo（藏猫猫）。

（7）表示日常生活中各种家庭用品的词，如：cup（杯子），spoon（汤匙），brush（刷子），clock（闹钟），light（灯）。

（8）几个常用的方位词，如：here（这儿），there（那儿），in（里边），up（上边）。

（9）寒暄用的社交词汇，如：—m（嗯），yes（是的），no（不），ta（谢谢）。

（10）描写性词汇，即早期使用的形容词，如：hot（热），pretty（漂亮），big（大）。

（11）代词，如：that（那个），mine（我的），them（他们）。

这样的分类统计对儿童的语法习得的研究意义不大，但是对于早期儿童词汇语义系统的构成、早期儿童语言表达的语用特点等方面的研究还是很有意义的。

主要参考文献

曹日昌主编:《普通心理学》(上、下),北京,人民教育出版社,1983。

陈宗明:《逻辑与语言表达》,上海,上海人民出版社,1984。

[瑞士]费尔迪南·D·索胥尔:《普通语言学教程》,高名凯译,岑麒祥、叶蜚声校注,北京,商务印书馆,1980。

符淮青:《现代汉语词汇》,北京,北京大学出版社,1985。

符淮青:《词义的分析和描写》,北京,语文出版社,1996。

高明凯:《语言论》,北京,科学出版社,1963。

桂诗春:《实验心理语言纲要》,长沙,湖南教育出版社,1991。

赫葆源等:《实验心理学》,北京,北京大学出版社,1983。

胡明扬等:《词典学概论》,北京,中国人民大学出版社,1982。

贾彦德:《汉语语义学》,北京,北京大学出版社,1992。

刘叔新:《词汇学和词典学问题研究》,天津,天津人民出版社,1984。

刘叔新:《汉语描写词汇学》,北京,商务印书馆,1995。

梅家驹等:《同义词词林》,上海,上海辞书出版社,1984。

[波兰]沙夫:《语义学引论》,周易、罗兰译,商务印书馆,1979。

王　力:《同源字典》,北京,商务印书馆,1982。

魏宏森:《系统科学方法论导论》，北京，人民出版社，1983。

叶蜚声、徐通锵:《语言学纲要》，北京，北京大学出版社，1981。

Geoffrey Leech, *Semantics. Peuguin Books*, Harmondsworth, 1981.

John Lyons, *An Introuduction to Theoretical Linguistics. Combridge University*, London, 1968.

Tom Mcarthur, *Longman Lexicon of Contemporary English*. Longman Group Limited, 1981.

后 记

这本书的写作始于20年前。那时我正在安徽师范大学攻读现代汉语专业的研究生。做毕业论文时题目定为《试论现代汉语词汇体系》。1984年7月，第二次现代汉语语法研讨会在吉林省延吉市召开。我作为列席代表随龚千炎师赴会。会上遇到了仰慕已久的刘叔新先生。我向刘叔新先生汇报了毕业论文的写作设想，并呈上毕业论文的详细提纲，请刘叔新先生指教。刘叔新先生当时很坦率、很认真地谈了他对"词汇体系"这一问题的看法，同时也鼓励我在前人研究的基础上作进一步的探索。会议结束后返校不久，我就收到了刘叔新先生寄来的、由他亲手批阅的《试论现代汉语词汇体系》的详细提纲，几乎每一页都批上了红字，有的甚至眉批、旁批、夹批全部写满。第一页的眉批用大红字写着"要周密，细致。一着不慎，全盘皆输"。我当时十分感动。刘叔新先生的学问、人品都是值得我学习的。今天这本书能够问世，我首先应该感谢刘叔新先生。

我的毕业论文答辩是在1985年6月进行的。主持答辩的是我敬仰的胡裕树先生。在答辩中，胡裕树先生肯定了我论文中合理的部分，同时也认真地指出了论文中的不足。我的论文的初稿约十七八万字，原本想作为一本书出版。在征求胡裕树先生的意见时，胡裕树先生特别强调：论文一定要好好修改，不要急于发表，文章不厌百回改嘛。此后近20年间，胡裕树先生一直对我关爱有加，书简往来不绝。1997年，我的《汉语句法结构习得研究》出版，又蒙胡先生惠赐长序，诸多褒奖。胡裕树先生对我的关爱一直是我前进的动力。在此，我谨向我敬仰的胡裕树先生献上我崇高的敬意和深深的谢意！

我的指导老师张涤华先生、龚千炎先生、张紫文先生、胡志农先生、陈庆祜先生对我的毕业论文倾注了大量的心血，陈庆祜先生指点尤多。在我撰写毕业论文期间，张涤华先生已患脑血栓卧床，然而他老人家还时时惦记着我的论文的写作进度。学生的寸草之心，如何报得了老师的三春晖啊！我只能对我的老师们说：谢谢了，老师！

最后，我要特别感谢宋云女士——我的爱人。结婚25年来，在家庭方面，对父母，对孩子，对我，她给予了她所能给出的爱；在事业方面，为了支持我，她献出了她所能奉献出的所有的力量。没有她那博大的爱，没有她那深厚而永远的支持，我是不可能取得今天的成绩的，也不会有这本书的问世。因此，在结束本书的时候，我向我的妻子宋云致以深深的谢意，并把这本《现代汉语词汇学导论》献给她！

周国光

2004 年农历立秋日于天河翰景轩